展示する人類学

日本と異文化をつなぐ対話

高倉浩樹 編

昭和堂

展示する人類学——日本と異文化をつなぐ対話◉目次

目次

第5章　博物館をめぐる対話

第8章　写真資料をめぐる対話

第1章 序——展示する人類学

高倉浩樹

1 はじめに——方法としての展示

人類学は旅の学問である。研究者は異郷へ赴き、そこでの見聞を故郷へと伝える。しかし、旅はそこで終わるわけではない。人類学者は再び異郷へと赴き、今度は逆に異郷に対して故郷を伝えようとする。本書はこのような人類学的な調査研究の営みのなかで、展示という形で研究成果の公開を実践した人々の記録である。と同時に、そこから得られた研究を社会に開くということの可能性を探求するものである。

展示とは、博物館やギャラリー、イベント会場などの空間において、ある企図の下に、モノや映像などからなる一連の情報を組み合わせ、公開する活動である。研究者による研究成果の公開は、書籍や講演会などの方法でも行われるが、それらでは、受け取り手が著者の主張内容をある程度まとめて理解する必要がある。これに対し、展示の場合、展示物の一点一点が明確な意味作用を持つという特徴がある。また研究の素材（資料）や、分析過程を伝えるのにも適している。さらに展示は、日時と場所を指定した形で社会に発信されることから、他のイベントとの対比ということも含め、より広い公的な脈絡に位置付けられている。
これまでの多くの展示は、博物館に勤務する学芸員などの職業的展示者によって運営されるものであった。しかし現在は、博物館に勤務しない大学の研究者にも、展示の開催が求められるようになっている。近年の大学においては、社会還元やアウトリーチなどさまざまな形で、社会との新しいインターフェイスを切り開くことが求められるからである。多くの学問分野が林立する大学において、人類学の知見の特徴は、フィールドワークに基づく異文化理解にある。とりわけ、現場主義に立脚し、当事者の視点を尊重する点に独創性がある。そうした営みのなかで、調査研究資料として収集されてきた物質文化や映像資料の社会的意義を提起することが求められているのである。

人類学と社会との新たな関わりを考える潮流は、学説史の動向からもその必要性が裏付けられる。ポストモダン人類学以降、調査者と被調査者の関係が再吟味されるようになったが、その結果の一つは「インフォーマント」を「対話者」と位置付け、基礎研究と応用研究の区別を融解させる試みであった（Field and Fox 2009; Hodgson 2009）。近年の公共人類学の議論のなかでも、このことは指摘されている（山下 二〇一四）。人類学者の社会への関与のあり方は、教育や啓蒙から協働、活動家主義などと列挙できるが、それらが従来の人類学者のフィールドワークや研究を変質させる可能性を持つと期待されるからである（Low and Merry 2010; Pink 2007: 6; Rappaport 2008）。

展示についていえば、技術的背景の変化もある。インターネットによる仮想空間での展示や、大型カラープリンタの発達は、従来の職業的展示に関わる制約条件をかなりの程度、開放した。オンラインソフトをつかった双方向性的民族誌写真展のある実践の試みからは、研究と社会の新しい界面の特質と写真と人類学に関わる新しい理論的知見も指摘されている（Cairns 2013; Lovejoy and Steel 2007）。

要するに、被調査地社会、調査者の社会双方において、研究成果公開＝社会関与の新しい方法を開拓する需要の高まりがあり、このようななかで、展示は一つの重要な方法となっている。本書は、こうした背景の下で、展示をさまざまな形で実践してきた研究者がその経験を報告し、それを共同討議しようとするものである。その大きな特徴は、学芸員ではない研究者が、国内や調査地において展示をしたことである。展示という実践ゆえに、さまざまな専門家と協働しながら、現地の人々と文字通り協力しながら関わりあっていることだ。このことの面白さと可能性を伝えるとともに、展示実践に研究者を誘おうとするものである。

本書の目的は、人類学に関わる展示を実践することによって、何が可能となり、それが研究にどのようなフィードバックをもたらすのかについて考察することである。それぞれ特色を持った展示を実践する研究者の実例報告をふまえながら、論文や著書とは異なる成果公開の形態は、そもそもなぜ、何を目的に企図されたのか、その社会的関与に対する実際的効用、さらに人類学の方法や理論へのフィードバックはいかなるものであったのかについて報告する。その上で展示によって達成可能な学問的可能性を、より明確な論点として提示することをねらいとする。

2　民族展示

この序論は、本書のいわば道しるべである。そこで本書の執筆者たちが行った展示実践は、これまでの研究史のなかでどのように位置付けられるのか考えてみたい。

そもそも人類学者の展示の種類を博物館学的に位置付けるとすれば、「民族（標本資料）展示」ということになる。欧米での人類学ではその黎明期から、世界各地の民具など、いわゆる民族標本資料が収集され、民族学博物館が形成されてきた。日本の人類学においても一九世紀末には現地調査が本格化したことにともない、資料収集とその保管が、各地の博物館・資料館・大学研究室などでされるようになった。

日本における民族展示は戦前も試みられていたが、それが本格化するのは、一九七四年の国立民族学博物館（民博）創設以降であると考えられる。というのも、常設展という形態のなかで民族展示を作る必要があったからである。それは、世界の諸民族文化の展示のあり方を体系的に構想することでもあった。人類学分野の専門家ではあるが、展示については素人集団であった人々による「日本ではじめての民族展示」だったのである（祖父江 一九八四）。民博は、一九七〇年の大坂万博の跡地に建設されたことでも知られている。この歴史は民族展示の構想上、重要な示唆を与えている。なぜなら民博の展示構想においては、万博展示との対比が強調されたからである。来場者をあっと驚かせるような博覧会的展示に対して、学術成果をテーマ性に基づいて展開する博物館展示の重要性が認識されたのであった。民博の初代館長である梅棹忠夫は、編集としての展示という考えを提示している。それは、さまざまな民族標本資料の束ね方を一つの思想で全体をつらぬくことで「展示」ができるという着想である（梅棹 一九七八：一四、一三七、一六五―一六六）。この考え方は、後に国立民族学博物館（一九七五）における展示基本構想に受け継がれ、①個物鑑賞主義、②再現主義、③構成主義としてまとめられた。

その後、民博に務めていた人類学者の煎本孝は、単に資料を並べて鑑賞する陳列と、意図的な情報伝達の手段として目的・思想を持ってものが並べられる展示との区別を行った上で、民族標本資料が鑑賞者にどのような作用をもたらすのか五点にわたって理論化している。第一に、物理的存在としての認識作用である。次いで、資料の背景にある特定民族の生活様式の理解を促す効果、第三に、モノを通してそれが使われている現地の視点・世界観を獲得することのできる可能性、さらに展示企画自体の意図を認識させる効果である。最後に、展示物を通した普遍的世界の発見である。これは展示物を通してその背景にある特定民族の文化や世界観を知るにとどまらず、その向こう側にある普遍性を発見する効果が存在することである（煎本一九八〇）。このような考え方をもとに民族展示についての議論が本格的に始まったが、その善し悪しの判断はあくまで民博関係者あるいは博物館関係者のなかで閉じていたようである。*1

3　文化の政治学とその後

展示の問題が広く人類学のなかで意識され始めるのは、オリエンタリズム批判以降の文脈においてである。異文化理解＝異文化の表象において、調査する側と調査される側の立場には政治的・文化的な不平等性が内包されていること、また学術的な理解という名の下に政治的な力が行使されてきたことが反省されたからである。そうした視座は、論文や書籍における表象だけでなく、展示という表象にも向けられた。とりわけ人類学の場合、民族標本資料の収集が、たとえば一九世紀の植民地主義と密接に結びついていた過去に焦点が当てられ、収集の根拠そのものが批判の対象となった。展示についても、学術的な価値中立性に批判が向けられ、いかなる展示も特定の関心と特定の目的を持った、特定の立場からの表象の行為にほかならないということが強調された。そして展示という営みに携わるかぎり、表象の代表性や権力性をめぐる問題から自由になることは不可能だという意見すら出されていたのである（吉田 一九九九、二〇一一：九七）。

本書で山崎氏が議論しているが、アイヌに関わる民族展示からこのことを説明しよう。異文化理解という観点からすれば、伝統的なアイヌ文化を理解するための展示が構想されることになる。しかし日本近代史のなかでとられた同化政策や近代化政策の結果、一九世紀や二〇世紀初頭に集められた彼らの生活用具などの物質文化のほとんどは、現在のアイヌの人々の日常生活からは切り離されている。この点で伝統的な民族資料を展示するだけでは、現代日本に生きる先住民族としてのアイヌ文化の理解には直接結びつかないことが多く、むしろ多文化共生という観点からはマイナスの効果すら指摘されている。そもそも展示は誰のためなのかという点をふくめ、アイヌ文化の伝統をふまえつつ、現代性を展示することはきわめて難しいのである（出利葉 二〇一二、本多・葉月 二〇〇六）。

このように考えると、単純に異文化性を強調する民族展示は、もはや不可能かと思われる読者もいるかもしれない。とはいえ、それもまた極論である。なぜなら展示は、かならずしもテキストとして解読されるだけではすまない複合的現象だからだ。とくに来場者が展示物をどのように解釈したのかは、展示企画者の意図とは別に発生する現象であり、この点をふまえる必要がある（橋本 二〇一四：一九九―二〇〇）。そうしたこともあって、近年、展示が内包するイデオロギー性をふまえた上で新たな方向性が打ち出されている。

一つはフォーラムとしての博物館という考え方である。それは情報の交差点、双方向性の対話が行われる場として博物館を捉えるという考え方である。そこでは民族資料の情報は、もともとの所有者やその社会が利用可能な形で提示されていくことを意味する。場合によっては、民族資料の返還ということもありうるだろう。いずれにせよ、フォーラムとしての博物館は、博物館が学術専門家として資料を管理し、解説する権利を独占するのではなく、当該社会によるさらなる情報付加といった形で共同管理を可能とするような博物館を意味する（黒沢 二〇一三、吉田 二〇一一：二六七）。従来型の博物館をテンプル＝神殿としての博物館と概念化し、美術品にせよ、学術標本資料にせよ、貴重な文化財を学術専門家が一元的に保管する施設からの脱皮ということが、そこでは含意されている。

この考え方は、民博の第二期展示構想において採択され（栗田 二〇〇一）、実際に常設展のリニューアルが行われるなかで、それがどのように準備され、実際の展示に反映されたのかについて報告が行われている（林 二〇〇一）。民博で展示論・博物館論を牽引する吉田憲司は、フォーラム型博物館の議論をふまえて、今後あるべき博物館の姿を「ネットワーク型」と位置付けている。それはモノを集めるという機能よりは、むしろモノを持ちよって展示を作る場としての博物館の姿である。彼が「アフリカ文明サーバーミュージアム」のなかで構想しているのは、アフリカの人々の移動と文化のつながりを確認できるようなデータベースであり、人々が自らの文化に誇りを持ちつつも偏狭なナショナリズムに陥ることなく、より広い共通のアイデンティティを築き上げることに参与できるような、社会の安定性に貢献するシステムである（吉田 二〇一三）。民族資料であるモノを共有すること、つまり研究者とそれ以外のさまざまな関係者が協働して、物質文化を共同管理し、その文化財としての価値を社会に発現していくこと、これはオリエンタリズム批判をふまえた博物館による民族展示の一つの未来型として位置付けることができるだろう。

4 対話と連携

ここまで民博での事例を中心に、民族展示をめぐる一連の議論の流れをみてきた。これは、いわば貴重な学術標本の管理から、多様なステークホルダーによる協働性に基づく共同管理へという変化である。留意したいのは、こうした潮流は決して人類学界のなかだけの現象ではないことである。元来、学術調査研究に基づいた貴重性を認定した上で、学術標本あるいは芸術作品などの自然・文化・産業遺産等を収集・管理・継承させる施設というのが、博物館の使命だった。これが一九九〇年代以降の日本社会で見直されるようになっていた。その背景の一つには、日本経済におけるバブル崩壊以降の箱物行政への批判がある。そのなかで博物館建設反対の市民運動など、「個別ミュージアムの否定」が社会現象化したのだ。このことは、前記した人類学、思想史や文化研究も巻き込んで学術界から出された「ミュージアムそのものへの疑念」と相まって、博物館をめぐる状況が「二重苦」となったと指摘されている（佐々木 二〇一三：一二）。

そうしたなかで、二〇〇〇年一二月、文科省からの委嘱事業としてではあるが、財団法人日本博物館協会によって新しい博物館使命が提示された。そこでは「対話と連携」が、来たるべき博物館の鍵概念とされた。このうち本書に関わる点については以下である。つまり、生涯学習社会のなかに博物館の存立基盤があり、市民からの需要に応えるため、その活動の全過程、つまり収集保管・調査研究・展示・慰楽までにおいて、市民と「対話」することが必要だという点である。これは、学術・科学的成果の認定と保管を主としてきた従来の博物館使命からの転換である。さらに一つの施設ですべての市民からの需要に応えるのが難しいため、博物館の資源である人・資料・情報を相互に活用するという「ネットワーク型博物館活動」も推奨されている（財団法人日本博物館協会 二〇〇一）。

おそらくこの答申は、箱物行政批判への応答として考案されたのだと思われる。とはいえ、「個別ミュージアムの否定」を乗り越えるべく提示された新しい博物館使命は、結果として人類学などで指摘されていた「ミュージアムそのものへの疑念」への払拭にもつながったと私は考える。というのも、博物館の遺産が普遍的な価値を持っていることを考慮すれば、その受益者を狭い意味での納税者に限定する必要はないからである。海外の人々も含めた市民との対話、すなわち収集から展示までの全過程を博物館が協働で行うこと、さらに博物館同士のネットワークを重視するという発想は、前述した民族展示を行うフォーラム型博物館、あるいはネットワーク型博物館の将来像と重なりあうのだ。

5　博物館概念の拡張

先に、フォーラム型博物館の対概念としてテンプル型博物館をあげた。ここで含意されていたのは、貴重な文化遺産、しかもそれが学術的な権威によって裏付けられているという意味で、まさに旧来的な博物館使命を示すものであった。しかし、テンプル型がもはや時代遅れで無用というわけではない。企業博物館に関する調査研究からは、それが運営主である企業にとっての神殿＝テンプルとして機能している点が指摘されるとともに、その使命が「社会が会社にあたえるところの尊敬」の醸成にあると分析されている（中牧 二〇〇三）。ここで着目したいのは、テンプルとしての博物館は、旧来型の博物館、つまり学術性による権威という位相からややずれた点で出現している点である。学術・科学が一方的に自らの権威と価値基準を社会に啓蒙するのではなく、企業自身が企業博物館において、自らの価値を市民社会にむけて発信し共有を呼びかけるものなのだ。結果として、従来この種の権威を一元的に保有していた学術・科学界の位置付けの相対化をもたらしていたのである。

実際に、企業博物館を含む多くの博物館類似施設（博物館法の規定による博物館に含まれない施設、たとえば個人博物館など）は、この二〇年間で三倍に増加した。正当化された「文化」を展示するテンプルとしての博物館や美術館以外の博物館、たとえば漫画博物館など、ポピュラー文化などを展示する施設が増えている（石田ほか 二〇一三）。それは、従来の神殿の内容が変化・拡張していることを意味している。何を文化遺産とするのか、何を将来にわたって残すべき遺産とするのかは、学術・科学の専門家だけが評価するという従来の寡占状態から、市民による提案が進んでいると考えることできる。その意味では、テンプルとしての博物館はその役割を終えたわけではなく、より広い社会的な文脈のなかに遍在化するようになったのだ。いいかえれば、博物館の全過程が開かれたからこそ、従来の博物館をめぐる専門家群とは無縁の新しいステークホルダーが参加し、その上で学術・科学の専門家との協働をふまえて、新しい博物館が出現していると考えることができる。

6 展示の力

公共施設としての位置付けや学術上の価値という観点から、いったんは批判された博物館であったが、現在はそれを乗り越えてより新しい機能を持つ社会的施設として再定義されつつある。その中核にあるのは、フォーラム型博物館における協働性と連携性と、テンプル型博物館における文化財概念の拡張性であろう。それらを実現する具体的な施設として、博物館の可能性があらためて着目されている。従来、博物館の重要な機能は、学術標本・文化財・芸術作品の価値を見極める調査鑑定能力と、その保管や継承に関わる収蔵技術の集約化であった。博物館が他と類例を見ない施設であるのはこれら二つの点にあり、そこは決して否定されるべきではない。実際に、協働性・連携性・拡張性という考え方は、これら二つの機能にも適用されるものである。だが、新しい博物館の未来像のなかでは、とりわけ「展示」機能の可能性が取りざたされている。

近年の博物館学、その関連領域における博物館や展示の社会的効力についての議論を紹介しよう。先駆的な主張は民俗学の篠原徹（一九九八）が行った。彼は、博物館の見学者の生態をフィールドワークした上で、展示は、学術的に正しい理解よりも、謎を問いかける場でなければならないと提起している。展示された資料は、観覧者の心象に直接働きかける作用がある。それゆえに、博物館は見る側に創造力や探究心を喚起させることができる「不思議な場」である必要があると主張するのだった。このような方向性は近年の議論でも繰り返されている。ある研究者は、博物館が特別の場所であるのは、来場者によってすでに既知である情報が、それが他では得られないような組み合わせで経験できる場所だからだという。とくにデジタル時代においては、資料の収集と内容の吟味、さらに展示という形での資料群を用いた物語り能力がいっそう重要だと述べている（Wyman et al. 2011）。別の研究者は、博物館の定義を、情報の収集場所であるとともに、来場者に問いを投げかけることによって未来にむけた知識や知恵を作り出させる場所だ、と述べている。展示は来場者に問いを抱かせるものでなくてはならず、そのことが来場者自身を問い直す機会を提供し、それが結果としては社会変化の媒体となるとまで主張している（Levy-Aldema 2011）。これらの議論は、先に述べた煎本による展示経験を通した普遍的世界の発見とも連なる考えであろう。

博物館を通して来場者が得るのは、拡大されたアイデンティティだという考えもある。博物館の経験を通して自己を知り、他者の価値観に触れることから、自己と他者の違いを排他的に強調し分断するのではなく、社会の結びつきを見いだそうとする効果があると考えられるからだ（佐々木 二〇一三：四五）。視覚障害を持った研究者である廣瀬（二〇一三）は「さわって楽しむ」醍醐味を全人類共通の財産であるべきとし、展示物の「触察」の可能性を述べている。展示の経験は、個人の感覚・知覚すら刷新する可能性を持っている。さらに付け加えれば、博物館は何も個人を変えるだけではない。そうした個人が新たな社会的関係性を生成させるという点で、地域社会そのものを変える媒体にもなるのだ（玉村 二〇一三）。先に紹介した「アフリカ文明サーバーミュージアム」のような、社会の安定性を創り出す博物館という未来像は、このような位相のなかに位置付けられるのである。そこから敷衍すれば、人類学者が関わる民族展示という手法もまた、そのような社会的機能を持ちうる可能性があるということになる。

本書が提起しようとするのは、まさにこの点である。研究者が実践した、広い意味での民族展示は、どのような点で社会変化の媒体になっているのかを示すことを試みるからである。とりわけ重要なのは、ここでいう研究者の多くは、いわゆる職業的な意味で博物館の学芸員ではないことだ。つまり、博物館の外側にいる研究者による展示の過程を記録し、その過程を経るなかで感じた、学問が社会に広がる可能性を論じようとするものなのである。執筆者のなかには大学博物館や国立民族学博物館の研究者も含まれているが、本書においては、自らの博物館での職務としての展示を取り上げるというよりは、むしろ博物館の外での展示や民族標本資料以外での展示を扱っている。これまでの議論のなかで、博物館の使命やその定義すら変わってきたことを紹介してきた。この文脈に即していうならば、博物館機能の一つである展示は、博物館の外でも実行可能であり、その拡張の可能性を考察するのが本書の目的なのである。

社会現象としての展示という視座に基づく民族誌を記述する取り組みはすでに始まっている。たとえば、萌芽的な取り組みとして、展示を行う博物館内部の研究者・専門的実務者・事務職員の相互関係を民族誌として掬い取る試みも提示されている（太田 二〇一四）。前後逆となるが、先駆的な取り組みとしては、展示にあっては、企画者の意図とは別に、来場者が独自の解釈を行うという意味で誤解を含むコミュニケーションが生成され、その過程こそが新しい文化生成の場であると見なし、民族誌として描かれるべきだと訴える論考もあった（篠原 一九九八、橋本 二〇一四）。後者についていえば、展示の供給側と需要側のズレこそが社会現象としての展示の意味に正確に迫れる方法だということになる。この点からすると、本書の議論は、どちらかといえば、展示の供給側に焦点を当てている。この理由は、展示がどのように社会を変えつつあるのかを客観的に分析することよりも、むしろどのように人類学者が社会変化の媒体たりうるのか、どのように関与するのかを探求した方が、記述と理論において刺激的だと考えるからである。

7　展示の記録

本書のもう一つの目的は、展示の準備から終了にいたる過程を記録化することである。先にも紹介した梅棹忠夫は、展示をチームによる共同研究の成果であると位置付け、展示が完成するまでのプロセスを論文にして残しておく必要性を主張した（梅棹 一九七八：五三）。展示を実践した本書の筆者たちは、このことに強く共感している。

一つの考え方としては、展示それ自体が評価の対象になるという考えがあるだろう。しかし、この場合どのような基準で展示が評価されるのか、筆者は寡聞にして知らない。[*2] とりわけ学術成果としての展示が、どのような業績として評価されるのか、専門分野ごとの方針があるべきだと思う。それゆえにこそ、展示のメイキングを記録し、いかなる意図でその展示が構成され、どのような準備が進められたのか、その結果はどのようなものだったのかについて、あえて論文という形でまとめることが必要だと思うのである。そこでは、まず、展示の準備過程で蓄積されたさまざまな学術資料と関連資料が総合的に提示されることになり、人類学の基礎的および応用的な知見双方の意味で貢献が可能だと考えられる。また、展示経験の蓄積や技術の継承という観点から、記録そのものが重要だと思われる。とりわけ、本書の執筆者のような大学に務める研究者による展示の場合、過程を記録化し、それをもとに自らの実践を分析することこそが、自らの研究・教育へのフィードバックとなる。この点で、記録化は展示実践の重要な方法なのである。

従来、展示の開催にあたっては、図録や目録が刊行されてきた。しかし、図録や目録においては、展示資料の内容や展示の背景についての学術的分析はあったが、メイキングそのものはほとんど明らかにされていない。これは民族展示だけの話ではなく、博物館全体にいえることである（宮瀧 二〇一二）。しかし数は少ないが、このことに取り組んだ記録からは、展示の学術的意義と社会的波及効果がどのようなものだったのかを窺うことができる。たとえば、民博の特別展「越境する民族文化」（一九九九年）を企画した中牧（二〇〇〇）は、基礎研究とは異なる展示プロジェクトの記述と、その実践から派生する社会的作用に触れている。具体的には、資料借用をめぐる国際的な研究交流、民族文化をわかりやすく伝えるための情報コンテンツの共同制作、さらに展示準備を通して、民族音楽サークルが発生するといった副産物までが紹介されている。また、本稿ですでに言及した吉田憲司は、その著作のあとがきのなかで、自分自身の経験を記述の対象としていいのだろうかと自問しつつも、民博の特別展「異文化へのまなざし」（一九九七年）のメイキングを記述している。そこで描写されたのは「日本に生きる私たち自身の『異文化』観を掘り起こすフィールドワーク」（吉田二〇一三：一〇）であり、日本社会の異文化観というテーマの民族誌的研究だった。

ポストモダン人類学の成果の一つとして内省的民族誌というジャンルが成立した。このことで、記述対象の社会と調査者自身の遭遇を文化的他者の観点から、かつ調査者自身の主観性に即して描写するという方法が確立されたと、私は考えている。とすれば吉田憲司のメイキングの記述は、まさに内省的民族誌なのだ。この点は重要である。展示を記録するということ自体、調査地との関わり、さらに調査者が自らの故郷に戻ってきて、自らが属する社会との関係性それ自体を記述するからである。この点を学術的に扱う作法を、人類学はすでに得ているのである。本書の執筆者の取り組みもまたそうした側面を持っている。

民族展示や文化の政治学、博物館学などの領域の研究史を振り返ることで、人類学者による展示というものがどのように位置付けられるのかをここまで見てきた。ある意味では、われわれのような博物館関係者外の研究者が展示を実践するというのは、近年の博物館学をめぐる議論のなかでは当然出るべくして出現した現象であるといえる。協働性・連携性・拡張性を敷衍していけば、展示は決して博物館のなかだけで閉じた現象なのではなく、むしろその外側に裾野を広げることが可能な領域だからである。

8　おわりに――人類学的実験としての展示

あらためて繰り返すが、人類学に関わる展示を実践することによって、何が可能となり、それは研究にどのようなフィードバックをもたらすのかについて考察するのが、本書の目的である。それぞれ特色を持った展示を実践する研究者の実例の報告をふまえながら、論文や著書とは異なる成果公開の形態は、そもそもなぜ、何を目的に企図されたのか、その社会的関与に対する実際的効用、さらに人類学の方法や理論へのフィードバックについて報告する。その上で展示によって達成可能な学問的可能性をより論点として提示したい。

従来の人類学研究では、現地で調査し、そこから帰国して研究室（自国）で研究成果をまとめるといった過程が見られたが、展示実践においては、明らかにこれとは異なる過程が含まれる。それは、デザイナーやファシリテーターなど、研究者以外の専門的職業人との関わりである。展示のメイキングにおいては、複数のアクターが双方向的に関与し、そのなかで、展示の対象者を設定し、展示資料の解説や方向性を設定し、実際に空間を形作る作業が進められる。このような過程が、社会的に、そして人類学の方法や理論上、どのような意義を持っているのか、自ら内省するのが本書それぞれの論考の出発点である。また展示の魅力とその学問的可能性を提示することで、展示実践を行う研究者のネットワークを拡張することを目指したい。

本書に収録したのは、北海道、シベリア、カナダ、アメリカおよびメキシコと東南アジアでフィールドワークを行ってきた研究者の展示実践である。それぞれが展示で用いた資料は、調査する人々や地域を理解する上で重要なモノや映像などの媒体であった。通常の学術論文では、そうした資料と研究者との対話を閉じた形で執筆するのだが、本書では、それを社会に対して開いた形で行うこと、つまりさまざまな関係者との協働による対話を記録・考察するという形でそれぞれの報告がまとめられている。編者の考えでは、それらは「人類学的実験」と呼びうるものである。ある意味で既知の民族誌情報に対し、本書の執筆者は展示という方法を採用することによって、新たな知見が獲得できるかどうか試す取り組みを行ったからである。この実験結果は成功と失敗双方を含んでいるが、その過程全体が描写されることで、従来の参与観察では解明できない異文化理解の動態を提示することとなった。

なお本書のなかでは、展示の協働性をより具体的に示すために、論文形式の報告に加えて、その展示に関わった関係者からのコラムも含めて掲載することとした。従来であれば、いわば裏方にあたるような制作側や共に展示を行った調査地の人々の生の声は、展示という実践がいかなる形で社会と接点を作りうるのか、研究者とは別の視点から示している。本書の執筆者は、そうした彼らとの協働作業をすることで展示の面白さを実感し、ワクワクするような経験をすることができた。論文とコラム二つを合わせて読んでいただくことによって、何よりも展示の楽しさと可能性に共感していただければと考えている。

付記

本稿の文献収集にあたっては、本書執筆者の一人である伊藤敦規氏より多くの教示を受けた。記して感謝申し上げる。

注

＊1　隣接分野である日本民俗学にあっては、民俗資料と民俗展示の関係が議論されてきた（たとえば、福田一九九八）。民俗学と人類学両分野あるいは博物館学の枠組みにあっては、民俗資料と民族資料、民俗展示と民族展

示の関係もまた総合的に検討される必要があると思われる。この点については今後の課題である。

＊2　なお、日本民具学会の学会誌『民具研究』では「展示批評」欄が設けられ毎号批評が行われている。このなかで山田尚彦（一九九六）は、単なる印象記を越えて、有効な批評たらしめる方法を省察している。それは企画者との面談による情報収集とは別に、観覧者として以下のような情報を収集した上で批評するというものである。テーマ、ストーリーライン、展示技術、展示ラベル、表現力やメディア技術などを観覧者の立場から評価し、その上で入館者の心理的効果などを含めた調査を総合する。

参考文献

石田佐恵子・村田麻里子・山中知恵編　二〇一三『ポピュラー文化ミュージアム——文化の収集・共有・消費』ミネルヴァ書房。

煎本孝　一九八〇「博物館展示について——物と人との関係という視点から」『民博通信』一〇、一三—一九頁。

梅棹忠夫編　一九七八『民博誕生』中央公論社。

太田心平　二〇一四「民博の舞台裏で——展示にまつわる人びととその業務上の裁量」『民博通信』一四四、二—七頁。

栗田靖之　二〇〇一「〈第二期展示構想〉について」『民博通信』九四、二—三頁。

黒沢浩　二〇一三「民族誌展示の功罪」明治大学博物館・南山大学人類学博物館編『博物館資料の再生——自明性への問いとコレクションの文化資源化』岩田書院、二五三—二六九頁。

国立民族学博物館　一九七五『国立民族学博物館における展示の基本構想』国立民族学博物館。

佐々木秀彦　二〇一三『コミュニティ・ミュージアムへ——「江戸東京たてもの園」再生の現場から』岩波書店。

篠原徹　一九九八「不思議な場としての博物館」岩井宏實編『民俗展示の構造化に関する総合的研究』（科研費一般研究A研究成果報告書、昭和六二年度）、国立歴史民俗博物館、二五—三三頁。

祖父江孝男　一九八四「民博での一〇年間——創設前後のこと・その他」『民博通信』二四、二—一一頁。

玉村雅敏編　二〇一三『地域を変えるミュージアム——未来を育む場のデザイン』英知出版。

出利葉浩司　二〇一二「博物館と政治的アイデンティティ——北海道の地方博物館を例に」太田好信編『政治的アイデンティティの人類学——二一世紀の権力変容と民主化にむけて』昭和堂、一三八—一六〇頁。
中牧弘允　二〇〇〇「特別展『越境する民族文化』をふりかえって」『民博通信』九〇、四三—六五頁。
中牧弘允　二〇〇三「会社の神殿としての企業博物館——序論をかねて」中牧弘允・日置弘一郎編『企業博物館の経営人類学』東方出版、一九—三六頁。
日本博物館協会　二〇〇一『「対話と連携」の博物館——理解への対話・行動への連携』（文部省委嘱事業「博物館の望ましいあり方」調査研究委員会報告・要旨）、日本博物館協会。
橋本裕之　二〇一四（一九九八）「物資文化の劇場——博物館におけるインターラクティブ・ミスコミュニケーション」橋本裕之『舞台の上の文化——まつり・民俗芸能・博物館』追手門学院大学出版会、一九八—二四五頁。
林勲男　二〇〇一「オセアニア常設展示リニューアル——〈先住民の文化運動〉の展示をめぐって」『民博通信』九四、五五—六一頁。
廣瀬浩二郎　二〇一三『さわって楽しむ博物館——ユニバーサル・ミュージアムの可能性』青弓社。
福田アジオ　一九九八「民俗資料と民俗展示」岩井宏實編『民俗展示の構造化に関する総合的研究』（科研費一般研究A研究成果報告書、昭和六二年度）、国立歴史民俗博物館、四二—五〇頁。
本多俊和（スチュアートヘンリ）・葉月浩林　二〇〇六「アイヌ民族の表象に関する考察——博物館展示を事例に」『研究年報』二四、放送大学、五七—六九頁。
宮瀧交二　二〇一二「博物館展示の記録化について」『博物館研究』四七（七）、六—九頁。
山下晋司編　二〇一四『公共人類学』東京大学出版会。
山田尚彦　一九九六「展示批評　国立歴史民俗博物館企画展示〈動物とのつきあい——食用から愛玩まで〉」『民具研究』一一二、一〇四—一一一頁。
吉田憲司　一九九九『文化の「発見」——驚異の部屋からヴァーチャル・ミュージアムまで』岩波書店。

吉田憲司　二〇一一『博物館概論（改訂新版）』放送大学振興協会。

吉田憲司　二〇一三『文化の「肖像」――ネットワーク型ミュージオロジーの試み』岩波書店。

Cairns, S. 2013. Mutualizing Museum Knowledge: Folksonomies and the Changing Shape of Expertise. *Curator, The Museum Journal* 56(1): 107-119.

Field, L. W. and R. G. Fox 2009. Introduction: How Does Anthropology Work Today? In L. W. Field and R. G. Fox (eds.), *Anthropology Put to Work*. Oxford and New York: BERG, pp.1-19.

Hodgson, D. 1999. Critical Interventions: Dilemmas of Accountability in Contemporary Ethnographic Research. *Identities* 6 (2-3): 201-224.

Levy-Aldema, Y. 2011. Questions at the Exhibition. *Curator, The Museum Journal* 54(3): 279-291.

Lovejoy, T. and N. Steel 2007. Engaging Our Audience through Photo Stories. In S. Pink (ed.), *Visual Interventions: Applied Visual Anthropology*. New York: Berghahn, pp.295-314.

Low, S. and S. Merry 2010. Engaged Anthropology. *Current Anthropology* 51(S2): S203-S226.

Pink, S. 2007 Applied Visual Anthropology: Social Intervention and Visual Methodologies. In S. Pink (ed.), *Visual Interventions: Applied Visual Anthropology*. New York: Berghahn, pp.3-28.

Rappaport, J. 2008. Beyond Participant Observation: Collaborative Ethnography as Theoretical Innovation. *Collaborative Anthropology* 1: 1-31.

Wyman, B., S. Smith, D. Meyers, M. Godfrey 2011. Digital Storytelling in Museums: Observations and best Practices. *Curator, The Museum Journal* 54(4): 461-468.

第2章 地域資源をめぐる対話
――タナ・トラジャにおける〈ジュズダマ研究スタジオ〉展

落合雪野

1 はじめに――フィールドワークと展覧会

研究から成果の公開へ

地域資源としてのジュズダマをテーマに、調査地の人々と語り合いたい。このような目的の下、私たちは調査地に研究室を開く展覧会〈ジュズダマ研究スタジオ〉を開催した。本章では、この展示活動の背景、構想から開催、記録作成にいたるまでの手順、そしてそこで得た発見について紹介していきたい。

フィールドワークを行う研究者は、それぞれの関心や疑問をもとに調査地に出かけ、そこで観察や聞き取りをして、情報や資料を収集する。それが終われば、いったん研究室にもどり、情報や資料を分析し、文献を読んで考察し、なんらかの結論を導く。その結論は、論文や単行本などの「書く／読む」手段や、講義や講演などの「話す／聞く」手段で公開される。さらに、本書の著者たちのように、展示を作って「見せる／

見る」手段で公開することもある。

フィールドワークと展示の関係を考えてみると、調査地、研究室、展覧会の会場はたがいに離れた場所にあることが多い。また、展示する人、展示される人、展示を見る人の立場は固定されがちだとの指摘もある（吉田 一九九九）。では、調査地で展示を開催し、調査地の人々と研究者が対話する機会を作ってみたらどうだろうか。そう考えて開催したのが〈ジュズダマ研究スタジオ〉である。

〈ジュズダマ研究スタジオ〉では、イネ科植物ジュズダマの種子を用いてモノを作る文化をテーマにとりあげた。ある地域に生えている植物について、そこに暮らす人が何を思い、どのように関わってきたのか。植物と人の関係を地域資源として捉え、その価値を考えてみる。これが開催の趣旨である。また今回は、多数の参加者が見込めるような大都市の大型の施設ではなく、インドネシア、スラウェシ島の山間地にある調査地の小さな部屋を会場とした。そして、一般的な意味での展示ではなく、研究室を開くというスタイルをとった。では、なぜジュズダマで、研究室なのか。その背景となる研究と展示の活動から、見ていくことにしよう。

ジュズダマの民族植物学

ジュズダマ属（*Coix*）は、東南アジアを中心に、世界の熱帯や亜熱帯に生育するイネ科植物である（写真2-1）。その一種ジュズダマは、日本の東北地方以南にも分布していて、川の縁や空き地などに群落を作り、秋ごろにかたい種子（総苞）を実らせる。これを集めて、首飾りを作ったり、お手玉につめたりしたことのある方もいるだろう。またジュズダマのなかまには、穀類のハトムギがある。こちらは健康茶や食品、化粧品の原料、あるいは生薬として用いられている。

一九九五年にタイ北部で、ジュズダマ属の種子をビーズのように使い、衣服やバッグなどを飾る人々に出会ったことをきっかけに、私はジュズダマ属と人との関わりについて研究を始めた。その後、タイ、ミャンマー、ラオスを中心に、中国雲南省、ベトナム、インドネシア、フィリピン、台湾で、フィールドワークを行ってきた（落合二〇〇七）。調査地では、生えている植物、そこから得られる種子、種子で作ったモノの三つの段階に注意して、観察や聞き取りをする。そして植物体や種子、モノを資料として収集する。各地の植物標本庫や博物館に収蔵されている資料を観察して情報を得ることや、知人の研究者が調査地からモノを持ち帰り、資料として寄贈してくれることもある。

このように研究を進め、資料を集めてみると、アクセサリー、衣服、バッグ、インテリア用品、

写真 2-1　ジュズダマ（2002 年インドネシア、ジャワ島）

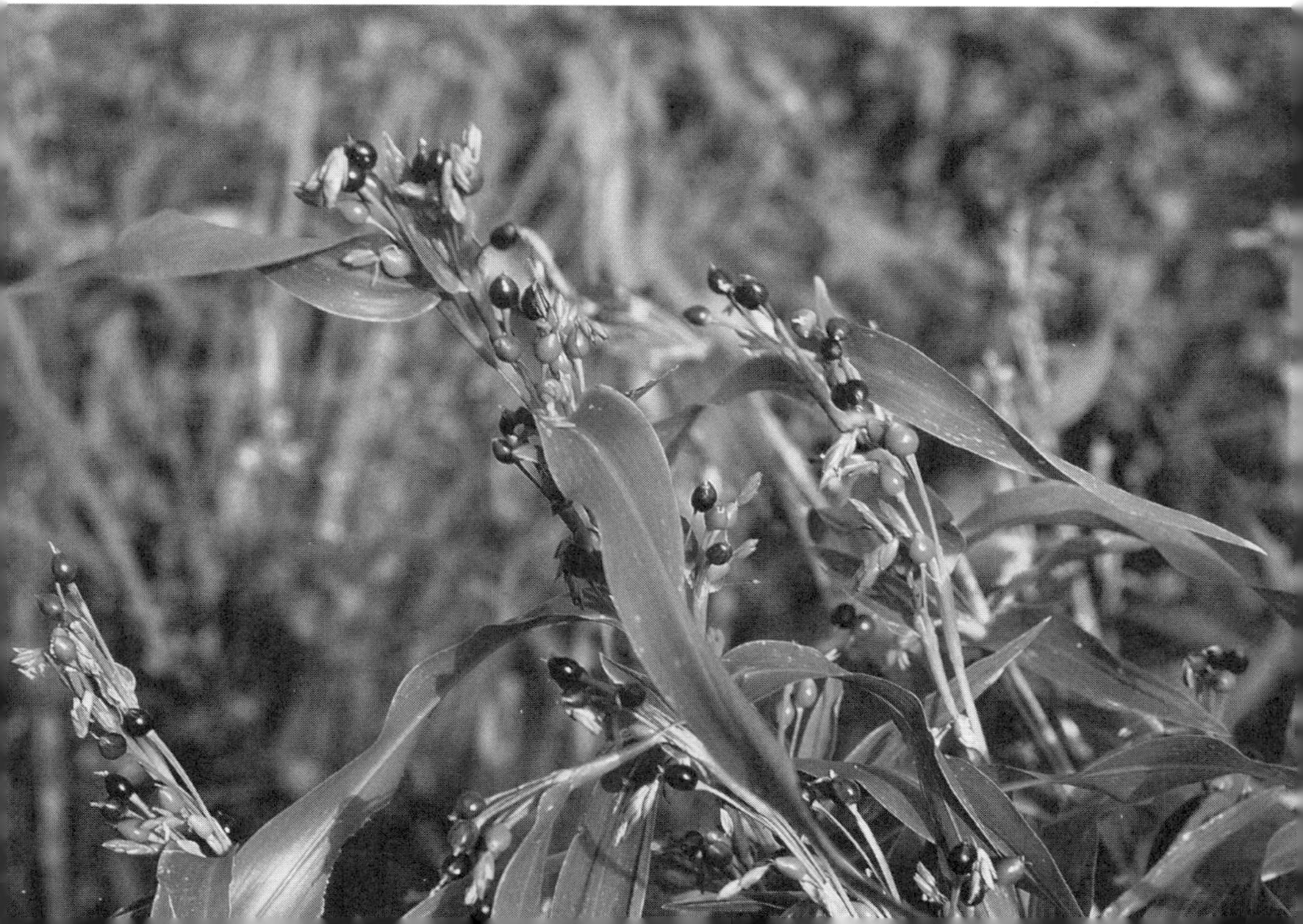

玩具、楽器、儀礼用具など、さまざまな種類のモノにジュズダマ属の種子が使われていることがわかった。その範囲は、東南アジアや東アジアだけでなく、広くアフリカ、中央アジア、南アジア、オセアニア、南アメリカにまで及ぶ。

トラベリング・ミュージアム

ジュズダマ属の資料をもとに、研究の成果を最初に展示したのは、二〇〇五年、鹿児島大学総合研究博物館第五回特別展「植物のビーズ——おしゃれ！ジュズダマ」であった。ボランティアスタッフと参加者のおかげで、展示という手段の可能性を実感する機会となった。そのいっぽう、期間や場所が固定された展示では、参加できる人が制限されてしまうことに、もの足りなさを感じた。また、研究のための資料収集とはいうものの、調査地からモノを奪い去っているだけではないのかという矛盾にもつきあたった（落合二〇〇六）。

これをきっかけに、研究とその成果公開、展示のあり方を考えるようになり、二〇〇六年から二〇〇九年まで「トラベリング・ミュージアム」のプロジェクトに取り組んだ。トラベリング・ミュージアムは、研究の成果として得られた資料と多分野の専門家からなるスタッフが開催地に出かけ、開催地の状況に応じて展覧会を作り、また、地元の人々をその協働のプロセスにいざなうことによって、資料と参加者、あるいは参加者どうしのコミュニケーションを深め、研究の成果を社会に開く実践である。具体的には、スタッフ四人とジュズダマ属の資料が移動し、二〇〇七年三月にラオスのヴィエンチャン市のカフェとルアンパバーン市の保存家屋で、二〇〇七年一〇月に大阪府吹田市の国立民族学博物館で、二〇〇八年五月に台湾、台東市の国立台湾史前文化博物館で、それぞれ展覧会を開催した。そして、調査地社会に成果を伝える（ラオス）、研究そのものを公開する（大阪）、展覧会を作る行為を非専門家にわたす（台湾）といった課題に取り組んだ。最後にはその旅のプロセスを、記録集（落合ほか 二〇〇九）、写真集（上 二〇〇九）、映像作品（久保田 二〇〇九）にまとめた。トラベリング・ミュージアムの展覧会では多くの参加者とさまざまな出来事を共有し、大きな手応えを得た。だが、会場が主要都市にあったため、地方で生活しながら、種子でモノを作っている人が参加する例は少なかった。

2 展覧会の下ごしらえ

このような展示の経験をふまえて、調査地の人々と直接対話するための展覧会を試みたのが〈ジュズダマ研究スタジオ〉であった。ここからは、二〇一一年一〇月のインドネシア、南スラウェシ州タナ・トラジャ県での開催を中心に、その前後三年間のプロセスを、①構想を練る、②下見に出かける、③準備を進める、④会場をしつらえる、⑤参加者と対話する、⑥活動を記録する、の順に説明しよう。

構想を練る

タナ・トラジャ県に住むトラジャ人は、トンコナンと呼ばれる舟形家屋を建設し、盛大な葬送儀礼を行うなど、独特の文化を維持している。このことが知られるようになった一九七〇年代から、タナ・トラジャはインドネシア有数の観光地として開発されてきた（山下 一九八八）。バリ島のデンパサール国際空港から飛行機に乗ると、約一時間で南スラウェシ州の州都ウジュンパンダンに着く。そこからスラウェシ島西南部の山間地に位置するタナ・トラジャ県ランテパオ市まで、前半は海沿いの平坦な道路を、後半は細い山道を通って、自動車で一〇時間ほどの道のりである。アクセスは便利とはいえないが、美しい景観やトラジャの文化を目あてに、国内外の観光客が訪れている。

二〇〇一年にランテパオ市周辺で調査してみると、ジュズダマが空き地や水田のわきなどに点々と生育していて、トラジャの人々がその種子で、ネックレスやカーテンなどを作り、みやげものとして販売していることがわかった。かつてはハトムギが栽培されていて、葬儀の際に特別な食事が作られていたともいう。さらに二〇〇三年には、西スラウェシ州ママサ県の調査で、トラジャと系譜を同じくするとされるママサの人々が、ジュズダマの種子をつなげてカーテンにし、ハトムギの菓子を作っていることが確かめられた。このような成果をもとに、調査地のタナ・トラジャで、トラジャの人々にむけて展覧会を開催しようと考えたのである。

活動の枠組みについては、研究者の専門的な知識を資源利用の当事者といかに共有するかを課題に掲げたプロジェクトに参加することにした。二〇一〇年四月からの三年間、このプロジェクトから資金を得て、当事者と研究者が対話するための展覧会を実際に開催し、その効果を検証することにしたのである。

スタッフは三人で構成した。学術企画と開催事務は、私の仕事である。広報と会場空間のデザインと製作は、上まりこさんが担当する。上さんは、トラベリング・ミュージアムに参加したデザイナーで、開催地ごとに状況を読み取り、そこにあるもので空間を作り上げてきた。その経験とセンスを今回も発揮してもらうことになった。ドロテア・アグネス・ランピセラ（以下、アグネス）さんは、ウジュンパンダン市にあるハサヌディン大学農学部の教員であるとともに、住民の支援活動も行っている。地元の事情に精通し、日本語に堪能であることから、コーディネーターとしての役割を依頼した。

スタッフは展覧会の最初の参加者である。スタッフがテーマや趣旨に共感することで、それぞれの専門家としての技量が自由に発揮され、対応の幅が広がるようになる。私は上さんとアグネスさんに、次のように今回の展覧会の考え方を説明した。

フィールドワークのとき、「世界中にジュズダマの種子でモノを作っている人がいて、私はそのことを調べています」と自己紹介すると、相手からは「ジュズダマを使うのは自分たちだけだと思っていた」「そういうモノがあるならぜひ見てみたい」といった反応が返ってくる。このことは、フィールドワークが、調査される側にとっては研究の成果を受け取る機会になることを示している。その場で、小さくとも機動的な展示ができれば、モノを介して、みのり多い対話ができるのではないだろうか。

このなげかけをきっかけに、二〇一〇年六月、私たちは展覧会の実現にむけて、メールや電話での打合せを始めた。

下見に出かける

展覧会を開催する前に、タナ・トラジャの現状を把握しておきたい。そう考えた私たちは、二〇一一年二月、下見に出かけた。二月三日、ウジュンパンダン市からランテパオ市まで移動する自動車の車内が、スタッフ三人が顔をあわせる初めての機会となった。この時点では、ワークショップやコンテストといった幅広いアイデアを出しながら、開催方法を話し合った。

タナ・トラジャ県には二月四、五日の二日間滞在した。ランテパオ市やその周辺の村で観察してみると、やはり、ジュズダマが水田のわきなどに生えていて、種子を使ったネックレスやバッグが作られ、商店や市場で売られていた（写真2－2、3）。観光局の職員やハンディクラフト製作の関係者に話を聞いてみると、トラジャ社会にあっては、トンコナンに代表される建築や棺桶に施される木彫り、絣やろうけつ染めなどの染織が伝統工芸と考えられていた。これに対して、ジュズダマ種子を使ったモノづくりは、精霊信仰や伝統的な装飾に基づくものとする人が一部にはいたが、キリスト教関係者や政府の支援をうけて比較的最近始められたことであり、女性の内職にしかすぎないとする見方が大半をしめていた。しかし、ジュズダマ利用という点で世界の他の地域と比較してみると、種子を糸でつなげて複雑な構造のバッグや大型のカーテンを作るという特徴がトラジャにはあり、その実践がすでに一〇年以上続いていることは事実である。このことから、地域資源としてのジュズダマをテーマに展覧会を開くことの意義をあらためて確認した。

いっぽう上さんは、デザイナーの立場から、タナ・トラジャの観光地としてのにぎわいや展覧会の参加者となる人々の暮らしぶりを観察していた。アグネスさんは、タナ・トラジャをめぐる社会や経済の情勢について説明し、この場所で展覧会を開くことのメリットや注意点を語った。最終日の二月七日、ハサヌディン大学に立ち寄って他の教員とも意見を交換し、開催日を決めて、私たちは下見の旅を終えた。

準備を進める

活動二年目となる二〇一一年四月からは、下見の成果をふまえて打合せを繰り返し、開催の準備を進めていった。七月までに実現のポイントを次のように抽出した。

①小さいこと——調査地での機動的展示のあり方を追究する。
②対話——実物の資料をもとに対話を進める。
③記録——出来事を記録して、現地新聞を作る。

まず、コンセプトを「研究室」とした。これは、見ることを前提にした一般的な展覧会のかまえをせず、「見てもいいよ」を基本姿勢におくことを意味する。そして、調査と成果公開の区切りをなくし、参加者が対話によって研究に参加する。研究を見せると同時に、研究者を見せる。こういった構成を考えた。

つづいて、コンセプトをタイトルに置き換える作業に移った。辞書を片手にアグネスさんとやりとりするなかから、インドネシア語の「スタジオ（sanggar）」と「研究する（kajian）」に、トラジャ語の「ジュズダマ（シロペ sirope）」を組み合わせて、〈ジュズダマ研究スタジオ（Sanggar Penelitian Sirope）〉をタイトルにすることを決めた。さらに、このタイトルをもとに、上さんがロゴをデザインした（図2-1）。これは、新聞の一面右上に掲載されるタイトルをイメージしつつ、植物のイラスト、説明文、開催日を組み合わせたものである。

この作業と平行して、収集資料のなかから、用途、収集地の広

写真2-2（下）　生育するジュズダマとトンコナン（2010年2月、タナ・トラジャ県ケテケス村）
写真2-3（左）　種子を使ったバッグの販売（2010年2月、タナ・トラジャ県レモ村）

がり、運搬上の安全性などを考慮して、展示資料一八種二三点を選定した。内訳は、タイ（衣服、バッグ、玩具）、ミャンマー（バッグ、ネックレス）、ラオス（ブレスレット、数珠、キーホルダー）、フィリピン（ネックレス、ロザリオ）、台湾（衣服、ネックレス、キーホルダー）、日本（ネックレス、お手玉）、ナミビア（クリスマスツリーの飾り）、ニュージーランド（ネックレス）、ブラジル（楽器）である。資料一点ごとに、写真と名称、収集地名、民族集団名、大きさなどの情報を組み合わせたコレクション・リストを作成した。また、資料の収集地で撮影した風景や製作者の写真を印刷して、ファイルにまとめた。さらに、ハトムギを味わうために、日本製と韓国製、二種類のハトムギ茶を用意した。

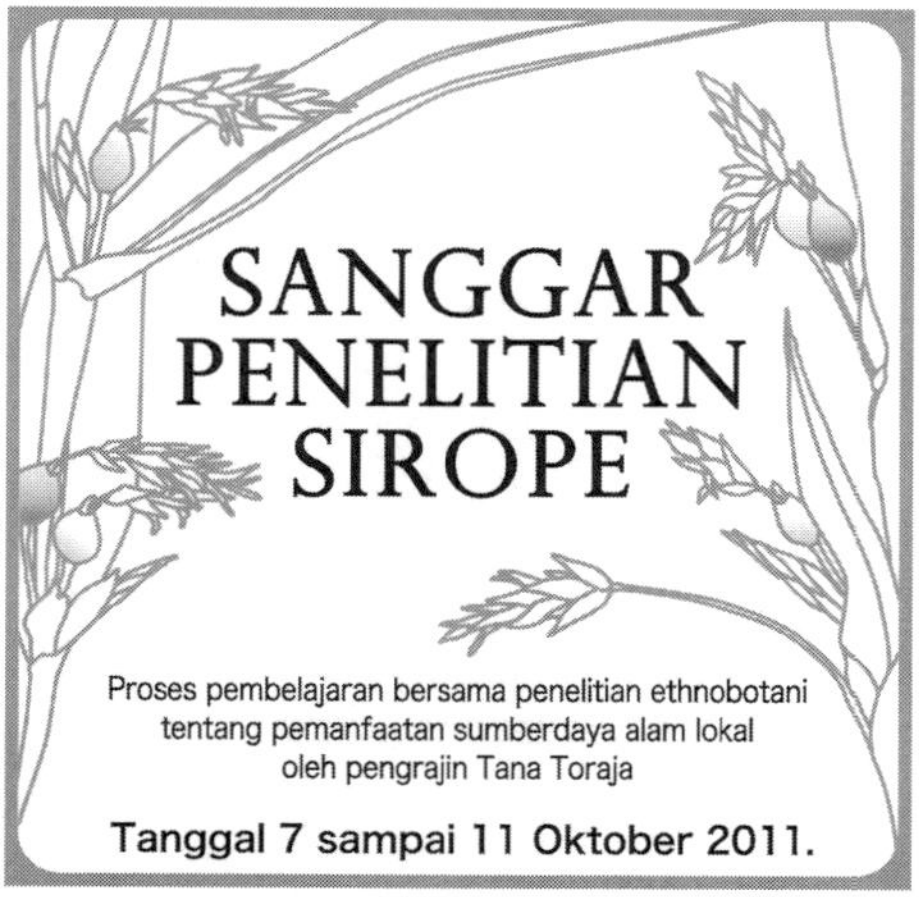

図 2-1　ロゴマーク

いっぽう上さんは、コレクション・リストをもとに、これを小型化したコレクション・カード（図２-２）を作った。コレクション・カードははがき大で、会場でそれぞれの資料に添えてキャプションのかわりとした。また、会場で参加者が観察する資料を選ぶためのメニューとして使った。さらに、ロゴをもとに、ポスター、ウエルカムサイン、スタンプ、シールを製作した。スタンプは、Ａ５判用紙に押して、出来事を書き込む記録用紙を作るために、シールは参加者に記念品として渡すために、それぞれ用意した。

会場については、テントを使って村々を巡回する案もあったが、「研究室」というコンセプトが決まって

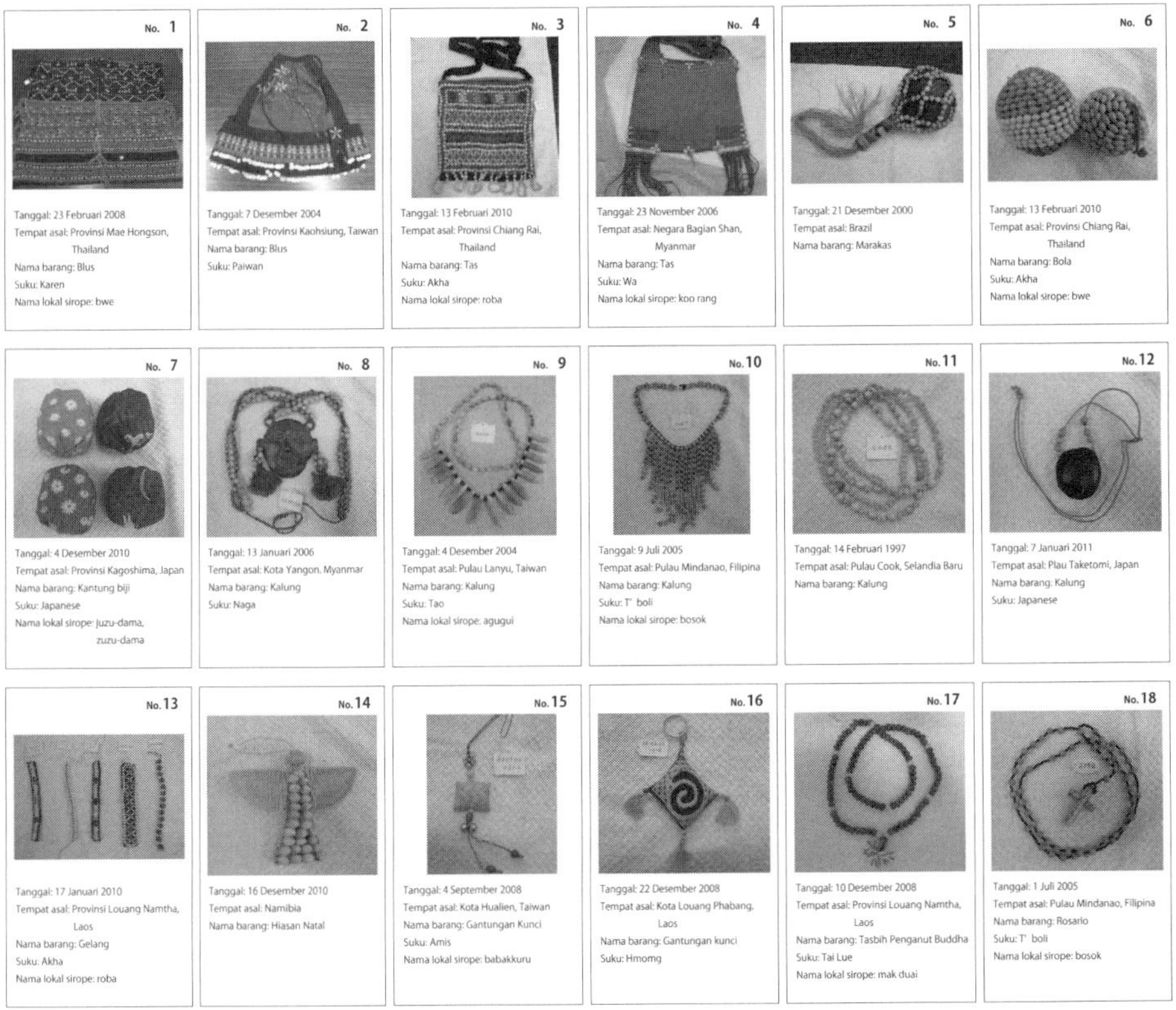
No. 1
Tanggal: 23 Februari 2008
Tempat asal: Provinsi Mae Hongson, Thailand
Nama barang: Blus
Suku: Karen
Nama lokal sirope: bwe
No. 2
Tanggal: 7 Desember 2004
Tempat asal: Provinsi Kaohsiung, Taiwan
Nama barang: Blus
Suku: Paiwan
No. 3
Tanggal: 13 Februari 2010
Tempat asal: Provinsi Chiang Rai, Thailand
Nama barang: Tas
Suku: Akha
Nama lokal sirope: roba
No. 4
Tanggal: 23 November 2006
Tempat asal: Negara Bagian Shan, Myanmar
Nama barang: Tas
Suku: Wa
Nama lokal sirope: koo rang
No. 5
Tanggal: 21 Desember 2000
Tempat asal: Brazil
Nama barang: Marakas
No. 6
Tanggal: 13 Februari 2010
Tempat asal: Provinsi Chiang Rai, Thailand
Nama barang: Bola
Suku: Akha
Nama lokal sirope: bwe
No. 7
Tanggal: 4 Desember 2010
Tempat asal: Provinsi Kagoshima, Japan
Nama barang: Kantung biji
Suku: Japanese
Nama lokal sirope: juzu-dama, zuzu-dama
No. 8
Tanggal: 13 Januari 2006
Tempat asal: Kota Yangon, Myanmar
Nama barang: Kalung
Suku: Naga
No. 9
Tanggal: 4 Desember 2004
Tempat asal: Pulau Lanyu, Taiwan
Nama barang: Kalung
Suku: Tao
Nama lokal sirope: agugui
No. 10
Tanggal: 9 Juli 2005
Tempat asal: Pulau Mindanao, Filipina
Nama barang: Kalung
Suku: T' boli
Nama lokal sirope: bosok
No. 11
Tanggal: 14 Februari 1997
Tempat asal: Pulau Cook, Selandia Baru
Nama barang: Kalung
No. 12
Tanggal: 7 Januari 2011
Tempat asal: Plau Taketomi, Japan
Nama barang: Kalung
Suku: Japanese
No. 13
Tanggal: 17 Januari 2010
Tempat asal: Provinsi Louang Namtha, Laos
Nama barang: Gelang
Suku: Akha
Nama lokal sirope: roba
No. 14
Tanggal: 16 Desember 2010
Tempat asal: Namibia
Nama barang: Hiasan Natal
No. 15
Tanggal: 4 September 2008
Tempat asal: Kota Hualien, Taiwan
Nama barang: Gantungan Kunci
Suku: Amis
Nama lokal sirope: babakkuru
No. 16
Tanggal: 22 Desember 2008
Tempat asal: Kota Louang Phabang, Laos
Nama barang: Gantungan kunci
Suku: Hmomg
No. 17
Tanggal: 10 Desember 2008
Tempat asal: Provinsi Louang Namtha, Laos
Nama barang: Tasbih Penganut Buddha
Suku: Tai Lue
Nama lokal sirope: mak duai
No. 18
Tanggal: 1 Juli 2005
Tempat asal: Pulau Mindanao, Filipina
Nama barang: Rosario
Suku: T' boli
Nama lokal sirope: bosok

図2-2　コレクション・カード

からは、期間中同じ場所に置くことにした。そうなると、市場や学校の近く、大通り沿いなど、通りすがりの人が入りやすい位置にあり、椅子やテーブルが置ける施設を会場にすることが望ましい。この条件をもとに、アグネスさんが探した結果、ランテパオ市の中心地にあるサンタテレサ教会で会場を借りられることになった。さらにアグネスさんは、資料を入れる容器や世界地図、用紙類などの資材の調達、自動車とドライバー、通訳者、スタッフ用のホテルなどの手配を手際よく進めていった。

3　展覧会の開催

二〇一一年一〇月、いよいよ開催のときが来た。一〇月六日、ドライバーのバソさんが運転する自動車に資料や資材を積み込んで、私たちはランテパオ市に向かった。一〇月七日早朝、サンタテレサ教会事務局に立ち寄ってあらためて協力を依頼し、会場のしつらえを始めた。

会場をしつらえる

会場は、サンタテレサ教会の付属施設「トンコナン・ラヌー」である。この施設の広間を使う約束になっており、七日九時半から室内を掃除し、教会からテーブルや椅子を借りてきて配置を決めた。その作業を終え、昼食をとってもどって来ると、思いがけないことが起こった。この広間が別な会合に予約されていたというのである。ところが、展示の機動性が、はからずもここで発揮される。会場を隣の部屋に変更し、午後の時間を使って掃除をすませ、家具や資料を移動させた。一六時には、会場の配置が完成した。

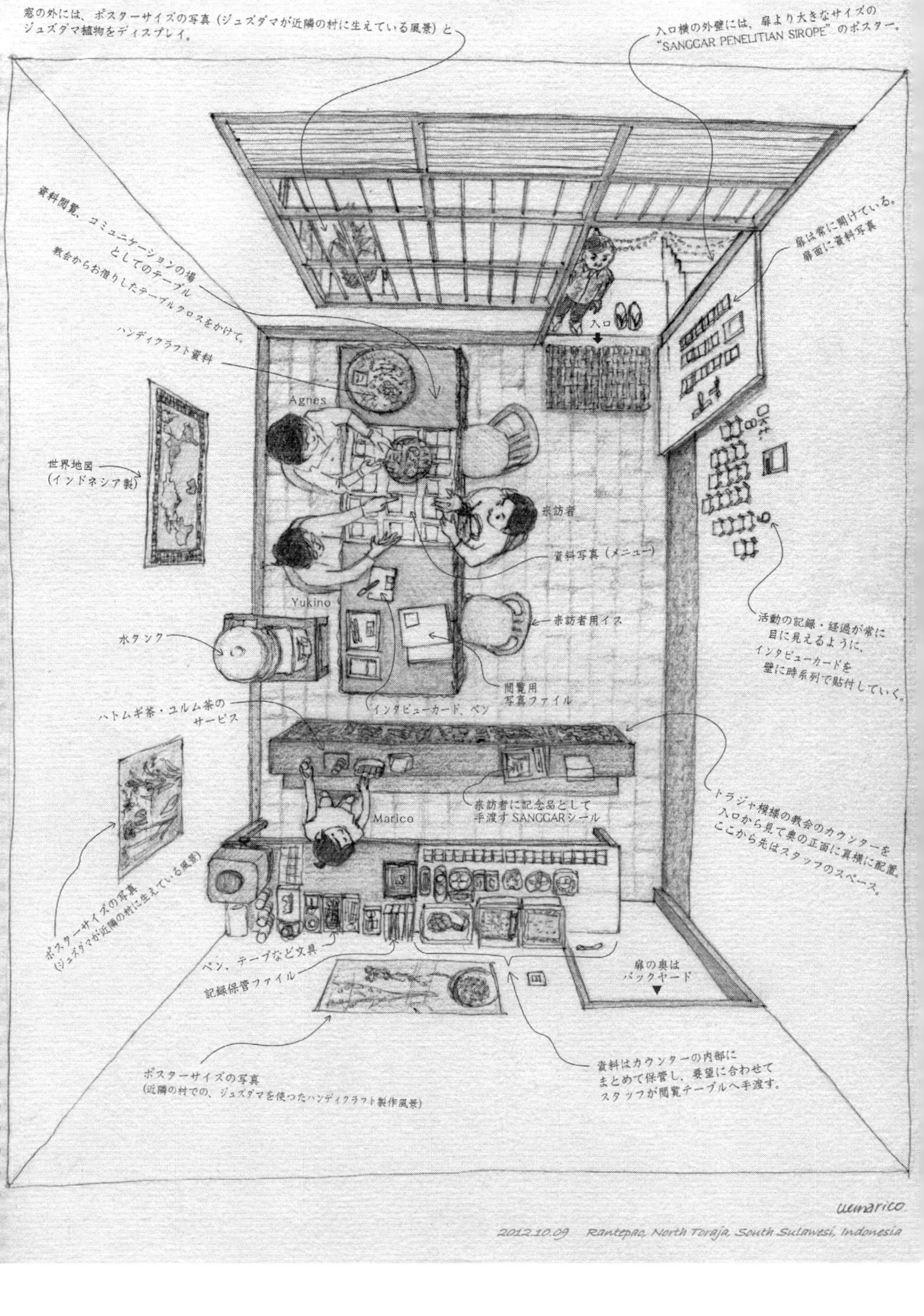

窓の外には、ポスターサイズの写真（ジュズダマが近隣の村に生えている風景）と
ジュズダマ植物をディスプレイ。
入口横の外壁には、扉より大きなサイズの
"SANGGAR PENELITIAN SIROPE" のポスター。
扉は常に開けている。
扉面に資料写真
資料閲覧、コミュニケーションの場
としてのテーブル
教会からお借りしたテーブルクロスをかけて。
ハンディクラフト資料
入口
Agnes
世界地図
（インドネシア製）
来訪者
資料写真（メニュー）
Yukino
来訪者用イス
水タンク
閲覧用
写真ファイル
インタビューカード、ペン
ハトムギ茶・ユルム茶の
サービス
活動の記録・経過が常に
目に見えるように、
インタビューカードを
壁に時系列で貼付していく。
来訪者に記念品として
手渡すSANGGARシール
Marico
トラジャ模様の教会のカウンターを
入口から見て奥の正面に真横に配置。
ここから先はスタッフのスペース。
ポスターサイズの写真
（ジュズダマが近隣の村に生えている風景）
ペン、テープなど文具
記録保管ファイル
扉の奥は
バックヤード
ポスターサイズの写真
（近隣の村での、ジュズダマを使ったハンディクラフト製作風景）
資料はカウンターの内部に
まとめて保管し、要望に合わせて
スタッフが閲覧テーブルへ手渡す。
uemarico.
2012.10.09 Rantepao, North Toraja, South Sulawesi, Indonesia

では、会場のようすを紹介しよう（図2‐3）。畳八畳分ほどの広さの部屋の中央にクロスをかけたテーブルと椅子、壁際にトラジャの彫刻をほどこしたカウンターを配置した。カウンター手前のテーブルの周囲が研究スペースである。資料二三点は容器に入れ、カウンターの奥にある別のテーブルの左側に置いた。ここが収蔵スペースである。同じテーブルの右側はカフェのスペースで、ハトムギ茶、ウォーターサーバーやポット、紙コップを用意した。カウンターの奥の部屋はバックヤードとして使った。

一〇月八日から一一日までの四日間、九時から一六時まで〈ジュズダマ研究スタジオ〉をオープンした。入場料は無料である。参加者はエントランスから「研究室」に入り、テーブルやカウンターのあたりにいるスタッフの出迎えを受けたのち、椅子に座って研究に参加する（写真2‐4、5）。室内には、資料を展示してはいない。参加者がコレクション・カードを用いたメニューのなかから資料を選ぶと、スタッフがそれを収蔵スペースからテーブルに出す。ここから、参加者は資料の観察を始める。そして、気づいたこと、感じたことを語る。収集地の位置を世界地図で確かめたり、写真ファイルでその場所のようすを見たりする。質問があれば、研究者やスタッフに直接問いかける。疲れたら、ハトムギ茶を飲んで、一息つく。

このように〈ジュズダマ研究スタジオ〉には、展示ゾーニングや展示ストーリーがない。そのかわりに、参加者一人ひとりにアラカルトの展示が展開する。したがって、観察する資料の数や順番は参加者によって異なる。手触りを確かめる、裏返す、身につけてみるなど、観察の方法もさまざまである。

スタッフは会場にいて、参加者に応対した。九日からは通訳者のウディンさんがそのサポートをした。アグネスさんは、参加者と研究者を仲介しつつ、展覧会のテーマや趣旨に、国、州、県の各レベルでの背景や関心を盛り込み、タナ・トラジャ仕様の議論のポイントを練り上げた。上さんは、収蔵スペースから資料を出す、ハトムギ茶をサービスする、記念品のシールを手渡すなど、にこやかに接客した。さらに、スタッフは会場での出来事を、その場で記録用紙に書き込んだ。アグネスさんや私はメモを書き、上さんはスケッチを描いた。そして、記録用紙を、すぐさま壁に貼り出した（写真２-６）。日本語の記述を参加者がすべて読めるわけではないが、観察し、聞き取り、記録するという研究の基本の手法、そして研究が進行しつつあることを、この「紙のツイッター」が示した。

参加者と対話する

〈ジュズダマ研究スタジオ〉には四日間に、一八五人の参加者があった。生徒や子ども一二七人、教会関係三四人、マスコミ関係五人、観光業製造業四人、ハンディクラフト製作者四人、教員四人、自治体関係者二人、そ

写真 2-4　会場エントランス

写真 2-5　参加者を迎えるスタッフ

の他五人である。参加者の反応は目覚ましかった。ハンディクラフト製作者は、作り手の立場からモノを観察し、構造を分析したり、アイデアに共感したりしていた。観光業関係者は、みやげものとしてのハンディクラフトのあり方を議論し、ジュズダマの活用を考えた。ジュズダマを知らなかった人は、その存在や価値を認めた。そして、新たにモノを作る人まで現れた。

記録用紙をもとに会場での出来事を綴ってみよう。

一〇月八日

八：三〇　男性一人（政府職員）「山地の村で支援活動をしています。女性グループが作ったハンディクラフトを売る店を開きたいです。」

一二：〇〇　女性一人（教会信者）「これ、いくらですか」販売と勘違いさせてしまう。

写真 2-6　記録用紙を壁に貼る

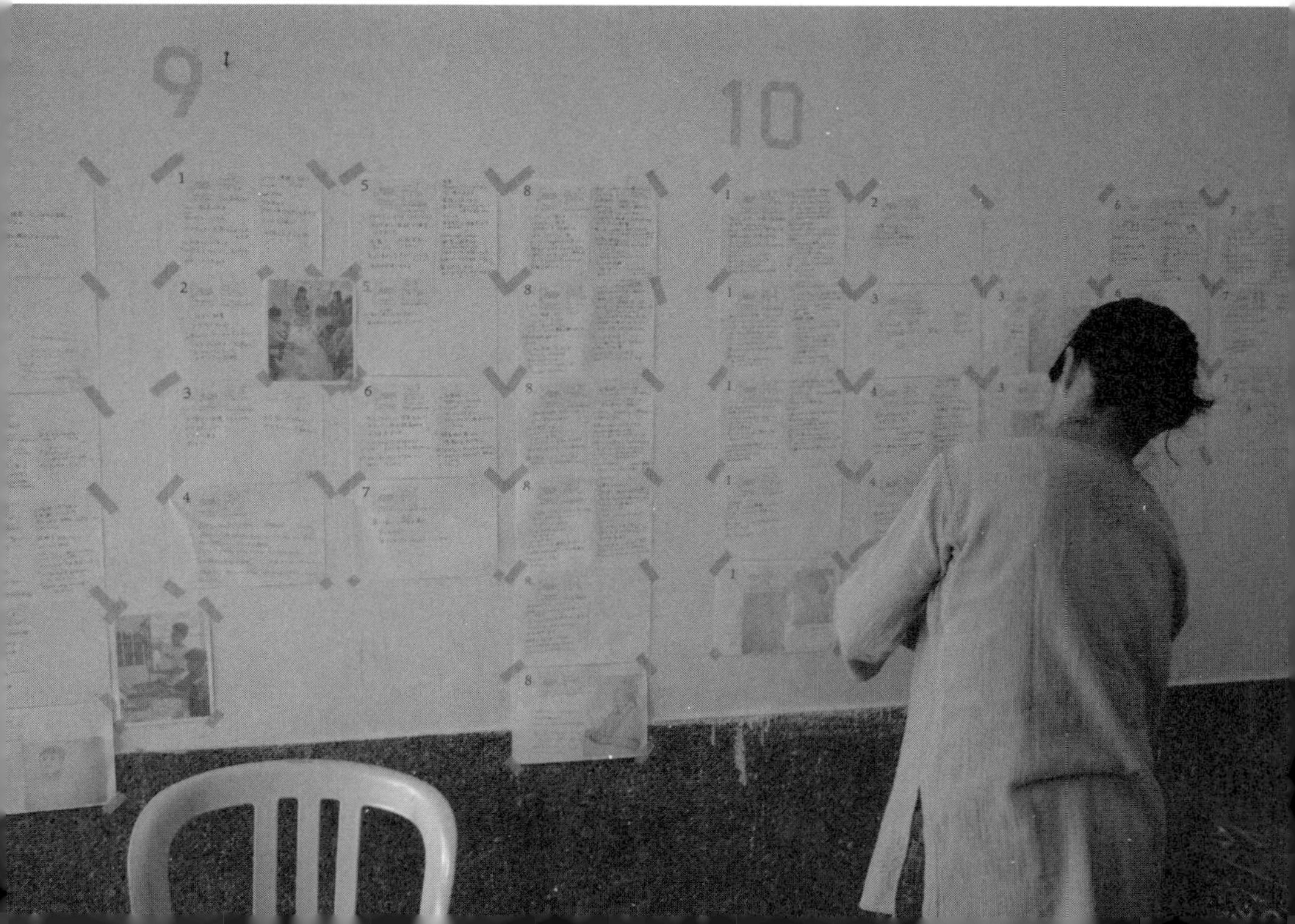

一二：三〇　小学生八人。靴を脱いで入り、行儀よく観察。

一二：四〇　男性一人（製造業）「インドネシア人と日本人は、モノづくりについて考え方が違います。」

一三：四〇　女性二人、男性一人。ハトムギ茶を飲んで「おいしい。」

一三：四〇　中学生四人「シロペの首飾りを作ったことがあります。」

一四：一〇　男性二人「シロペはただの雑草だと思っていましたが、活用されていることを知りました。」

一五：四五　男性二人、女性二人。ホテル経営者のオニさんとの会話（写真2 - 7）。

落合「二〇〇〇年八月にあなたのホテルに泊まったとき、部屋にシロペのカーテンやランプシェイドがありました。うれしくて、写真をとりました。」

オニ「昔は作っている人がたくさんいて、市場で売っていました。私のホテルでは注文して作ってもらっていました。」

落合「誰が始めたのですか。」

オニ「一九七〇年代に、小学校の先生やオランダ人の神父、シスターが作り方を教えてくれました。そのあと、一九八〇年頃に観光客が増えたので、売るようになったのです。」

写真 2-7　ホテル経営者と友人

落合「最近はどうですか。」
オニ「売れゆきはあまりよくありません。でも、バリで作った品物をトラジャで売るのはおかしいし、トラジャのオリジナルのみやげものが消えていくのは残念です。今回の Sanggar で心が開きました。コレクションを増やして、自分が Sanggar を続けたいです。」

一〇月九日
九：〇〇　二二人（教会信者）。日曜礼拝を終えた人で混雑。
九：一〇　女性一人、高校生一人。日本語で「こんにちは」とあいさつ。「トラジャにシロペのハンディクラフトがあることを初めて知りました。」
九：二五　シスター一人。フィリピンのロザリオに関心を持つ。
九：三〇　女性五人、こども二人。ケースのふたをあけたり、首にかけたり、じっくり観察。韓国製ハトムギ茶について「コピ・シロペ（ハトムギ・コーヒー）」の呼び方が定着。
一五：二〇　男性一人（染織業）「種子をよく選んで、色や形を揃えて飾ることが美しさの秘訣だと思います。」

一〇月一〇日
九：〇〇　男性一人（元教員）「シロペが収入源になるとは思いませんでした。これからは植えた方がいいかもしれない。」
九：一五　サンタテレサ教会のレオ神父（写真2-8）。
レオ「シロペは色がきれいで、穴をあけなくてもいいから、いろいろなものが作れますね。資料の種子は、形がきれいに揃っていますが、これはどのようにして作るのですか。」

落合「たくさんの種子から、よいものだけを選んでいます。ほかの場所でもシロペを見たことがありますか。」

レオ「フィリピンやパプア州で見たことがあります。パプアの人たちは、自分たちの文化のオリジナリティを守っています。だから、外国人観光客は、たとえ遠くてもパプアに行きたがるのでしょう。」

落合「トラジャではどうでしょうか。」

レオ「トラジャの木彫りは、ここにしかないものです。これまで人々は魂を込めて木彫りを作ってきましたし、そこを受け継ぎながら、トレイなどの売るためものを作っています。文化は好き嫌いの問題ではないのです。トラジャにはかご編みの技術があるのに、バンドン（ジャワ島）から運ばれたかごが売られているのはおかしいです。プラスティックのビーズは見た目はきれいかもしれませんが、むしろシロペをトラジャの文化として捉

写真 2-8　サンタテレサ教会のレオ神父

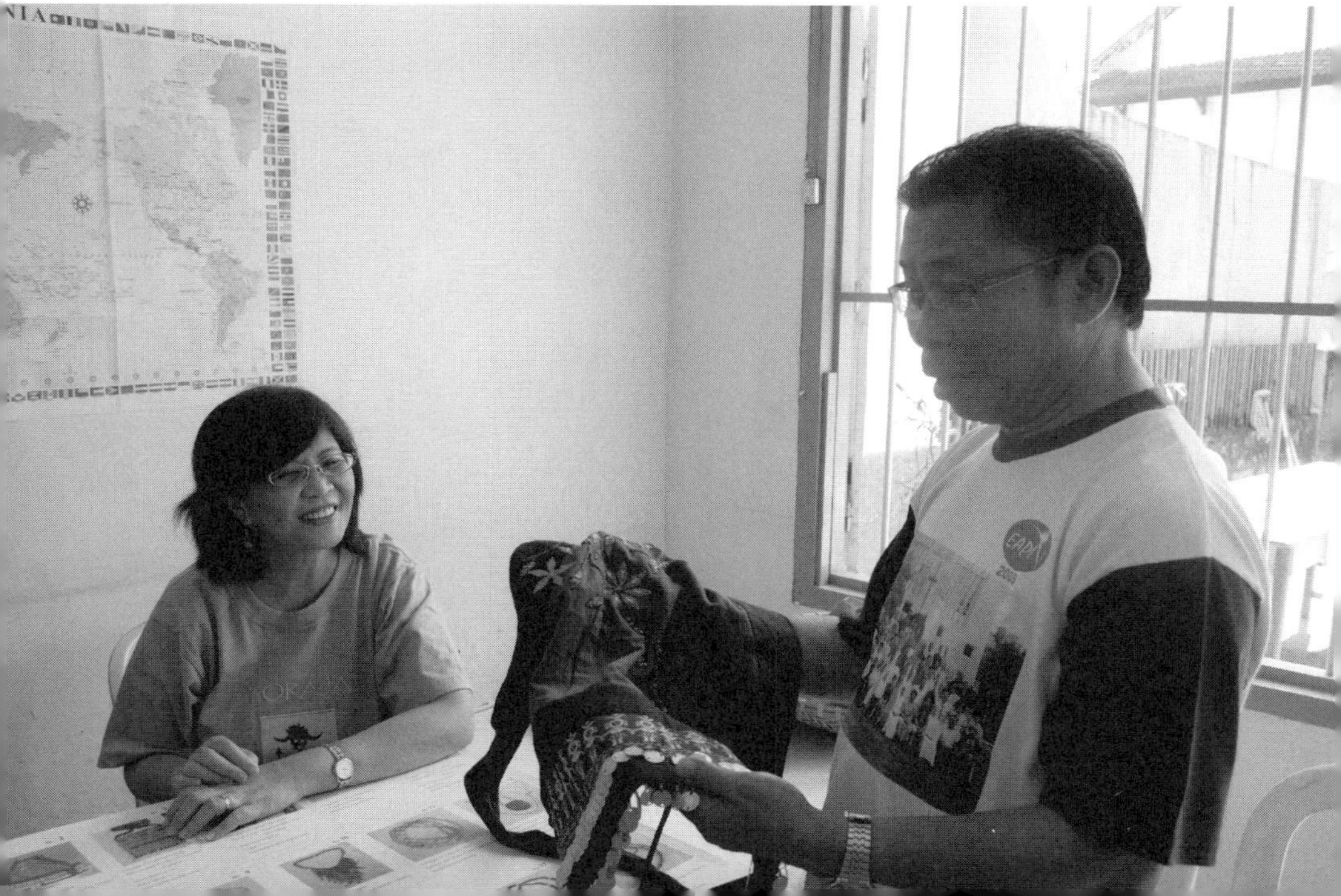

え、モノを作る必要があるでしょう。政府などから強制されなくても、一人ひとりが心から大切にしようと思わなければなりません。」

一〇：四五　新聞『Toraja Pos』記者一人取材。

一一：〇〇　専門学校生二クラス五八人、教員二人（写真2-9）。

一二：三〇　女性一人（専門学校教員）「ハンディクラフトの作り方を勉強したいです。地元には応用できそうな素材があります。」

一三：四〇　男性一人（教会職員）「エンデ（フローレス島）ではハトムギをケオと呼びます。米より長持ちするので、非常用に貯蔵しておきます。」

一四：五五　小学生一一人「かわいい」「シロペが小さい」「作ってみたい」（写真2-10）。

一五：三〇　小学生九人「シロペを初めて見た」「シロペをつなげるとき、特別な糸を使うの？」「Sanggar はどこを回ってきたの？」

写真 2-9　専門学校の生徒と教員

一〇月一一日

八：四五　レモ村のハンディクラフト製作者三人と子ども二人（写真２‐11）。製作者「タナ・トラジャにはない形や色のシロペの種子が、他の地域にあることが気になりました。作ってみたいものがいくつかあります。」

一一：二〇　テレビ局記者四人、アグネスさんが取材に応じる。

一一：二〇　高校生三〇人、教員一人「川の近くにシロペがたくさん生えています。」

一二：四〇　専門学校生ロタさんとレスティさん。キーホルダーとブレスレットを製作し、寄贈してくれる（写真２‐12）。「シロペは安物の素材だと思っていたけど、学校にあった材料と組み合わせたら、自慢できるものが作れました。これからも新しいことに挑戦したい。」

一四：三〇　男性一人（自治体職員）「遠いところを来てくれてありがとう。トラジャ人なら、

写真 2-10　子どもたち

シロペでロザリオを作ってもいいですね。」

最終日の一〇月一一日、一五時から撤収作業を始め、一六時に〈ジュズダマ研究スタジオ〉を閉幕した。最後にサンタテレサ教会でレオ神父に会って感謝を伝えた私たちは、一〇月一二日早朝、ランテパオ市を後にした。

活動を記録する

活動三年目の二〇一二年には、展覧会を記録に残す作業を行った。記録を作成することによって、参加者は展覧会での体験をふりかえることができる。会場に来られなかった人は紙面で参加することができる。そして、スタッフは活動を検証することができる。打合せのメモ、メール、フィールドノート、展覧会の記録用紙、写真や製作物をもとに、内容やスタイルを検討し、執筆やレイアウトを進めた。二〇一二年一二月、

写真 2-11　ハンディクラフト製作者

新聞形式の記録集「スタジオ新聞（Sanggar Pos）」が完成した（図２‐４）。

「スタジオ新聞」はＡ４判八ページのカラー印刷で、インドネシア語と日本語を併記した。背景となる研究、展覧会の概要、出来事、インタビュー、スタッフの紹介などの記事と写真、図を掲載した。三〇〇部を印刷し、感謝の意味を込めてタナ・トラジャの参加者や協力者に一五〇部を贈った。日本では、残りの一五〇部を研究者や展覧会実践者に配布し、活動を紹介した。

4　展覧会をふりかえる

調査地に研究室を開く展覧会〈ジュズダマ研究スタジオ〉は、手ごたえを感じる活動となった。最後にその理由を、空間とスタッフの二点からふりかえってみたい。

写真 2-12　ジュズダマで作品を作った専門学校生

図 2-4　記録集「スタジオ新聞 Sanggar Pos」の表紙

空間のつくり

今回の活動では、日本から持ち込んだ「研究室」の資材や構造を、会場にそのままあてはめたわけではない。場の状況や参加者の反応に応じてそのつくりを変えることで、対話のための空間を整えていった。

まず広さについて、最初に予定していた広間ではなく、小さな部屋を使ったが、結果的にコンパクトで落ち着いた会場になった。参加者やスタッフが一つのテーブルに集まり、たがいの様子を見ながら、じっくりと話をする。このようなやりとりが、資料と資料を製作した人に敬意を払うこと、資料を介して対話する時間をいつくしむことにつながった。このスタイルは多人数には不向きだが、生徒がクラス単位で訪れるような場合には入れ替え制のワークショップを開催すれば、十分に対応できることがわかった。また、参加者のなかには、資料を観察するでもなく、ただ部屋にたたずみ、世間話だけをして帰る人がいた。居心地のよさがそのようなふるまいにつながったようで、これはこれでうれしいことであった。

つぎにしつらえについて、実際に「研究室」をオープンしてみると、入りにくい、何をしているのかわからないといった声が聞かれた。そこで、人々の目線に「研究室」を引き寄せるための工夫を重ねた。たとえば、エントランスの外側にジュズダマの植物、テーブルや椅子、メニューを置いて、通りからも「研究室」の様子がわかるようにした。室内では、ジュズダマの種子や植物、風景などの写真を、市内の印刷店でポスターサイズにプリントしてきて壁に貼り出し、研究の内容を紹介した。開催期間中、レモ村で収集したネックレスやバッグ、ジュズダマの種子を、新着資料としてテーブルの上にディスプレイし、ジュズダマを仲立ちにトラジャと他の地域をつなぐためのしかけとした。

Sanggar POS

Published Feb. 1, 2013

SANGGAR PENELITIAN SIROPE

Proses pembelajaran bersama penelitian ethnobotani tentang pemanfaatan sumberdaya alam lokal oleh pengrajin Tana Toraja

Tanggal 7 sampai 11 Oktober 2011.

Pembukaan Sanggar Penelitian Sirope

Sanggar Penelitian Sirope berlangsung mulai tanggal 8 sampai 10 Oktober 2011 bertempat di Tongkonan Rannu milik Gereja Katolik Santa Theresia kota Rantepao Kabupaten Toraja Utara Provinsi Sulawesi Selatan Indonesia. Sanggar penelitian ini dikunjungi oleh 185 orang mulai dari usia anak sekolah sampai orang-orang dewasa. Para pengunjung memperoleh kesempatan untuk melihat secara langsung benda dan hasil karya kerajinan yang terbuat dari biji-bijian sirope sambil berdiskusi tentang alam dan budaya Toraja dengan staf peneliti sanggar.

Sanggar Penelitian Sirope「ジュズダマ研究スタジオ」開催

2011年10月8～11日、インドネシア、南スラウェシ州、タナ・トラジャ県ランテパオ市で、「ジュズダマ研究スタジオ」が開催された。会場のサンタテレサ教会トンコナン・ラヌーには、こどもからおとなまで 185 人が来場し、スタッフとともに、シロペ（トラジャ語でジュズダマの意味）の種子で作った資料を見ながら、トラジャの自然や文化について語り合った。

こうして、研究をする場としての機能と、参加者を迎える場としての心地よさを兼ね備えた「研究室」ができあがった。調査地で展覧会を開く場合、不確定要素は多々ある。そのつど判断せざるをえないことも多い。だが、相手に不承不承合わせるのではなく、思いがけない展開を積極的に取り込む。状況にただ流されるのではなく、展示のテーマや目的をもとに押さえるべきポイントは押さえる。このようにゆるやかに、かつ、ぶれることなく対応するプロセスをへて、会場の空間が作り出された。

スタッフの関わり

今回の活動では、スタッフがそれぞれの知識や経験をもとに、主体的に展示に関与した。その重なりが「研究室」でのやりとりを支えた。

上さんは、これまで多くの展示を製作してきた経験から、今回の活動を「研究屋台」と表現した。そこには、小さくて機動的であることにくわえて、通常の展示では研究者はあまり姿を見せないことから「研究者にハンズオン」できることのぜいたくさ、そして、一般化することのできない研究者個人の流儀や習性を示すことのおもしろさが含まれているという。この見方にそって空間を作ることで、研究者、研究活動、研究成果をたがいに関連付けて参加者に伝えることができた。

アグネスさんは、一緒に活動するうちに、研究成果を地域社会と共有するための手法として〈ジュズダマ研究スタジオ〉への理解と評価を深めていった。ジュズダマは、地域の人々にとって、いわばありふれた植物である。それをあえてテーマとして取り出し、わざわざ空間をしつらえて、地域資源としてのあり方を議論する。研究者の一人として、この手法の効果を感じたアグネスさんは、地域の特産品を販売し、生産者や訪問者が集まるための「研究カフェ」を開きたいと言い出した。このあたりからアグネスさんにとってのフィールドワークが始まったように思う。上さんや私がどのように展示を作るかを観察しつつ、参加者との対話を試し、修正し、そして、自分のものとしていったのである。

研究者としての私は、下見や展覧会開催の間に、観察や聞き取り、資料の収集をした。その意味では、展覧会を作りつつフィールドワークをしたことになる。だが、私の休憩中にも調査が進み、フィールドノートをただちに公開するなど、普段のフィールドワークとは明らかに異なる点があった。とくに、ジュズダマをまったく知らない人を含めて、予想以上に数多くの、幅広い立場や年齢の人々に会えたことは大きい。普段は、選んだ人だけを対象に、私からお願いして話を聞く。ところが今回は、大勢の人々がなんらかの興味や期待を持ちつつ会場に立ち寄ってくれた。そのことが、話題の思わぬ広がりや展開を呼び、幅広い視点から地域資源としてのジュズダマについて知ることにつながった。

いっぽう、展示製作者としての私は、研究者が伝えたいことと参加者が知りたいことの間にずれがあることに、あらためて気づかされた。研究者が伝えること以上に、参加者からの問いかけが多い。しかも、テーマに直接関係したことだけでなく、なぜ研究し展示するのかといった、根源的な問いが次々に発せられた。参加者は、研究の成果以上に、研究の前提や周辺を知りたがっていた。それを知ることではじめて、研究の成果についても納得してもらえるのである。

研究のあとの研究

〈ジュズダマ研究スタジオ〉は、開催期間が短く、資料数の少ない展覧会であったが、小さな「研究室」

で濃密な時間をすごすことができた。これまでの展示では、参加者の都合や関心にかかわらず、必ずフルコースで見てもらおうとしていた。また、資料を並べた展示台の前に立って「説明」をしていた。しかし今回は、参加者が自ら選びとった資料と向き合う、アラカルト方式をとった。そして、資料をテーブルに置き、椅子に腰かけて「対話」をしてみた。この二つの試みによって、参加者が研究に参加することをうながした。いいかえれば、できあがった研究以上に、研究の作り方を伝える展覧会となったのである。

研究室を開く展覧会のハードルは低い。広い会場を使わなくても、短い時間でも、対話型展示は成立する。研究成果を社会に公開しようとする研究者には、一度試みていただきたい。また、〈ジュズダマ研究スタジオ〉のプロセスからは、小さな展示の構想がさらに生まれている。トラジャの人々に続き、本書を読まれた方がその場に参加してくださることがあれば、私たちにとって望外の喜びである。

謝辞

本稿は、科研費二二三一〇一五七の成果の一部を公開したものである。ハサヌディン大学、サンタテレサ教会、タナ・トラジャ県のみなさんのご協力に心から感謝したい。

参考文献

上まりこ　二〇〇九『トラベリング・ミュージアム　フォトファイルズ　出会うことから生まれたできごと』トヨタ財団研究助成報告。

落合雪野　二〇〇六「植物からものへ、ものから資料へ――ジュズダマ・コレクションの成立と公開」『研究彙集』一六、四一―一二頁。

落合雪野　二〇〇七「飾る植物――東南アジア大陸部山地における種子ビーズ利用の文化」松井健編『資源人類学〇六　自然の資源化』弘文堂、一二三―一五九頁。
落合雪野・佐藤優香・上まりこ・久保田テツ　二〇〇九『トラベリング・ミュージアムの軌跡』科学研究費補助金報告書。
久保田テツ　二〇〇九『トラベリング・ミュージアム　ビデオドキュメント　ひらきつなぐために』トヨタ財団研究助成報告。
山下晋司　一九八八『儀礼の政治学――インドネシア・トラジャの動態的民族誌』弘文堂。
吉田憲司　一九九九『文化の「発見」』岩波書店。

コラム①

トラジャに行くのじゃ

上まりこ

トラベルその一——下見から構想まで

目的地に着くまでに手間ひまがかかるのは、いいことだ。直行便に夜乗って、朝目覚めれば目的地というのも効率的には違いないけれど、だんだんに目的地に近づいていく旅の過程には、カメラの焦点が絞れていくような面白さがあるし、目的地を知るためのヒントもたくさん落ちているような気がする。

下見でタナトラジャを訪れたとき、手続きや準備で立ち寄ったあちらこちらで、私はいつもよそ見をしていた。写真を撮ったりスケッチをしていた。車での長い移動中には、ときに途中下車しながら、風景や家や人々の移り変わりを感じ、アグネスさんから説明を聞き、落合さんと三人でありとあらゆる話に花を咲かせた。「見せるだけではなくて参加型の展覧会がいい」「地元の人が気軽に立ち寄ってお茶を飲んで話をしていく研究室」「研究者が展示されている研究屋台」という構想は、そんな旅のなかから生まれてきた。

トラベルその二——冷蔵庫のなかにある材料で料理を作る

さて本番の展覧会開催。日本から持って行く資材や道具は手荷物程度に絞り、ほとんどは現地調達。その場でお借りできるもので空間を構成する。これは、「冷蔵庫のなかにある材料で料理を作る」ことに似ている。そのときちょうど余っていたり、使われていない場所やものを借りるわけで、さほど選択の余地はない。それらをなんとか目的に叶うように工夫するわけだが、そこに、自分たちだけで完全に準備してのぞむのとは違う、思ってもみない展開がある。

トラベルその1　下見から〜構想まで

トラジャへ行くのじゃ

インドネシア銀行の行員さん

オレンジのスカーフを首元でキリリとまとめる着こなしが濃いグレーの制服にとってもよく合う。

お礼の挨拶がエレガント!

アクセサリーがキラリ

スリムな黒のパンツスーツがスタイリッシュ

後頭部にボリュームをもたせるのが、おしゃれっぽい

スカーフ留めアクセサリー

ベージュのスカーフに茶とピンクの柄の上着

濃茶のスキニーパンツ

ベージュスカーフ

白の上着に茶のバティック

観光局でテキパキした対応がステキだった。コーヒーとバナナの葉に包んだおやつもいただいた。

糸つむぎ実演をしていた80才女性

赤い口紅に見えるのは トラジャ・リップスティック(びんろう)だよと笑った。

おみやげやさんの女の子

白い帽子に赤いTシャツ

自分で手作りのジュズダマネックレス

訪ねたあちこちで、女性の働く姿やものづくりする姿が印象的でありました。

道端にちょこちょこある、バス停のような、屋台のような、

とっても気になる小屋

POST = POS　ROUND = RONDA

POS RONDA

『見回り小屋』村の自警団の見回りの拠点らしい。

・スカスカタイプ
・バンブータイプ
・壁囲みタイプ　などなど…

休憩したり、仮眠したり、バナナ売ったり、今はTVがあったりする

移動する車窓から眺めながら、(研究屋台なんてどうかしらねえ)なんて話をしたのでした。

トラベル その2 冷蔵庫の中にある材料で料理をつくる

トラジャへ行くのじゃ

現場で出会った人・もの・場所からできあがる空間
…の中で、また起こる出会いがおもしろい。

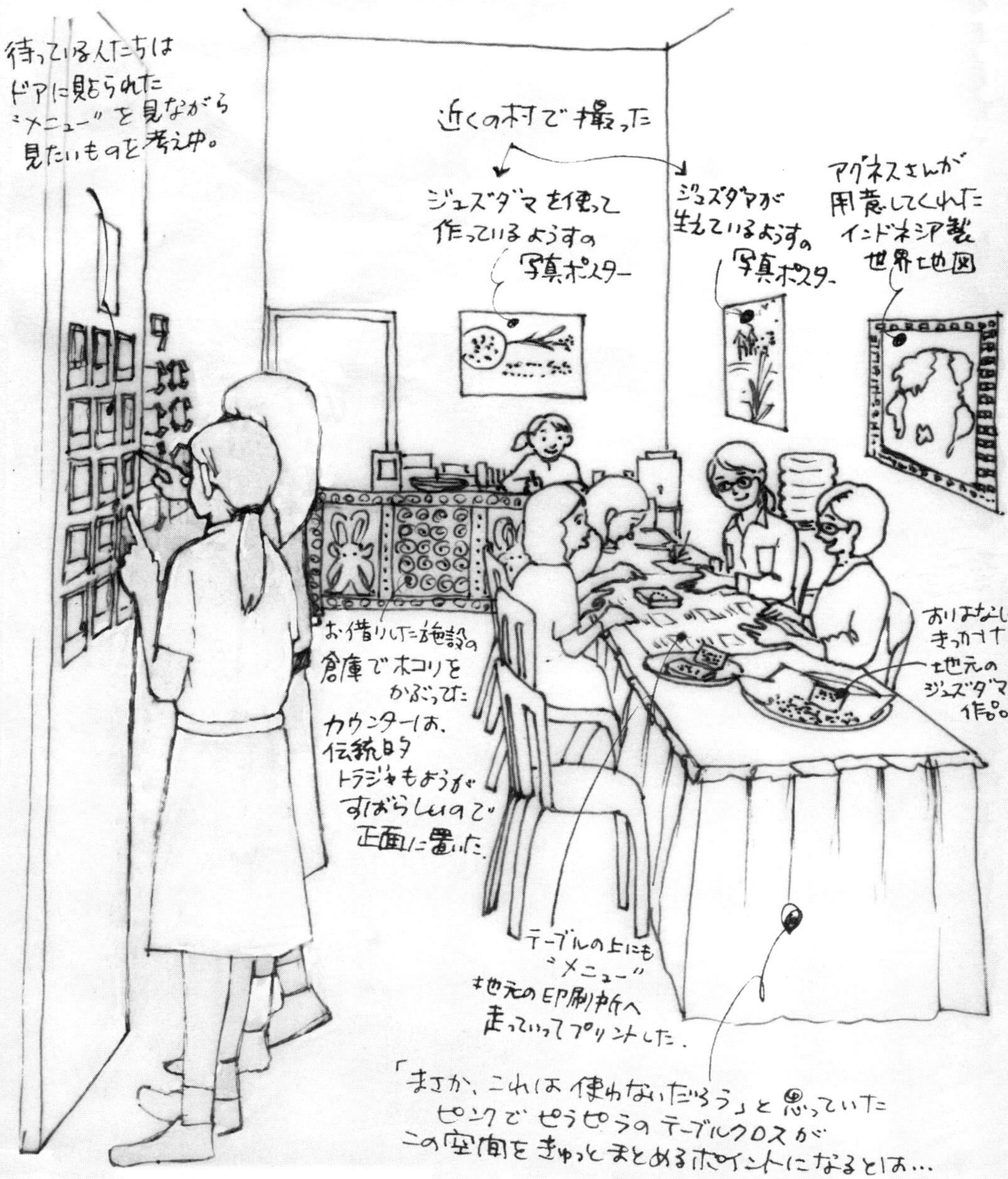

「まさか、これは使わないだろう」と思っていた
ピンクでピラピラのテーブルクロスが
この空間をきゅっとまとめるポイントになるとは…

たとえば、今回借りたなかに、ひらひらフリルのついたピンクのテーブルクロスがあった。研究室という設定には似合わないし、まさか使わないだろうと思っていた。ところがしつらえが整ううちに、どうも殺風景すぎるなあということになり、試しにそのテーブルクロスをかけてみると、なんだかとてもしっくりきたのである。日差しも強く、派手でハッキリした印象の街や人々に、自分の感覚ではありえないと思われた色彩や質感がすっと馴染み、「地元の人が気軽に立ち寄れる研究室」という、目指していた空間ができあがった。

限られた状況とその瞬間の出会いを柔軟に受け入れつつ可能性を探る。その過程では、ぶれてはいけないことは何なのかを常に意識している。そうすることで、その時と場所ならではの貴重な出来事が立ち上がる。それが、また次の出会いにつながっていく。

コラム②

研究の成果を公開する美しい手法

ドロテア・アグネス・ランピセラ

研究成果の公開

最近、研究者は大きな批判を受けている。研究成果の公開が、専門書や雑誌の論文となって、研究機関や図書館の本棚に並べられるだけで終わってしまうからだ。セミナーやシンポジウムで発表したとしても、ありきたりな方法で行われることが多く、一般の人が内容を理解するのは難しい。研究者は、研究の成果を社会に公開するための、新たな手法を見つける必要に迫られている。最近のFuture Earth（未来の地球）プロジェクトでは、研究者が専門分野の垣根を越えて協働し、さらに地域社会とも協働することを重視している。

〈ジュズダマ研究スタジオ〈Sanggar Penelitian Sirope〉〉は、研究の成果をユニークな手法で公開した。インドネシア語のsanggarには、たくさんの人が集まって創造的な芸術活動を行う場、関心を持った人は誰でも参加できる場という意味がある。だから、このタイトルを聞いただけで、地域の人々はよい印象を持つ。芸術が創作されること、歓迎されることをイメージする。

タナ・トラジャの多くの人々は、ジュズダマのことをよく知っている。最近は忘れかけているが、幼いころから庭に生えているのを見てきたし、ネックレスやブレスレットを作ったこともあった。この展覧会では、世界中の人々が同じ種子のビーズで美しいハンディクラフトを作っていることが伝えられた。参加者は、熱心に資料を観察し、賞賛の声を上げた。楽しそうな人や興奮する人がいた。とくに教員や生徒は強い関心を示した。そして、自分たちの地域にも、自然環境のなかに宝が眠っていること、ハンディクラフトを作る技術があることを、すぐに理解したのだった。

参加者の反応

〈ジュズダマ研究スタジオ〉は、単なる展覧会ではない。むしろ、セミナーに近い。通常のセミナーでは、研究者の持ち時間は短く、資料を見せることもできないし、参加者は一つか二つの短い質問しかできない。ところが〈ジュズダマ研究スタジオ〉では、資料を自由に観察し、好きなだけ質問をすることができる。研究者はそこから新たな情報を得る。そして、対話を通じて、地域社会と研究者に強い相互関係が結ばれていく。

参加者は、ジュズダマの種子だけでなく、植物が生育する自然環境についても学んだ。ハンディクラフトだけでなく、芸術の美についてより広く考えた。その経験は、今後、工芸や芸術、教育に活かされるだろう。

今回、私はこの成果公開の活動に参加し、一人の研究者として、目が開かれる思いだった。地域社会に研究の成果を伝えることに、もっと時間をかける必要がある。そうでなければ、研究の成果は研究者たちのなかに閉じ込められ、地域社会には届かない。この一回の経験から学ぶことは多く、地域社会のために何かを始めたいという意欲がわいた。自然や技術の意義を伝え、人々に自信を与える支援活動をぜひしたいと思った。

地域の人々は、現代的なライフスタイルに憧れ、地域の自然の美しさを忘れがちである。だが、外部から来た研究者が、地域の自然や芸術に関心をよせ、その価値を認めることで、地域の人々は自らの可能性に目覚める。〈ジュズダマ研究スタジオ〉には、このような役割があった。

ジュズダマをきっかけに、参加者の対話はさまざまな方向に進んだ。タナ・トラジャに来る観光客が減ったのに、よその街で作られたみやげものがたくさん売られていることが問題にされた。こんなことが続けば、地域の技術は失われ、外部への依存が増すばかりなのだ。文化保全について語り合うこともあった。人々は、観光産業の重要性を認め、その将来が景観や文化に左右されることに改めて気づいたのである。

柔軟に作る空間

展覧会の空間の作り方からも、多くの情報を得た。私は最初、日本人の感覚にあった空間を用意しようとした。だが、落合さんや上さんは、会場に到着してから、状況や文化に合わせてゆっくりと空間を作っていった。目的とずれないという基準を持ちつつ、その場にある資源を使って、柔軟に対応していった。

テーブルクロスに関する「冒険」のエピソードを紹介しよう。教会の職員が貸してくれたテーブルクロスは、ショッキング・ピンクだった。見た瞬間、研究の成果を公開する場には絶対にふさわしくないと思った。派手すぎる。ありえない。しかし、空間を作っていく過程で、どこかに違和感を持った私たちは、上さんがピンクのテーブルクロスを広げたとき、すぐに納得した。ピカピカと輝くテーブルクロスがあってこそ、会場が完成したと思った。

私はふだん、暑苦しい都会にいて、仕事に追われている。しかし、タナ・トラジャは、木々の緑に囲まれた、涼しい山の村である。その自然環境とゆったりと流れる時間のなかでは、このピンクこそが美しく映えるのである。

〈ジュズダマ研究スタジオ〉は、発見の連続であった。この地で、他者の目を通して、私は豊かな価値と美を見つけた。まるで、タナ・トラジャの人々が、ジュズダマの豊かな価値と美を見つけたように。

第3章 動物遺骸をめぐる対話
——大阪市立自然史博物館における〈ホネホネサミット〉

山口未花子

1 はじめに——文字にするとこぼれ落ちるもの

私は二〇〇五年以来、カナダのユーコン準州で先住民カスカを対象として継続して調査を行っている。そのなかで、人類学者ならば誰しも経験することだろうが、モノや技術を受け取る機会が増えていった。カスカの人々は狩猟採集民としての伝統をかなりの部分、現在の生活のなかにも受け継いでいるため、日常的に狩猟採集を活発に行い、一年を通じてこれらの恵みを食べたり加工したりして利用している（表3-1、写真3-1）。したがって私が受け取った贈り物のなかにはオオカミやビーバー、ヘラジカのなめし皮、クズリの頭骨、ビーズ細工の小物など、彼らの生業や伝統文化をよく表す、狩猟採集で得られたモノが多く含まれている。私の主たる調査の内容は経験的な狩猟活動の解明だが、狩猟活動とはただ動物を殺すところで終わるのではなく、その動物の遺骸から肉や毛皮、骨を取り出して資源として利用するというところまで、長い長い工程を含むものである。そしてこうした調査を続けるなかで、いろいろなものを手に入れる機会だけでなく、皮なめし、スノーシュー作成、ビーズ刺繍、スリッパやモカシンなどさまざまな工芸品を作る技術を身につけることができた。

こうしたモノや技術はしかし、今の文化人類学の世界においては調査の副産物としての位置付けに留まり、友人に見せることはできても成果の一部として発表するような枠組みは少なくとも日本においては用意されていない。だがこうしたモノや技術を用いるということは、文字で語られる民族誌とは異なる方法で表現する可能性を秘めているのではないだろうか。とくに私が対象としてきた、伝統的には狩猟採集民であった人々にとって、知識は経験的なものであり、動植物など具体的な対象との関わりのなかで獲得するものである。そして結果として獲得されるモノや技術には、情報としてだけではなく経験として人々に共有されるという強みがある。一方で、それを人類学者が収集したことによって、そのモノにはさまざまなエピソードが付与されることとなる。この二点は、人類学の成果としてのモノの展示の可能性を示している。

本章では、こうした自分の経験から生じた疑問について、これまでの人類学者による展示実践を概観するとともに、調査の過程で入手した動物遺骸というモノとの対話のなかで生まれた自分自身の展示の事例を扱うことで検討することを目的とした。

2　展示という方法論

そもそも人類学においては、フィールド調査と民族誌記述のワンセットが、文化人類学の最も中心的な方

表 3-1　カスカによる１年を通じた自然資源の利用

1月	2月	3月	4月	5月	6月	7月	8月	9月	10月	11月	12月
罠猟	罠猟（半月）	ヘラジカ皮なめし	ビーバー狩猟 ヘラジカ皮なめし	ビーバー狩猟 ヘラジカ皮なめし 学校の文化キャンプ（3週間）	ヘラジカ皮なめし 薬草の採集	すべての種類の薬草干し 若者のキャンプ	木苺摘み ドライ・フィッシュ作り	狩猟 トボガン作り	スノーシュー・トボガン作り	罠猟 ホワイトフィッシュ漁	罠猟 休暇

写真 3-1　カスカによる自然資源利用の例。右上より時間回りでクランベリー、トウヒの薪、グレイリング、ヘラジカ

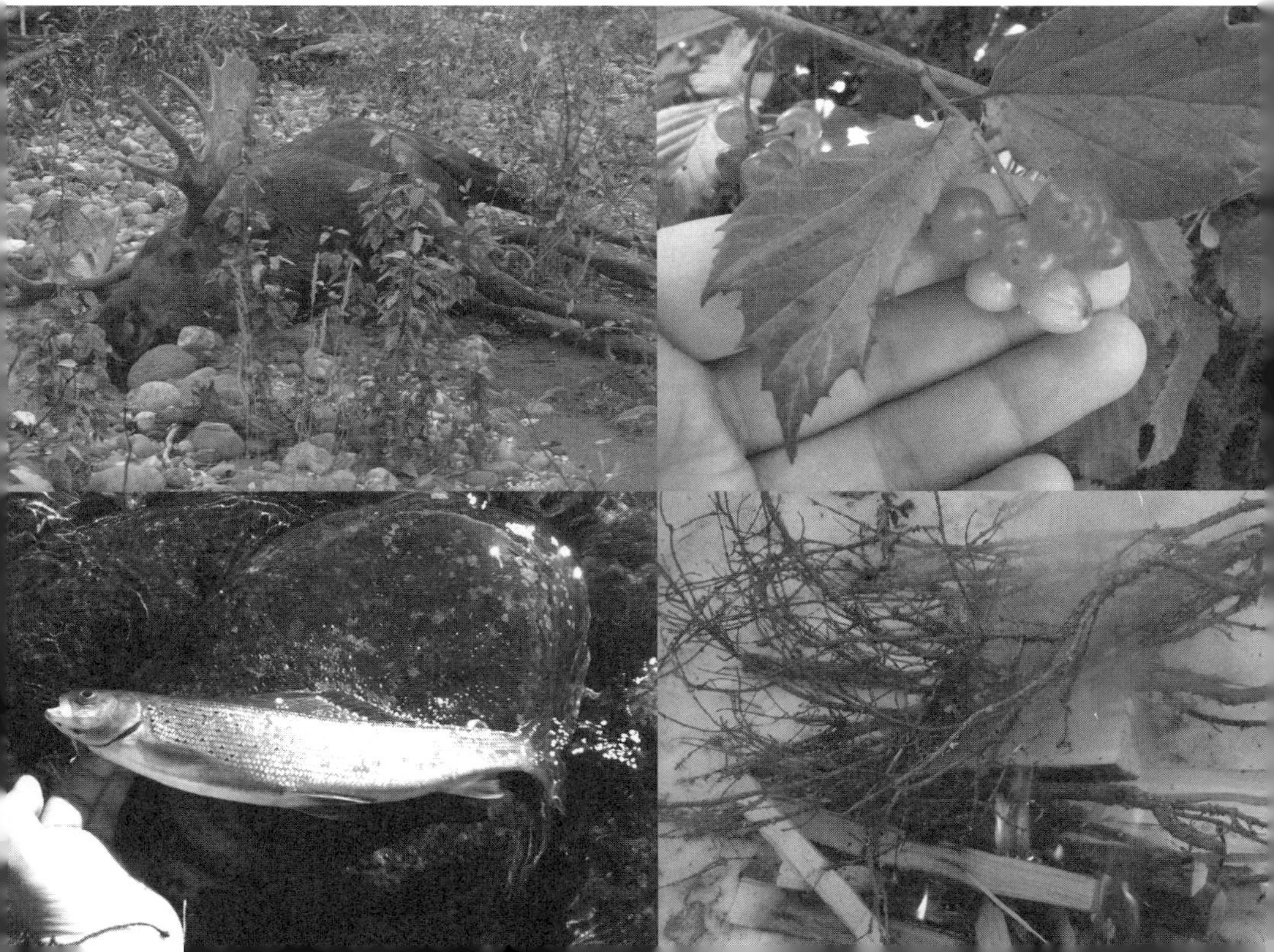

法論でありつづけてきた。学会での発表も、論文の内容をそのまま口頭で説明するようなものがほとんどである。しかし、こうしたあり方に異を唱えた人類学者が過去存在しなかったわけではない。そのなかでもとくに有名なのはターナーによる「社会劇」の再演である。ターナーは、「ただ、民族誌を読み、これにコメントを加えて終わりにするだけでは面白くありません……人類学は生き生きとした感動を伝えてくれる学問であるはずなのに、現在われわれが採っている教授法は、人類学のこの特質をうまく生かしているとは言えません」(ターナー 一九八一:六〇)と述べ、民族誌の限界を指摘し、民族誌を演ずる「社会劇」の上演(パフォーマンス)にその可能性を見いだした。

ターナーによる社会劇の試みについて検討した慶田(二〇〇五:一九六—一九七)は、「ターナーは民族誌が提供する『説明』とその『読解』という作業の限界を『パフォーマンス』によって可視的にしようとしていた。……ターナーが問題にしていたのは、フィールドワークを行い、その成果を民族誌という形にまとめるというスタイルそのものにあった」と指摘している。そして、こうした限界に対してターナーは「人類学が長らく前提としてきたフィールドワークをして民族誌を書くという行為を未完のものと捉え、再び民族誌を演じることで人類学そのものをフィールドワークの現場にする試み」(慶田 二〇〇五:二〇七)としての社会劇によってその先に進もうとした。この社会劇が実現するものとして慶田は「書かれた民族誌は人類学という現場で再演されるのだが、それは複数の人間との共同作業になるのであり、この共同作業こそがターナーがンデンブで実践していたフィールドワークだったのである。民族誌の再演は他者との相互行為、相互交渉の現場であるフィールドワークを再現することなのである」(慶田 二〇〇五:一九七—一九八)とし、「民族誌を再演=再フィールド化することに人類学の可能性をみようとした」(慶田 二〇〇五:一九八)と指摘している。

こうした再フィールド化の意義は、「慣習についての現地人の解釈を可視化することによって、テクスト的対話と多声性の問題を具体的に示している」とクリフォード（二〇〇三：六八）が評価したように、「テクストの対話的状況を人類学の現場に再導入し、実際に新たな対話的状況をつくりだすための試みであった点」（慶田二〇〇五：二〇九）にあるだろう。すなわち、疑似的にフィールドをもう一度その場所に作り出すことによって、さまざまなアクターが関わる現場がそこに生まれ、フィールドの成果が再検討されうるのである。

クリフォードやグラックマンといった同世代の文化人類学者らから一定の評価を受けながら（慶田二〇〇五：一九九、二〇九）も、ターナーの死後、現在の文化人類学会において社会劇が人類学の成果還元の方法として一般的なものとなることはなかった。しかしこれを、映像も含めて考えてみれば、日本文化人類学会の発表としても認められるなど、論文や口頭発表以外の方法による成果の発表の方法が広がりを見せているとはいえないだろうか。

身体や映像によるフィールド経験の再現のほかにも、フィールドの経験を民族誌とは異なる形で表現する方法として、モノの展示というものもある。わが国でも、国立民族学博物館をはじめ、文化人類学の成果を展示と結び付けて表現する取り組みと議論が蓄積されてきている。こうしたなかで、金（二〇〇三）は「文化的存在としての『もの』」の展示の可能性を指摘しているし、一方で林（二〇〇三：一七八）は現地のコンテクストから切り離されたモノには展示する人の意図が大きく作用するため、「『ものが語る』というディスコースは、かつて人類学者が現地の人々がさも語っているように書いた民族誌と同じ危険性を孕んでいる」とし、結局はライティングカルチャー以降の人類学が抱えるのと同じ問題を持つことを危惧し、見せる側の主体性を明確化する必要性を指摘している。しかし、金も林も、共通してモノや経験を通じた新しい人類学の成果発表の場としての展示（ものつくり、ワークショップやパフォーマンス）に、人類学の新しい可能性を見いだしているという点は重要である。さらにそこには、ターナーが指摘したような、民族誌の限界を超える可能性と、複数のアクターが協働する場が創り出されているという共通点があるといえる。

ただし、ここで一つ指摘しておきたいのは、こうした議論は、展示が研究施設と博物館が結び付いた大学付属博物館や民博のような、ある程度定まった空間と組織における展示に偏っているという点に留保する必要があるという点である。現在の日本の人類学者のなかで、仕事として展示に関わることができているのは一部の人類学者であり、限定された空間で実演されるというのが現状だろう。しかし、長いフィールドワークを経験している人類学者の多くは、モノや映像を所有しているという点においては、小規模な展示であれば個人単位でも実践することが可能なポテンシャルを持っているということも事実ではないだろうか。このことが実は人類学の成果を展示としてあらわす可能性において重要な要素になる。さらに、展示を実践することの持つ新たな意味や、幅広い層の人々に文化人類学の成果を投げかけることができるという点にも、もっと目を向けるべきである。こうした点をふまえ、次節では特別な施設に所属する研究者ではない私の実践の事例から、普通の人類学者が行うものとしての展示の可能性について検討したい。

3　展示実践の事例

〈ホネホネサミット〉の挑戦

私は決して展示施設を持つ機関に所属しているわけでも、展示を専門としているわけでもない。しかし展示を通した学びと成果還元が可能であるのではないかと考え、そのような機会を捉えて自分なりの方法で実践してきた。本章では私がこれまでに取り組んだ展示実践として、二〇〇九年および二〇一一年に大阪市立自然史博物館において開催された〈ホネホネサミット〉の事例から、人類学者が展示に関わることのもたらす研究上の意義と成果還元の可能性について検討する。

〈ホネホネサミット〉の公式ＨＰによれば、「ホネホネサミットは、博物館や大学などを舞台に、公の財産としてのホネの標本づくりをしている団体や個人、その他さまざまな形でホネの標本づくりに関わっている人たち、そしてホネに興味のある人たちが交流するイベントです。いろいろな団体や個人が、それぞれが作ったホネの標本を展示したり、活動内容を紹介したり、皮むきや骨取り技術を紹介します」（http://www.omnh.net/npo/hone2011/）となっている。

すなわち、〈ホネホネサミット〉とは、博物館や大学などで公の財産として骨の標本づくりをしている団体や個人を中心に、骨に限らず動物遺体に学術的あるいは芸術的価値を見いだし利用する人々が集まり、それぞれの成果を発表・交流する場となっている。私は、動物遺骸利用の文化的側面にも光を当てたいという主催者からの依頼を受け、カスカの動物利用について展示を行った。

私の研究対象であるカスカの人々は、狩猟採集、とくに大型哺乳動物に大きく資源依存してきた人々である。一八〇〇年以降ヨーロッパ系カナダ人の影響が強くなり、生活は大きく変化を遂げたが、先進国カナダの市民でもありながら狩猟採集民としての伝統を混交経済という生活スタイルによって維持してきた。こうしたカスカの人々の動物との狩猟活動を通じた関係が私の研究課題であったため、私が調査を通じて得たモノには、動物遺骸そのもの、もしくは遺骸を加工したものが数多く含まれていた。

こうした背景から、私は〈ホネホネサミット〉で具体的には毛皮や頭骨、動物遺体から作られた工芸品を展示することにした。内容としては、オオカミやクズリ、ビーバー、ヘラジカなどの動物の骨、ヘラジカやビーバー、マスクラットなどの毛皮やなめし皮、皮や骨から作られたドラム、ミトン、モカシン、それに装飾品などの加工品である。〝ホネホネ〟サミットではあるが、骨だけではなく動物遺骸すべてを利用しつくすという規範を持ったカスカの文化に基づいて、あらゆる形での動物遺骸の利用を見せることに注意を払った。また、カスカの人々にとって、動物の遺体は、動物の情報を教えてくれるものでもある。たとえば毛皮を利用するために罠で捕獲するクズリという動物は、罠にかかった自分の足を噛みちぎるほど噛む力が強いといわれる。このことをカスカの猟師が私に説明する際、骨の構造にその理由があるため、わざわざ自分が捕獲したクズリの頭骨を

写真 3-2　クズリの頭骨

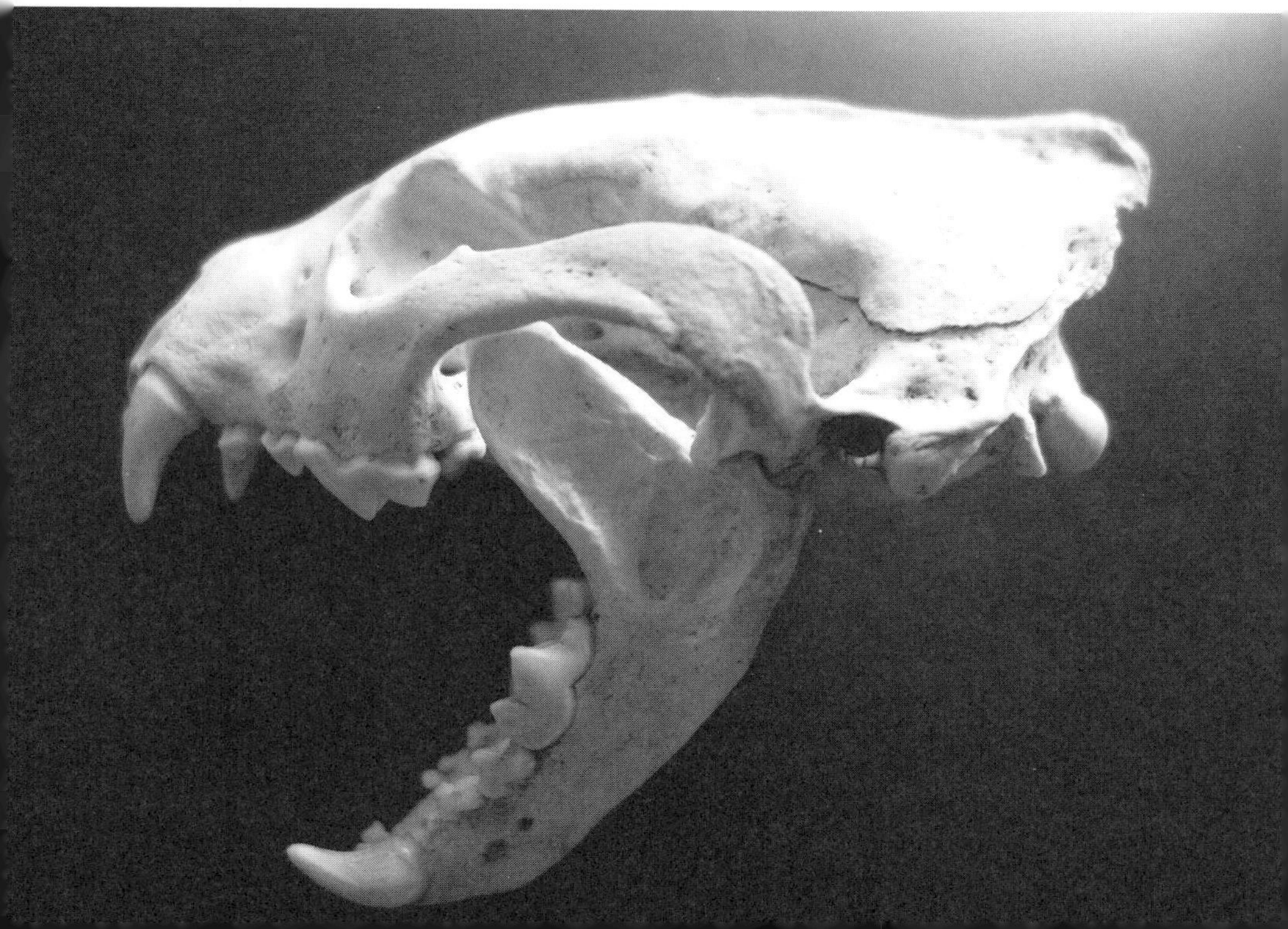

とっておいて私にくれたことがある。イタチ科の特徴として、普通は筋肉でのみつながっている下あごと上あごが、あごのかみ合わせの部分が入れ子構造になっていることにその秘密があった（写真３-２）。このように、カスカの人々にとって骨だけでなく皮や毛皮、体の形といった動物遺骸のあらゆる部位は、その動物の生態を教えてくれる重要な教材であるといえる。したがって、こうした動物遺骸を改めて見直し、その遺骸が語りかけてくるもの、たとえばクズリの噛む力強さを表す頭骨や、ビーバーの毛の良質さを生み出す、ビーバーが毛繕いするときに使う後ろ足の爪などをリストアップするところから展示実践が始まった。さらに動物遺骸が発信する情報を生かすような形をとることを基本方針として、こうしたモノを中心に展示を組み立てた。

しかし、それだけではやはり人類学者が調査の成果を展示するという意味がない。そこでポスターでこうしたモノを利用している先住民の狩猟文化の概説と、具体的に展示されたものがどのようにして狩猟され、加工され、私の手に渡ったのかというところまで説明を加えた。さらに、二日間の開催期間中は展示ブースに滞在して来場者に接する形で質問に答えた。また、二〇一一年には、〈ホネホネサミット〉のプログラムの一つである「発表会」において展示の紹介も行った。

〈ホネホネサミット〉二〇〇九

二〇〇九年に第一回〈ホネホネサミット〉が開催され、来場者は八八〇〇人であった。また、会場の見取り図は図３-１のようになっていた。概要として、サミットの中心となる三四の団体（個人）による展示（ブースまたはポスター）のほか、次のような企画があった（公式ＨＰより）。

＊企画展示「盛口満×小田隆　ダブル原画展」
ホネを見れば描かずにいられない。骨の伝導師・ゲッチョ先生（珊瑚舎スコーレ講師。沖縄大学人文学部准教授）と、小学館の図鑑「ＮＥＯ」など恐竜の復元画で有名な小田隆氏（成安造形大学特任講師）との、奇跡のダブル原画展が実現。ふたりの達人によるホネの表現を同時に鑑賞できる、貴重な二日間です。

＊ワークショップ「恐竜復元画に挑戦しよう！」
きしわだ自然資料館での「きしわだ恐竜教室こどもの部」で実施しているワークショップです。恐竜の頭骨図をもとにした復元画製作に挑戦しましょう。講師：徳川広和（恐竜・古生物復元模型家）

＊特別講演「標本士の仕事」
ドイツ南西のシュトゥットガルトからプロの生物標本士であるヤン・パニガー氏（シュトゥットガルトバーデン・ヴュルテンベルク州立自然史博物館に鳥類の標本士）と相川稔氏（フリーランス標本士）を招いて、実演と講演を行います。剥製用の義眼や塗料など、標本作製用具の展示もあります。

サミットでの展示参加者の多くは博物館や大学などで活動する自然史系の団体・個人であり、人類学系は私のものと京都大学の林耕次さんによるアフリカの狩猟採集民の動物利用に関するポスター展示のみであった。こうしたなかで、私の展示では、動物遺体そのものと、伝統的手工芸品の展示と解説を行った（写真3-3）。しかしこれは当初からの計画を実施したわけではない。二〇〇九年は初めてのイベントであることもあって、主催者側も出展者も来場者も、明確に〈ホネホネサミット〉というものの形を描いているわけではなかった。そこで私も含めた出展者たちは、会場やほかの出展者の様子をうかがいながら、臨機応変に展示を制作することになった。

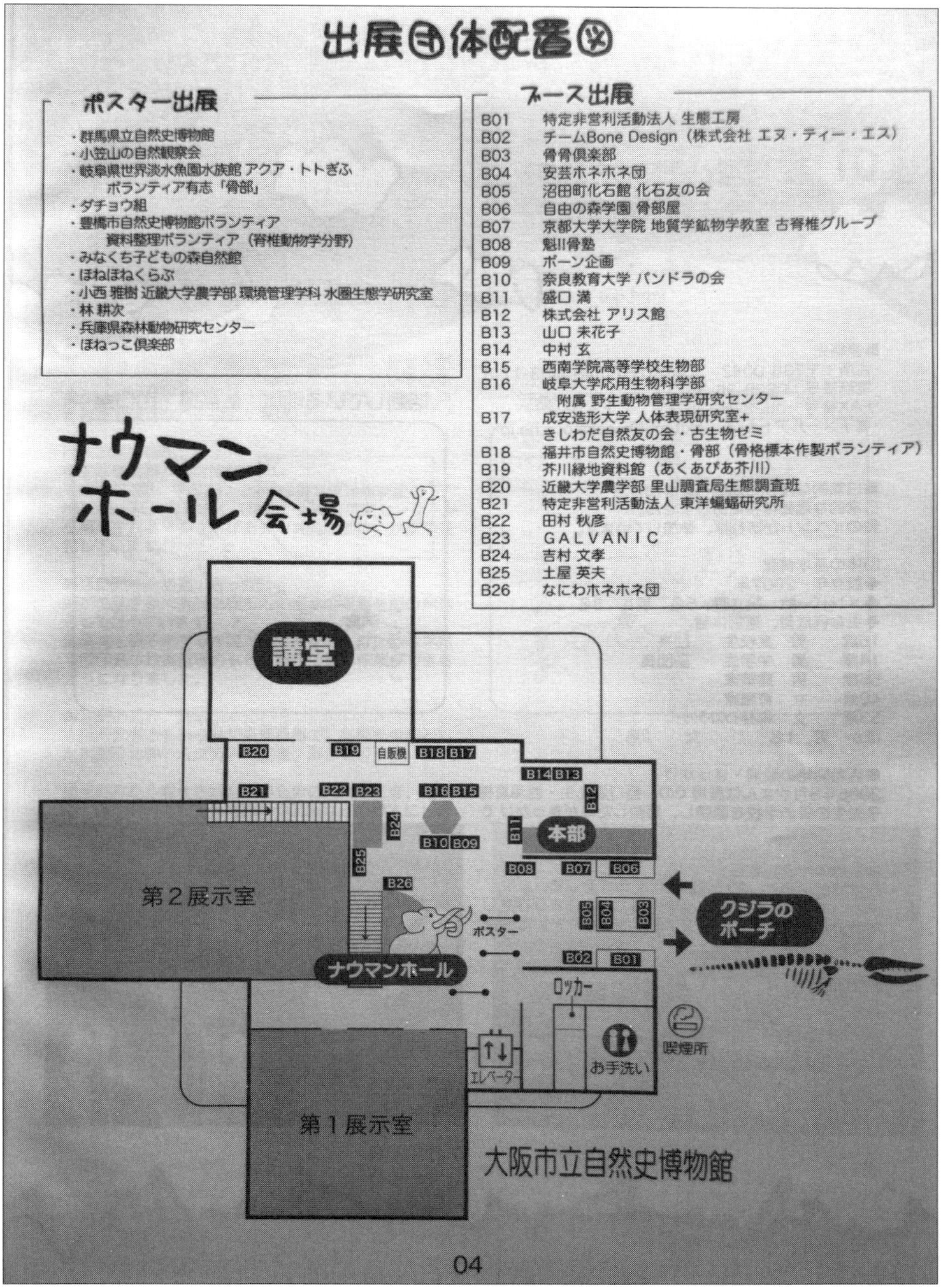

出展団体配置図

ポスター出展

- 群馬県立自然史博物館
- 小笠山の自然観察会
- 岐阜県世界淡水魚園水族館 アクア・トトぎふ
  ボランティア有志「骨部」
- ダチョウ組
- 豊橋市自然史博物館ボランティア
  資料整理ボランティア（脊椎動物学分野）
- みなくち子どもの森自然館
- ほねほねくらぶ
- 小西 雅樹 近畿大学農学部 環境管理学科 水圏生態学研究室
- 林 耕次
- 兵庫県森林動物研究センター
- ほねっこ倶楽部

ブース出展

B01	特定非営利活動法人 生態工房
B02	チームBone Design（株式会社 エヌ・ティー・エス）
B03	骨骨倶楽部
B04	安芸ホネホネ団
B05	沼田町化石館 化石友の会
B06	自由の森学園 骨部屋
B07	京都大学大学院 地質学鉱物学教室 古脊椎グループ
B08	魁!!骨塾
B09	ボーン企画
B10	奈良教育大学 パンドラの会
B11	盛口 満
B12	株式会社 アリス館
B13	山口 未花子
B14	中村 玄
B15	西南学院高等学校生物部
B16	岐阜大学応用生物科学部 附属 野生動物管理学研究センター
B17	成安造形大学 人体表現研究室+ きしわだ自然友の会・古生物ゼミ
B18	福井市自然史博物館・骨部（骨格標本作製ボランティア）
B19	芥川緑地資料館（あくあぴあ芥川）
B20	近畿大学農学部 里山調査局生態調査班
B21	特定非営利活動法人 東洋蝙蝠研究所
B22	田村 秋彦
B23	GALVANIC
B24	吉村 文孝
B25	土屋 英夫
B26	なにわホネホネ団

ナウマンホール会場

04

図 3-1　ホネホネサミット会場の案内図

私の場合、ほかの生物系の展示との違いを明確にするため、展示されているモノがどのような文化的背景を持つ人たちによって捕獲され、加工され利用されているのか、そして発表者が実際にどのようにしてそれと出会い、何を学んだのかが分かるような工夫をした。そのため、はじめはモノを中心とした展示を考えていたのだが、急きょ写真や手書きのパネルを使って説明を入れることとした。さらにヘラジカの角の大きさや重さ、クズリの頭骨の仕組み、ビーバーの毛皮の毛並みの良さを実感してもらうために、実物に触ることができるような展示にした。その結果、私の展示ブースの前では、来場者が足を止めて実物に触ったり文章を読んだりして、滞在時間が長引くことになった。その際に私への質問があったり、また、それを受けて私が解説を付け加えたりするということもあった。こ

写真 3-3　2009 年の筆者の展示ブース

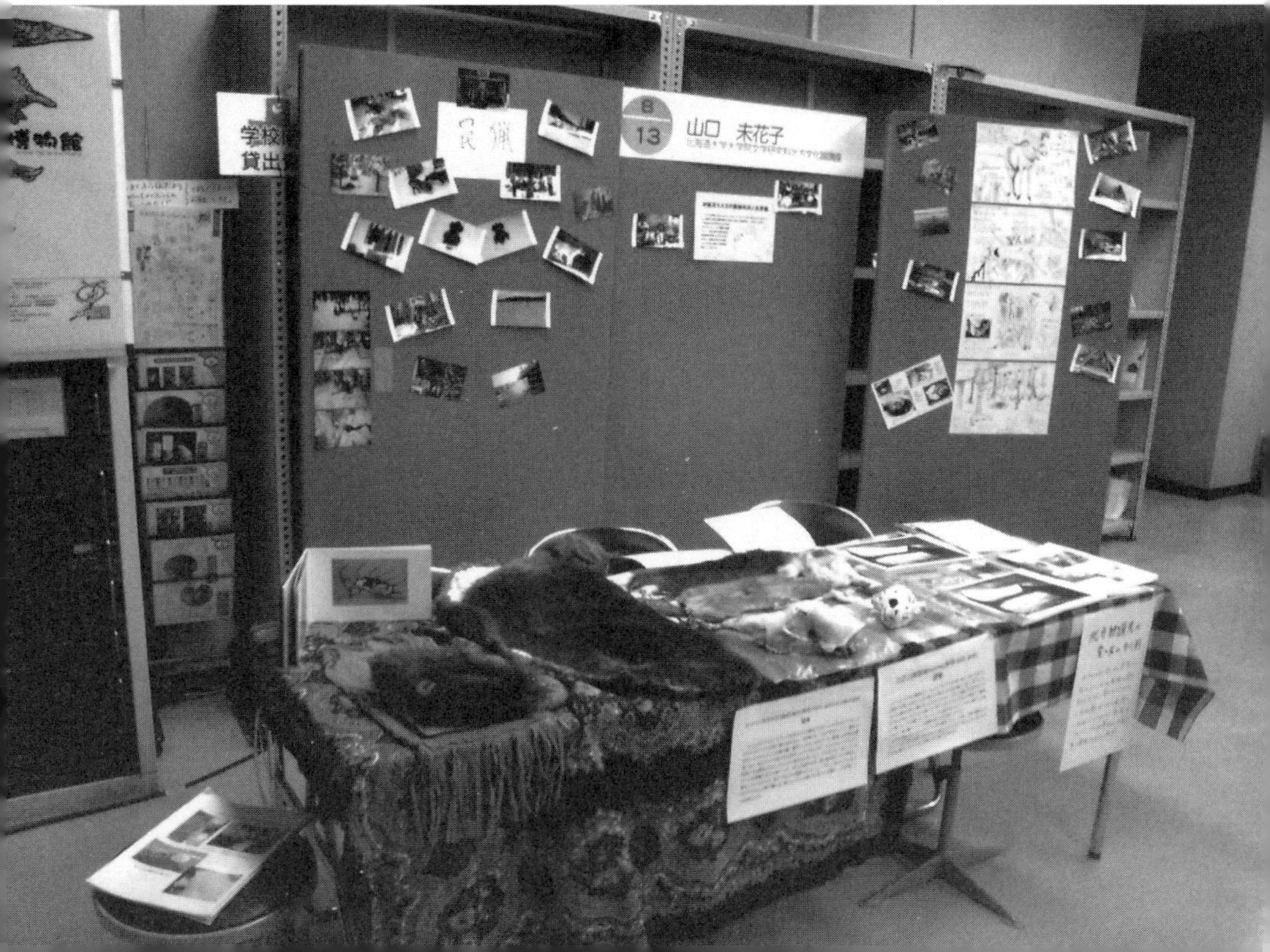

のことによって、来場者が何を知りたいのかということや、展示の解説が足りない部分などが明らかになった。一方、展示物をすべて机の上に置いていたため、休憩の際などには一度貴重品を箱に入れなければならなかったり、資料の一部が紛失してしまうという問題が発生したりした。

このほか気づいた点として、会場に滞在していた二日の間に、ほかの展示ブースを見る機会や、ほかの展示参加者と接する機会が多くあり、全員が骨や動物の遺骸に興味を持つという共通点から、活発な交流が生まれたことをあげておきたい。なかでも私の展示に関しては、骨についてだけでなく動物遺骸全体を利用するという内容であったため、骨を取り出した際に当然発生する毛皮や肉などの処理法として参考になるという声が参加者の間で多く聞かれた。また、ふだんから休日に博物館によく来る高齢者や子ども連れの家族だけでなく、骨に興味がある若者など、ふだんより多様な層が来場していたということが、博物館スタッフや受付担当者の話から窺えた。そして大阪という土地柄もあるかもしれないが、みな、ただ見るだけでなく、積極的に質問したり展示に触ったりして参加してくれたという印象がある。

〈ホネホネサミット〉二〇一一

二〇一一年に開催された第二回〈ホネホネサミット〉には二日間で一万一一〇〇人の来場者があった。ポスターチラシを図３‐２に、サミットの様子を写真３‐４、５、６に示す。展示は五一団体、企画は以下のようなものであった。

＊ワークショップ

「恐竜復元画に挑戦しよう！」

講師：徳川広和氏（古生物造形の達人。恐竜・古生物復元模型家）
恐竜の頭骨を元に、復元画を描いてみましょう。
「恐竜の骨のパズルを並べてみよう」
講師：小田隆氏（成安造形大学）
ばらばらにアパトサウルスの骨を切り抜いて、正確な位置に並べて全身骨格図を作ります。

＊「ホネホネ☆発表会」
発表者：相川稔氏（標本士）、山口未花子ほか
口頭で、ホネ標本作りや皮むきの技や道具などのノウハウ、ホネを使った教育プログラムや活動展開を紹介します。

＊講演会「台北市立動物園での動物標本の収集・作成について」
講師：詹徳川（Chan, Te-chuan）氏（台北市立動物園標本士）
台北市立動物園は、剥製、骨格、毛皮標本などを一三〇〇点あまり所蔵しており、主に展示、解説活動、教育などの目的で使われています。研究や授業のために学術機関への貸し出しも行っています。動物飼育の傍ら、過去二〇年間にわたり年間五〇数点の標本を作っており、その数は合計一〇〇〇点を超えました。台北市立動物園で所蔵している標本を紹介するとともに、標本の作成手順、使っている道具・薬品、保存方法などを紹介します。

二〇一一年の展示参加者には、私以外の人類学系研究者はいなかったが、二〇〇九年と比較して芸術系の

図 3-2　2011 年のホネホネサミットのチラシ

（上から反時計回りに）写真 3-4　2011 年の会場全体の様子／写真 3-5　福井市自然史博物館・骨部のブース／写真 3-6　骨の標本づくりの団体のブース

団体の割合が増えていた。また、前日には展示参加者に向けてカエルの骨格標本作りのワークショップ、そして一日目の終わりには懇親会があり、展示する団体同士の交流が深められる場が意識して設けられていたようだった。

　私自身の展示に関しては基本的な目的や展示物は二〇〇九年と同じであったが、見せるだけのものはガラスケースにしまい、自由に触ってもらうものは机の上で展示するようにした。また動線を考えて配置を工夫した。このように展示方法を変えたり、展示用の解説を事前に用意したりするなど、二〇〇九年の経験をふまえて工夫をした（写真3-7）。たとえば事前に用意した解説ポスターには、展示している動物遺骸が捕獲されたときの写真や、解体・加工される様子を掲載した。また、どのような文化や思想が背景にあるのかという点も含めつつ、遠いカナダの地での狩猟と日本の博物館の一角にある展示物が結びつくように説明を

写真 3-7　2011 年の筆者の展示ブース

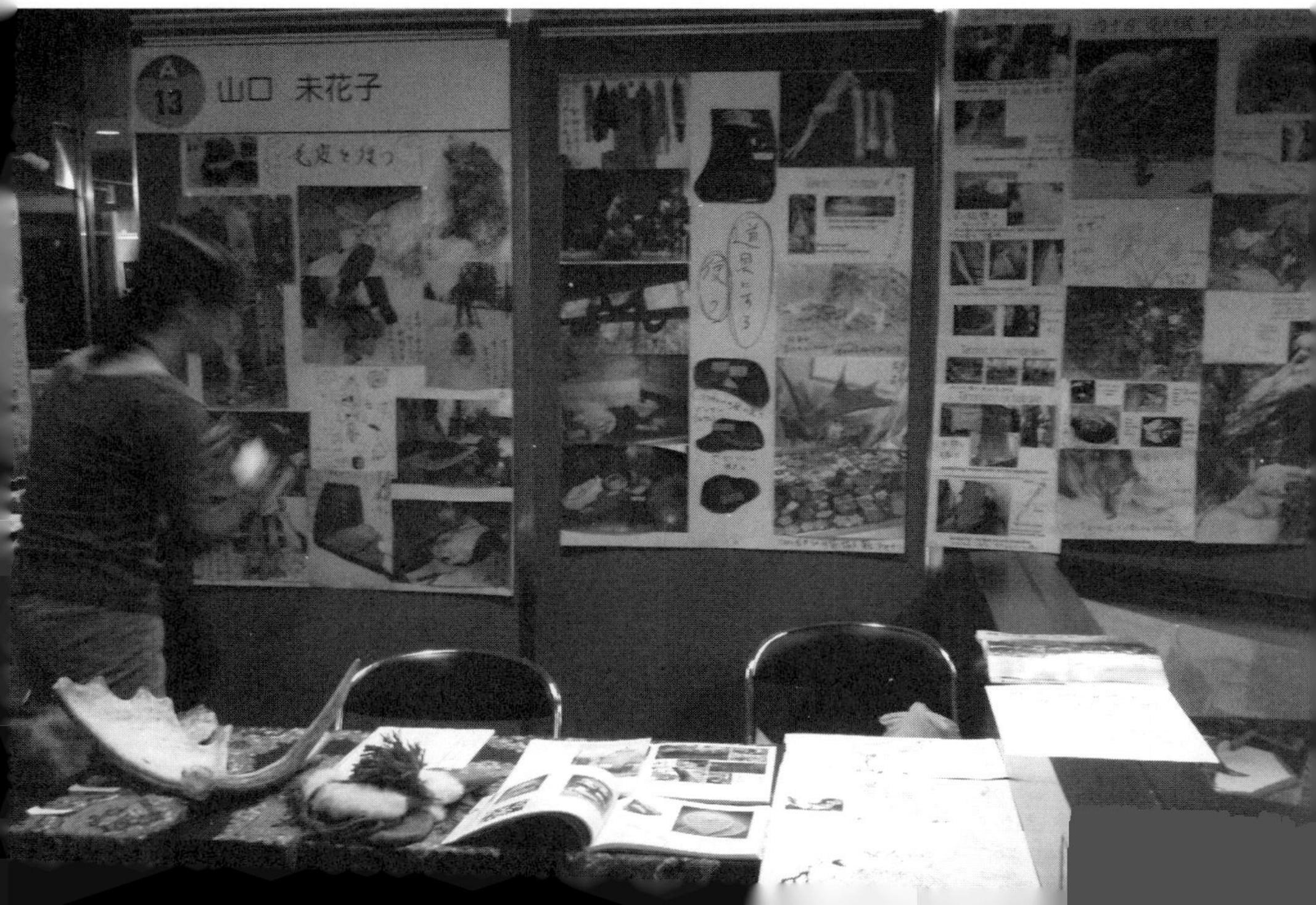

工夫した。さらに、触れる展示物として、壊れやすい頭骨は出さず、ある程度なら乱暴に扱われても大丈夫で、かつ触ることによってよりそのモノへの理解が深まるものとしてビーバーの皮とヘラジカの角を展示した。他方で、二〇〇九年の際に非常に気をもんだ、壊れやすい道具や骨、貴重品や小さなアクセサリー類などは、私がブースを離れていても大丈夫なようにガラスケースを用意してもらって展示した（写真３－８）。このことによって展示品の数を増やすことができた。

このように展示品や解説が増えたことと、さらにそれらをカスカの狩猟文化を経験的に調査した私というストーリーのなかで見せることにより、二〇〇九年のときよりも、来場者にとって、展示内容への理解が深まったのではないかと思う。また、その一方で、解説が多くなったが、親が子どもに読んで教えながら展示を見るという様子も見られた。

写真 3-8　2011 年の筆者の展示ブース。ガラスケースを用いた展示

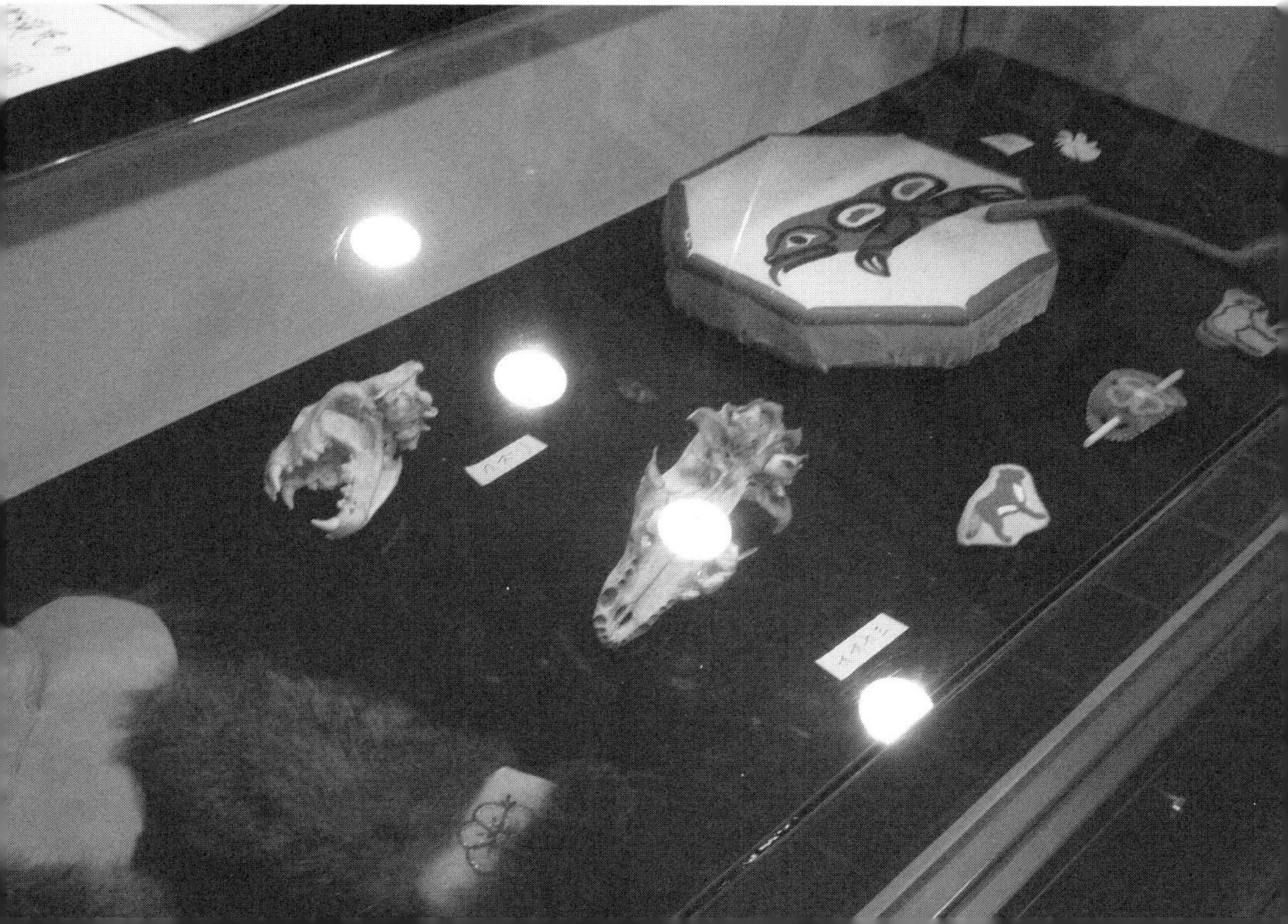

また発表会では、展示物の背景にある研究の経緯や成果についての解説を補足することができた。それだけでなく、発表を聞いて興味を持ってくれた人が展示を見に来てくれるという効果もあった。

4 展示実践の意義

市民への成果の還元

自然史博物館という場所柄、来場者は年配の方や親子連れが多かった。子どもはモノに触ったり、写真の印象を語ったりするなど、展示品そのものに反応することが多かった。一方、親は「動物は殺した後ちゃんと食べるのよ」というように教育的な見方を誘導するような場面が見られた。また、動物を解体している場面の写真をちりばめた解説ポスター（写真3‐7）を子どもが見ようとすると、あわてて子どもの目を覆う親もいた。しかし、こうした親も、ポスターや口頭による説明に触れ、目の前にあるモノがどのような経緯で日本までやってきたのかを理解すると、展示に対する見方が変わったようである。

こうした経験を通じて私が感じたことは、一つには、人によってさまざまな観点があることを想定した展示をしなければならないということである。来場者の多様な興味関心のどこかで引っかかるように仕掛けるとともに、来場者が見て不快にならないよう配慮することも必要だと感じた。また一方で、モノが持つ情報を伝えるだけでなく、モノの背景にある現地の社会・文化や、モノと展示者自身との関わりという「物語性」を持たせることによって、より深い理解や感動を与えることができることも実感した。他方で、モノ自体の持つ魅力というものを改めて実感した。たとえば、壁に貼られたポスターの小さな文字や写真は、小さな子どもや車椅子の人にとっては見づらい状態になってしまっていた。一方で、だれでもたやすく手にとることができるビーバーの毛皮は、手触りがとても好評で、かなり長い間触っているような場面も見られた。このようにモノの持つ魅力を実感することができたという点も一つの成果と考えたい。

専門家との交流

会場には、生物学者などの専門家や高い技術を持つ人々が世界各地から集まっていた。彼らのなかには、私の展示ブースに来て、骨を利用する際に廃棄物となってしまう毛皮に活用の道があることを知って注目する人が多かった。とくにヘラジカ皮の脳漿なめしは、道具なども含めて、すべて自然にある素材でできるという点で、特別な薬品や大がかりな施設を持たない人たちにも取り組みやすいと思えたのか、実際に試してみたいと具体的な質問をする人が多かった。そのうちの二人は、この脳漿なめしの技術を使いて自分で皮なめしを実践し、二〇一一年のサミットでその展示を行っていた（写真3‐9）。また、イタチの生態研究者から、私の調査

写真 3-9　2011 年ホネホネサミットの脳漿なめしに関するポスター展示

地でどのようなイタチ科の頭骨が入手可能かという問い合わせや共同研究の誘いがあったり、動物の遺体を利用し尽くすという先住民の規範を自分たちの活動に当てはめたりするなど、さまざまな反応を得ることができた。さらに、研究者だけでなくイベントプランナーや骨を使った造形作家の展示などからは、モノに価値を付けることや、展示の手法といった点で学ぶことが多かった。また、参加者のなかに雑誌編集者やゲームプランナーなどがおり、そうした人々が骨というキーワードで集まり、つながる場となっているという点で今後さらに新しいネットワークや共同事業が生まれていく可能性があるように感じられた。

研究へのフィードバック

私自身、ホネの取り扱いに関する技術やホネからもたらされる生物学的情報についての知見を深めることができた。たとえば、クズリの頭骨の構造については、クズリに特有なものでなくイタチ科に見られるものであるなどの専門的な知識を学ぶことができた。また、展示を組み立てる際に自分の理解不足や資料が十分ではない点についても感じた。たとえばモノで表現するということを念頭に置くと、調査地で収集するものの項目がおのずと変化するとともに、物質文化に対する理解がより深まるようになった。また、とくに今回の展示実践に関していえば、調査地の人々がどのような形でどのような種類の骨を利用しているのかを詳細に観察したり聞き取ったりするなど、これまでの自分にはなかった視点から調査を実施することができた。さらには、私が経験したほかの展示実践についても共通していえることであるが、自分の研究が文化人類学の枠を超えて広がっていく可能性を実感できたことは大きな成果であった。

5　おわりに――展示実践の可能性

〈ホネホネサミット〉を含め小規模ではあるがいくつかの展示やワークショップの実践を行うなかで、展示には二つの可能性がある、と私は考えるようになった。一つ目の可能性はパフォーマンスを伴うところにある。私の展示は、カスカの物質文化と、それに関わる民族誌情報、そして私自身が展示ブースで来場者と交流するというパフォーマンスから成り立っていた。この経験は、モノやパフォーマンスを介することによって、フィールドワークのリアリティと魅力をより伝えることができるということを示唆していた。この視点は、第一節で検討した、ターナーが民族誌では表現できないと指摘したものと重なる。さらに、モノやパフォーマンスによって、疑似的にでも経験を追体験させることができるという点は、とくに人類学の性質上、非常に重要な意味を持つのではないだろうか。パフォーマンスとは何も「劇」だけではなく、展示場という場でライブで行われる来場者との掛け合いそのものだからである。

そして、もう一つの可能性は「場」において時間と空間が限定されるとともに共有されるということである。すなわち展示の成立の条件として複数の人を作業に巻き込み、そこでブリコラージュ的な相互交渉が生まれるというものである。これについては先述した林も「(展示が) 論文や調査報告書と異なる点は、展示の場合、複数名によってなされるため、多分に政治性が絡んでくる」(林 二〇〇三:一七八) と指摘している。こうした政治性が隠されることで、展示の主体が恣意的に隠されてしまうこともあるが、一方で本書の編者である高倉や執筆者の伊藤が指摘するようなポジティブな意味での協働という現場を創り出すこともできる。

私自身、博物館関係者や他の出展者との対話のなかで、展示の方法や見せ方の工夫といった技術的な点について知見を深めることができた。さらに展示は、展示品である動物遺骸との対話を通し、その動物が語るものを最大限に生かす形というものを模索する作業でもあった。その時間のなかで、思いがけず私自身が自分のフィールド経験を追体験しているような錯覚に陥ることがあった。あるいは私自身がカスカの人の視点に立って日本人にうまく説明しようと四苦八苦しているような気分にもなった。そうした意味で、「ターナーによる民族誌の再演は他者との相互交渉の場であるフィールドワークを再現することなのである」という慶田（二〇〇五：一九七―一九八）の指摘もまた、この「場」の問題につながるものといえる。すなわち、演劇であれ展示であれ、その場に相互交渉の場が生まれることによって経験的な知が生まれるということである。

こうして見ると、フィールドでの経験があまりにも豊かなものであるゆえに、私たち人類学者はそのアウトプットの方法をどれだけ工夫しても、結局いつまでも満足することができないというジレンマを抱えているのかもしれないとも思う。しかし、個々の人類学者がそれぞれ展示実践を模索することは、自分自身の特殊な経験を伝えるという形で人類学が持つ魅力を社会にアピールできる大きな可能性を秘めていると考える。本章を読んでくれた読者には、この点に共感してもらえたらと思う。展示やパフォーマンスなど、民族誌以外の表現を人類学会において、どう学問的に位置付けていくかについてはまだまだ今後の大きな課題であるだろう。しかし初めにも述べたようにフィールド経験を持つ文化人類学者であれば、私のように十分な経験も展示のための特別な場所も持たない若手の学者であっても、誰でも実践できることでもある。そうした点も含めて、今後の人類学がさまざまな可能性に開かれていくことを期待したい。

参考文献

金柄徹　二〇〇三「文化的存在としての『もの』――博物館展示と関連して」朝倉敏夫・林史樹・金香来編『国立民族学博物館調査報告四四　二〇〇二年ソウルスタイル――研究と展示の評価』国立民族学博物館。

クリフォード、J　二〇〇二『文化の窮状――二〇世紀の民族誌、文学、芸術』大田好信他訳、人文書院。

慶田勝彦　二〇〇五「民族誌を再演する――ターナーとパフォーマンス」大田好信・浜本満編『メイキング文化人類学』世界思想社、一八九―二一三頁。

ターナー、V　一九八一「パフォーマンスとしての人類学」大橋洋一訳、『現代思想』一一月号、六〇―八一頁。

林史樹　二〇〇三「文化展示とアフォーダンス――『ものが語る』というディスコースをめぐって」朝倉敏夫・林史樹・金香来編『国立民族学博物館調査報告四四　二〇〇二年ソウルスタイル――研究と展示の評価』国立民族学博物館。

コラム③

〈ホネホネサミット〉にやってきた人類学者

西澤真樹子

〈ホネホネサミット〉とは

〈ホネホネサミット〉は二〇〇九年八月、二〇一一年一〇月に大阪市立自然史博物館で開催された日本初のホネの交流イベントです。博物館や大学などを舞台に公の財産としてのホネの標本づくりをしている、またはその他さまざまな形でホネの標本づくりに関わる団体や個人が、それぞれ作成した標本を展示し、活動内容や制作の工夫を紹介しました。博物館を会場とはしたものの、出展者には「ホネの標本づくりに関わる団体や個人であること」以外にはほとんど条件をつけず、ひろく声をかけました。団体では大学、博物館・動物園やそのボランティア、出版社、環境系のNPOなどが、個人では研究者からアマチュア、アクセサリー職人にいたるまで、四〇を超える出展者が集まりました。地域としては北海道から沖縄、そして台湾・韓国・ニュージーランドなど海外からの参加もあったのです。

サミットへの反響

ホネ、つまり動物遺骸という扱いの難しいテーマであったにもかかわらず、一般の関心は非常に高く、来場者は二〇〇九年には八八〇〇人（二日間）、二〇一一年は一万一一〇〇人（三日間）を数えました。当日の会場は、芸術、医学、理科教育、動物考古学、古生物学とさまざまな分野の展示が渾然一体となり、熱気にあふれました。第一回の開催から五年たった今でも、〈ホネホネサミット〉についてつぶやかれたツイートのまとめは合計五〇〇〇ビューを超え、検索サイトで〈ホネホネサミット〉は約九〇〇〇件もヒットします。

ホネをめぐる人類学の役割

人類学からの展示は、林耕次さん（京都大学大学院アジア・アフリカ地域研究研究科）による西アフリカでの狩猟についてのポスター展示と、山口未花子さん（北海道大学・当時）による北米狩猟民カスカの狩猟と剥皮やなめし方法の写真やスケッチ、毛皮で作られた靴などの工芸品の展示でした（写真3‐10）。学術標本でも芸術でも、趣味の標本でもない、いわば人間の動物の利用の原点である暮らしのなかの素材としての骨や皮の展示は珍しく、同じ出展仲間の強い関心を集めていました。とくに円形に仕上げられたビーバーの毛皮（写真3‐11）は印象的で、さまざまな方々が「丸い毛皮を触らせてもらい、おもしろかった」とブログに書いていました。

サミット事務局の意図は、「ホネとり」という共通の作業を通じて、標本作成技術の向上とネットワーク化を進めることです。まったく異なる分野でも、より

写真3-10　山口さんの展示ブース

効率よく、よい標本を作りたいという熱意や、知識や技術への関心は共通しています。

参加者、出展者ともに、いまの日本の日常生活では、直接動物の遺骸に触れることはほぼありません。科学的・芸術的な関心をきっかけに、骨・標本に関わり始めたばかりの人たちにとって、山口さんの展示はその原体験を補う格好の素材でした。現在でも骨や毛皮とともに生き続けているカスカの人々のリアルな現場の様子と、調査した本人による解説やスケッチなど、展示や会話の一つ一つが高い関心を持って受けとめられたことは想像に難くありません。

次回のサミットでも、このようにさまざまな地域の人々と動物の関わりを紹介する展示があることを期待しています。

写真 3-11　ビーバーの毛皮（谷岡仁撮影）

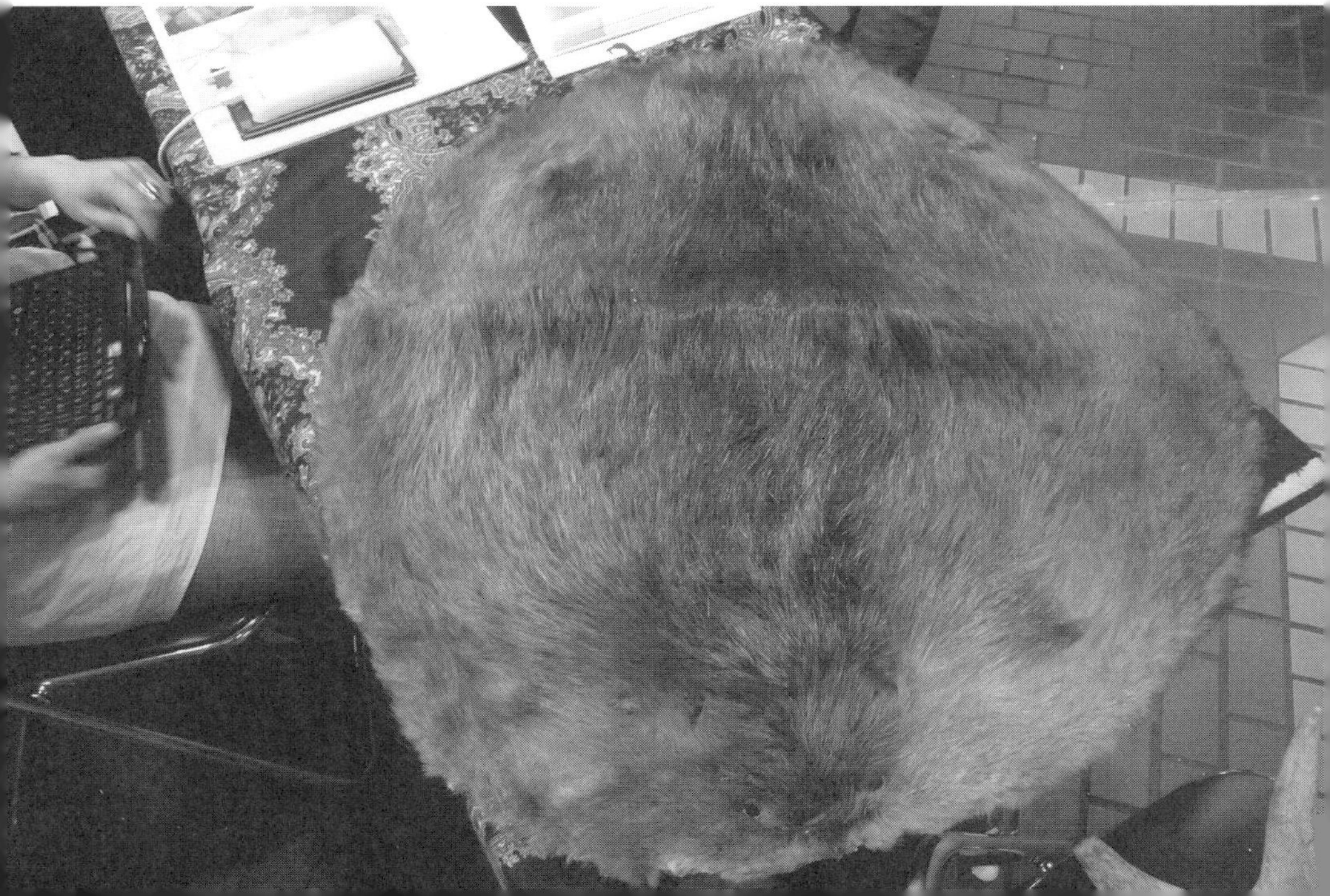

第4章 展示品をめぐる対話
——北海道と東京における〈北米先住民ヤキの世界〉展

水谷裕佳

1 はじめに——初めての展示にあたって

米国のサンディエゴに住んでいたことがありますが、ヤキという言葉は初めて知りました。

（〈北米先住民ヤキの世界〉東京巡回展訪問者（以下引用文についても同様）、三〇代女性）


大学の卒業論文で、カルロス・カスタネダ著の「ドン・ファン・シリーズ」に触れたことで、ヤキの人々を知りました。ペヨーテを使用した儀式や薬草を通した世界観に興味があったので、そういった展示があったら、とぜいたくにも思いました。

（二〇代女性）

ヤキとは誰か

日本に、メキシコと米国に国境を越えて居住するヤキ（Yaqui）という民族名や、この民族のうち米国側のトライブを指す[*1]パスクア・ヤキ(Pascua Yaqui)という呼称を知る人はほとんどいない。もしいるとしたら、カルロス・カスタネダ著の「小説」[*2]の読者であろう。主人公がドン・ファンというヤキの呪術師と設定された一連の「小説」は、米国で一九六〇年代から七〇年代にベストセラーとなり、日本語にも訳された。ドン・ファンは、実在のヤキは使用しない麻薬のペヨーテを用いて超自然的体験をする。「近代の合理主義的世界観からの脱出口をさぐっていた先進諸国の若者たちにとって、新しいバイブル」と評された[*3]カスタネダの著作は、今でもヤキに関する誤った情報を提供し続けている。さらに、小説内の幻想ではなく、現実のヤキの姿を知る機会は、国内にはないといえる。

ヤキに限らず、国内で南北アメリカ大陸の先住民について知る機会は少ない。その上、南北アメリカ大陸に居住する先住民族の数は数百に上る。すなわち、日本国内において、ヤキとはまさにマイノリティのなかのマイノリティの一つである。

ヤキと展示活動

今日、米国内のヤキ集落において、テレビやパソコンに触れたことのない人はいない。一方で、米国に住むヤキのうち三九％（米国全体の平均は一六％）が貧困層に属しているのも事実である（Arizona Rural Policy Institute 2010: 33）。メキシコに居住するヤキは、経済的にさらに苦しい生活を強いられている。そのため、彼らが国際的に活躍する機会は少ない。博物館展示に関しても、私が知る限り、米国とメキシコ以外でヤキに特化した展示が実施されたことはなく、彼らから見て外国の人々に自らの文化を紹介するノウハウを持つ人物が民族にいなかった。

その上、普段は主に米国の国家と先住民トライブの政治的関係性について研究する私には、本稿で記す企画を担当するまで、展示の経験がほぼなかった。つまり、ヤキの住む地から遠く離れた日本で開催された〈北米先住民ヤキの世界〉展は、企画者の私にとっても、ヤキの人々にとっても初めての経験であった。本稿では、この企画を、主に展示品に注目しながら振り返る。

2　企画の準備

写真をたくさん見たかったです。概要だけでなく、深くつっこんでほしかったです。（二〇代男性）

二〇一〇年九月一六日から一一月一四日に北海道大学総合博物館（以下、北大博物館）で行われた。東京巡回展は二〇一二年二月二日から一六日に、早稲田大学ワセダギャラリー（以下、ワセダギャラリー）で行われた。本展示の準備は、二〇〇九年秋から少しずつ始まっていた。この節では、展示の準備の段階について記す。

企画にいたるまで

いつか日本でヤキ文化に関する博物館展示を開催したいと私が考え始めたのは、調査地を訪問し始めて二、三年後のことであった。その理由は、第一に、日本ではほとんど知られてないヤキの文化や社会を日本に紹介したいからであった。そして第二に、私の研究成果の一部をヤキの人々が理解できる形で示したいと考えたからであった。私は通常、調査の結果を著書や論文にまとめているが、それらが日本語で書かれた場合には、ヤキの人々は読むことができない。本や論文に英語の要約を添えて手渡すようにはしているが、英訳が本当に日本語で書かれたものと一致しているか彼らが確かめられる方法はない。さらに、現在でも社会的、経済的に抑圧されている先住民には、教育を受ける機会に恵まれない者も多いため、私の英語の著作を読むことができない人々もいる。したがって、出版物には儀礼の様子を記さないこと、集落内の人々のプライバシーを保護することなど、私が現地を訪問し続けるにあたって交わしている約束が本当に出版物のなかで果たされているか、ヤキの人々は疑ってはいないだろうか、と、私は心配してきた。

博物館展示であれば、本や論文と違って、ヤキの人々自身がその内容を視覚的に理解することができる。仮に彼らが日本まで足を運んで展示を直接見ることができなくても、写真やビデオに展示の様子を収めて、現地で紹介することができる。そうすれば、ヤキの文化を日本に紹介できるだけではなく、私の研究に対する姿勢をヤキの人々に示し、彼らとの間によりよい関係性を構築できると私は考え、展示を企画した。

写真やビデオに関する規制

この展示は、「先住民と国境」と題された二部構成の展示の前半に当たるものであった。後半は、アイヌと国境に関する映像展示となることが決まっていた。現在米国の先住民トライブは、学術的調査についてさまざまな規則を設けている。このような規制は、歴史的に多くの外部者が先住民の集落を訪れて、プライバシーへの配慮なしに撮影を行ったり、撮影した写真を本来とはまったく異なる方法で利用して先住民の人々の気分を害したりしてきた事実によるものである。パスクア・ヤキ・トライブの場合、儀礼場での写真撮影、ビデオ撮影、録音、スケッチが禁止されている。それを考慮すると、後半のアイヌ展に形式を合わせて映像を中心に据えた展示とすることは難しかった。

写真やビデオ撮影に規制があるのは、視覚に頼る部分が多い展示にとっては大きな打撃である。この展示では、アリゾナで撮影した山や植物の写真で代用したが、先に引用したアンケートにもある通り、来場者に物足りない印象を残した。また、展示の宣伝活動にも影響が及んだ。その点について、ポスターを中心に展示関連のデザインを担当した、北海道大学スラブ研究センターの宇佐見祥子研究支援員は、次のように話した。

ポスターを作成して、実際に展示が始まると、「展示とポスターが合致していない、このような内容だと思って来場したわけではなかったのに」といったご意見を、来場者から聞きました。また、広報がどの程度うまく行くかによって、来場者の数は変化します。どのような写真を利用していいのか、とくに先住民関係の展示は規制も多いですが、その辺を企画者とデザイナーがすり合わせる必要を改めて感じました。

ヤキの場合、写真撮影が禁止されているとはいえ、トライブ政府から必要な画像を借用することはできる。デザイン担当者やブース設計者が現地を訪問して、トライブ政府の担当者と直接交渉する機会を設けるのが最も望ましいと思われる。

展示品の収集準備

展示品は新規に購入することにした。国内では国立民族学博物館にヤキが儀礼に用いる工芸品が収蔵されており、それを借用することも可能であった。しかし、ヤキの精神世界では儀礼用の工芸品は使用後焼却しないと集落に災難をもたらすとされている。そのため、古い工芸品が儀礼に使用されたものでないか、ヤキの人々は大変気に掛ける。一方、同じ工芸品でも、もともと販売用として作成されたものは単なる装飾品としてしか捉えられておらず、誰でも入手できる。観る側にとっては形状が同じでも、彼らにとって、儀礼用に祈りを込めて製作したものと、そうでないものは、大きく異なるのである。そのため私は、製作者、制作目的、制作および購入日時、購入場所を私と現地の人々が確認できるものに展示品を限り、余分な問題が生じることを避けようと考えた。今回は北海道大学ＧＣＯＥプログラム「境界研究の拠点形成」の支援によって資料購入の費用を準備することができたが、博物館の五六・六％は資料購入費のための予算を持たないことを考えると（これからの博物館の在り方に関する検討協力者会議 二〇一〇）、必ずしも同様の配慮ができないのが国内の現状である。

民族の規則、国内の資料の利用可能性、予算の有無など、実際に展示にまつわる作業に取り掛かると、考慮しなくてはならないことが多くて圧倒された。同様の状況に直面して、開催にいたるまでに頓挫した企画も多いのではないかと思う。しかし、アイヌ研究が専門で、この展示にもアドバイザーのような形で参加した山崎幸治准教授は、次のように述べた。

ヤキの展示は、アイヌ文化の展示よりもむしろ楽ではないかと感じました。なぜなら、米国のパスクア・ヤキの場合、（少なくとも政治的な事項に関して）一括して取りまとめを行っているのはトライブ政府で、トライブ長に話を通せばよいと分かっているからです。アイヌにはアイヌ協会やアイヌ文化振興・研究促進機構などの団体がありますが、それぞれの団体が負う役割が異なるので、最終的にどこに話を持っていって、誰から承諾を得ればよいのか判断に迷う場合も多く、ヤキのケースよりも複雑です。

この指摘にあるように、トライブ政府などその民族を統括する組織がある場合は、その組織から許可を取ることによって問題を回避することができるケースも多い。一方で、どの民族も一枚岩ではないため、統括組織から承諾が得られたとしても民族の人々の意見を尊重して開催を見送ることが好ましい場合もあるに違いない。この辺りの判断は、結局長く現地と関わりを持つなかで培われる知識に頼る以外にない。

チームプレーとしての展示

展示の場所は北大博物館の二階部分に北大ＧＣＯＥプログラム「境界研究の拠点形成」が持つ、廊下に面したオープンスペース型のブースであった（図４‐１参照）。会場のレイアウトや利用するケース、照明などの選定は、北大スラブ研究センターの木山克彦助教（本展示企画時点では博士研究員）に依頼した。木山助教は、ロシアおよび北東アジア地域の考古学分野の研究者で、北大博物館で展示実践に関わっている。展示が個人の力ではなく、チームプレーで成ることは明らかである。チームを構成するのは、木山助教のように私とは分野が異なる研究者のほかに、会場を整備する博物館の職員、そして外部の業者である。この展示においてスクリーンの印刷や設置を担当した株式会社エフ・オブジェクトの山中仁氏は、業者から見た企画者との関係性を、次のように話した。

企画者からくわしい指示が出ない場合、業者は妥当な線の展示を目指します。おもしろくもないけれど、失敗しない展示ということです。現場の声としては、企画者が明確な指示を出してくれる展示は楽です。「この辺が寂しいから何か目を引くものを置いてほしい」といったぼんやりした指示ではなく、「この展示品を中心に見せたい」といったような細かい指示を出してもらって、業者がイメージを膨らませた上で作業をするとうまく行きます。それから、ざっくばらんに話せる関係性が企画者と業者の間に構築されていると、思い入れのある展示につながりやすいです。どこまで意見を言っていいのか、仕事の請け手側である業者は、やはり遠慮がちになるものですから。

私が直接連絡を取っていたのは山中氏のみであったが、スクリーンの製作には、画像を布に印刷する会社、印刷した布を加工する会社、スクリーンを取りつける金具を製作する会社など、複数の業者が関わっている。製作にあたっては、私が山中氏に伝えたイメージを、山中氏がそれらの会社を回って説明した。つまり、このような仲介役ともいえる人物に的確に希望を伝えられるかどうかが、準備段階での要になる。そうして製作された展示用小物は、展示場や展示物の形態に合わせた特注品であることが多く、それぞれの工程で製作に関わった人々のこだわりが詰まった「作品」である。

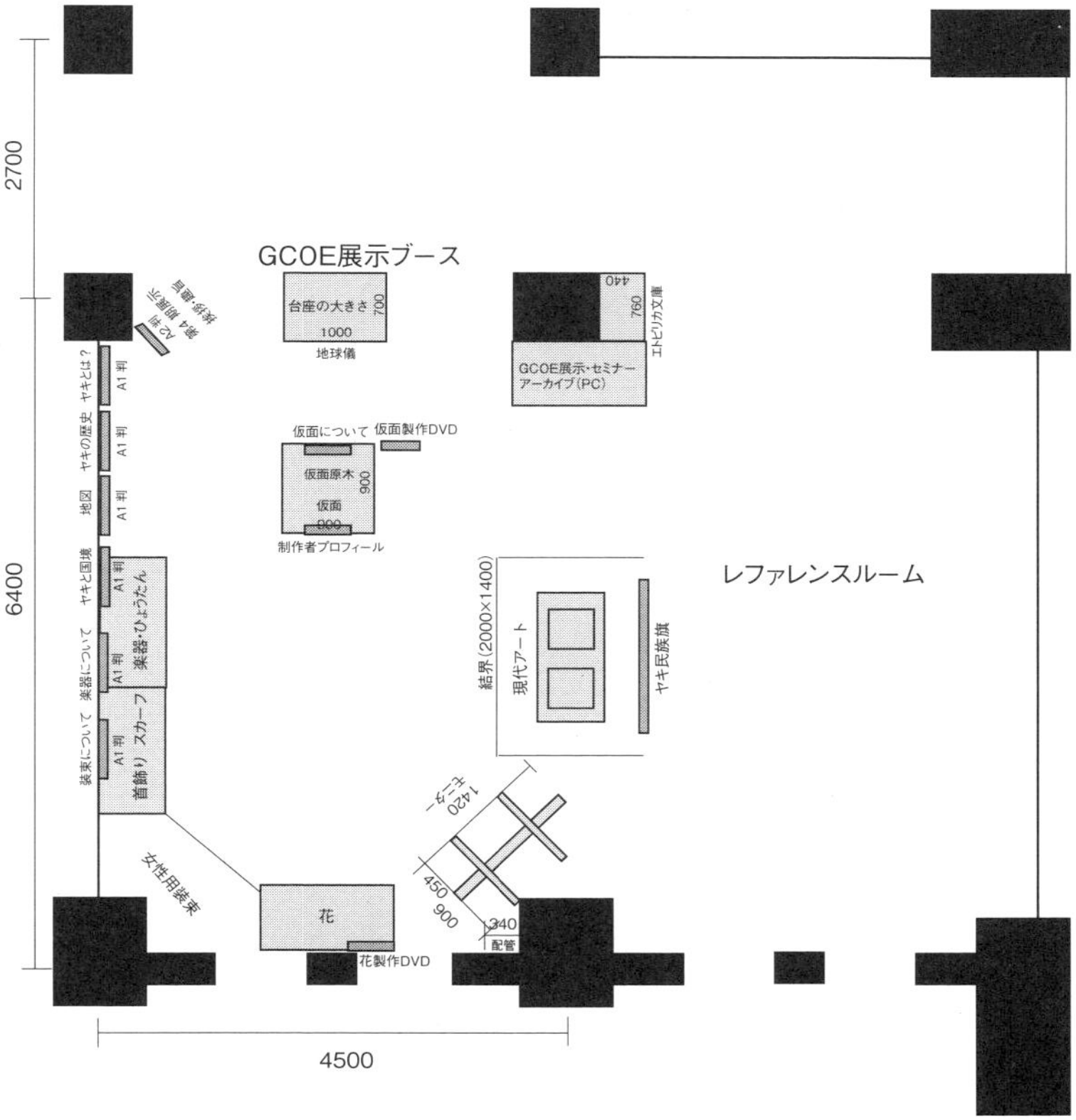
2700
6400
4500
GCOE展示ブース
台座の大きさ
700
1000
地球儀
440
760
エトピリカ文庫
GCOE展示・セミナー
アーカイブ（PC）
仮面について
仮面製作DVD
仮面原木
900
仮面
900
制作者プロフィール
レファレンスルーム
結界（2000×1400）
現代アート
ヤキ民族旗
1420
モニター
450
900
340
配管
花
花製作DVD
女性用装束
挨拶・趣旨
第4期展示
A2判
ヤキとは？
A1判
ヤキの歴史
A1判
地図
A1判
ヤキと国境
A1判
楽器・ひょうたん
楽器について
A1判
装束について
A1判
首飾り スカーフ

図 4-1　会場レイアウト

チームの一員としての現地の人々

展示はチームプレーだと書いたが、その「チーム」には、もちろんヤキの人々も含まれる。展示のテーマ選定にあたってもヤキの人々を含めることが理想的ではあるが（Mithlo 2004: 759-760）、今回は国境に関する事項を切り口とすることを決めてから、現地との打ち合わせを行った。文化人類学者のカーンは、現地の人々の間にもさまざまな見解の差異があり、そのなかに複数の「プレーヤー」がいることを指摘する（Kahn 2000: 70）。現地のコミュニティ内に存在する異なるプレーヤーたちは、同じ問題に違った視点から取り組むが、それは「自身もしくは自身が属する集団が持つ課題を追及する機会として展示を利用するため」であり、「自らを他者に提示する機会、または個人もしくはコミュニティとして抱える問題や課題を解決する場として展示を利用する」（Kahn 2000: 70）とカーンは続ける。

前の部分に、たとえば現在のアイヌの状況と比較して、（少なくとも米国内の）ヤキは、トライブ政府を中心に組織されていると書いた。しかしながら、彼らのなかにも文化の保護や歴史的資料の保存に携わる団体が複数存在する。自らがヤキでない私がこの展示を企画したことに利点があったとしたら、私は民族内部に存在する利害関係と直接的な関わりを持たないゆえに、理念や活動内容の異なる複数の団体と交渉できる点であった。その利点を生かすために、この展示には、関係するどの団体にも展示品の提供を依頼した。展示資料の収集先を分散させたのは、ローカルな力関係に端を発する問題を未然に防ぐ効果を意図したからであった。

鮮やかな色彩感覚は日本にはないものなので、おもしろかったです。（二〇代女性）

実際に作られた花や旗などを見られて良かったです。旗にある十字架に力を感じました。最近、先住民というものに関心を持つようになりました。これから少しずつ知っていきたいと思います。（三〇代女性）

3　展示品の選定と収集

「最終的な展示の優劣の決定は資料の優劣に因る」（青木 二〇〇三：二一二）と博物館展示の専門家が述べる通り、展示品の選び方によっては、ヤキの歴史や文化の魅力を十分に伝えきれない。今回の展示では、限られた予算のなかで、ある程度のバリエーションと数を確保しつつ、その展示品の裏にストーリー性を感じさせることを目的として、二〇一〇年四月に私が現地を訪問して展示品を収集した。

展示品の収集——仮面

仮面製作を依頼したのは、ヤキの彫刻家であるルイス・デビッド・バレンズエラ氏であった。バレンズエラ氏の公式ウェブサイト[*4]によると、彼は一九六三年にアリゾナエロイ市で生まれ、サウス・トゥーソン市で育った。同氏は、ヤキの人々と親交のあったラテンアメリカ系米国人工芸家から彫刻の基礎を学び、シカゴ美術館付属美術大学で現代アートを学んだ。若い時期にはアルコールと麻薬に手を染めたものの、兄弟の死を機に思い直し、現在では工芸品の製作と後継者の育成に取り組んでいる。現在ヤキの彫刻家は複数存在するが、私が普段調査で訪れる米国側の集落に住む彫刻家のなかでも最もさかんにヤキ工芸の広報活動を行っていること、そして自身の半生そのものが現代のヤキ社会を反映していることから、バレンズエラ氏の製作した工芸品を展示しようと考えた。そして、単に展示資料を購入するだけでなく、その製作過程をビデオに収めることにした。

パスクア・ヤキの場合、動画撮影がトライブ政府によって規制されているのは儀礼場のなかのみである。また、バレンズエラ氏がヤキ集落外での展示活動に関わった経験を持っていたために、動画を会場で流す意義について理解を得ることができ、撮影が可能となった。同氏は、自らの創作活動をヤキ以外の人々にも公開することが、ヤキの存在を対外的に知らせる手段となり、民族の理解や支援の獲得につながると考えている。さらに同氏はこの考えに基づいて、普段からギャラリーやイベントのブースに木材や塗料を持ち込み、立ち寄った人々と言葉を交わしながら製作を行っている。

一片の木材から仮面が作られるすべての工程をビデオカメラに収めたため、撮影は三日間（計一〇時間）にわたり、作家の自宅、ギャラリーを併設する植物園、親戚宅の三ヵ所で行われた。撮影中に同氏は、自らの生い立ちや生活の様子、ヤキの精神文化に対する深い尊敬の念、そして工芸に利用する材料の入手や加工方法といったさまざまな話をしてくれた。撮影が長時間に及んだため、カメラを回しながら、私も日本での生活やヤキの人々との出会いについて同氏に話した。撮影した動画は、帰国後に二分三〇秒ほどの長さに編集し、仮面を入れたケース前のモニターで放送した。編集した動画が短い上、会場にはヤキ音楽を流す予定であったので、編集の過程で音声は消去した。その結果、展示場にはバレンズエラ氏と私の間に交わされた会話は流れなかった。しかし、カメラを回した一〇時間は、同氏のアート作品について学び、展示方法を考えることに役立った。北大博物館での展示では、通常は積極的に見せられない仮面の裏側が見える形で展示を行った。それは、力強く刻まれたノミの跡や、塗装されていない部分にペン書きされたバレンズエラ氏のサインを通じて、来場者に同氏の作品へのこだわりを感じてもらおうと考えたためであった。

動画の撮影後、展示に用いる仮面二つと彫刻一つを作家の自宅で直接購入した。そのほかに、伝統工芸だけでなく、現代に生きるヤキが考案して製作した現代アートも広めていきたいと願うバレンズエラ氏から、現代アートのレリーフが寄贈された。そのレリーフも、展示品の一つとなった。

展示品の収集――紙製の花

鮮やかな色彩で来場者を魅了した紙製の花の製作者であるアマリア・アマシオ・モレナ・レイエス氏は、普段はトライブ政府の図書館に勤務し、儀礼では重要な役割を担う。毎年キリスト教の復活祭の時期に行われる儀礼の前には、一週間で二〇〇個ほどの花を製作する。ヤキの紙製の花には一定の傾向があるものの、作り手によってデザインや配色が異なり、各集落に数名いる作り手たちは個性と技術を競う。レイエス氏の花は、他の作り手のものよりも立体的で、花弁が反るように加工されている点が特徴的である。仮面と同様に、紙製の花を製作している場面をビデオで撮影し、編集して会場で放映した。

数多くの花を製作してきたレイエス氏にとっても、儀礼ではなく博物館の展示用に花を製作することは初めてであった。仮面の製作と同様に、花の製作の過程も動画に収め、会場で上映した。製作された花を収集する際に、価格をめぐって問題が生じた。仮面の場合、バレンズエラ氏は普段から作品を収集家やギャラリーに販売している上、同氏以外の作家の作品も市場に出回っているため、おおよその価格が決まっている。しかしながら、レイエス氏は通常儀礼のために無償で花を作っている上、花は工芸市場に出回らないため、決まった価格がなかった。レイエス氏は、価格設定を私に一任すると言ったので、その場で少し考えた上、今回は小さな花を一つ三ドル、大きな花を一つ六ドルとして計算した。花は、全部で一七個買い取ったが、箱に数個余分に入れてくれたので、全部で二〇個ほどになった。

価格設定について、後でもう少し高い値段にしてもよかったと後悔した。なぜなら、花の買取価格が、仮面の買取価格の数十分の一になってしまったからである。もちろん、木材や馬の毛などでできている仮面と、薄い紙や針金でできている花では、材料代が大きく異なる上、仮面の製作には花よりも長い時間がかかる。しかし、どちらもヤキ文化を支える工芸であることには変わりがない。仮面であればある程度高い値段がつくのでその製作で生活していくこともできるだろうが、花が一つ五〇〇円程度でしか売れないとすれば、その製作だけでは生活できない。それだけで生計を立てないとしても、一つ五〇〇円程度の花の代金から材料代を差し引いた金額は、レイエス氏がこれまで花の製作に費やしてきた労力と時間への対価として十分ではない。通常販売されない工芸品を買い取る場面に研究者が遭遇し、きわめて短時間でその価格を決めなくてはならない場合、いったいどのような基準をもって額を決定すればよいのか、考えさせられる体験であった。

展示品の収集——楽器、装束、装飾品

楽器、伝統的装束、装飾品は、ヨエメン・テキア財団運営の博物館の売店で購入した。これらの多くは、メキシコ側のヤキ集落で作られている。その背景には、原材料の入手が米国側より容易であることや、ほと

んどが賃金労働に従事する米国側のヤキと比較して、メキシコ側のヤキの方が工芸品製作に費やす時間を見つけやすい、といった事情がある。メキシコ側で作られた工芸品は、作り手が儀礼や親族の訪問のために米国のヤキ集落を訪れる際、同博物館に届けている。資料収集の期間や旅費に割ける予算が限られていたため、資料収集の拠点となる博物館の存在は大きな助けとなった。

ただし、現地の博物館を通じてもなお、すぐに購入できなかった工芸品もあった。男性の踊り手が身に着けるロザリオは、売店のケースのなかに値札を付けて並んでいた。しかし、購入を申し出ると、「これは良いロザリオだから、集落内で買いたい人がいないか確かめてから売りたい」との返事だった。それなら最初から売店に置かなければよいのでは、とも思ったが、先に述べたようにヤキの多くが経済的に恵まれていないことを考えると、すぐに現金が用意できない人もいるのであろう。そして、博物館としても、よい工芸品は集落のなかに留めておきたいに違いない。結局このロザリオは購入できたが、展示資料の収集にあたっては、対価を支払ったとしても慎重になる必要があると実感させられた出来事であった。

展示品の収集――その他

展示ブースでは、現代のヤキの暮らしを伝える動画を放映しようと考え、パスクア・ヤキ・トライブ政府の言語文化庁に相談した。すでに記した通り、ヤキの儀礼場での動画撮影は禁止されているが、トライブ政府は、民族文化記録の目的で動画や静止画の撮影を行っている。今回の展示で言語文化庁から借用したビデオは、民族の文化および社会の解説用ビデオで、古い写真を使って歴史を説明すると同時に、現在の保留地の様子も紹介している。このビデオのほかに、ヤキ独自の言語の響きを楽しめるように、ヤキ語教室の教師がヤキ語で自己紹介するビデオも借用した。

ヤキの民族旗は、私が保留地内のラジオに出演した後、トライブ政府より寄贈された。今回の展示に用いる資料には購入したもの（有償の資料）と寄贈されたもの（無償の資料）が混在したが、振り返ってみれば、無償の資料をもっと活用できたと思う。たとえば、準備段階での現地の二度目の訪問は、パスクア・ヤキ・トライブの米国政府による認定記念日と重なり、記念のTシャツやペン、チラシなどが配布されていた。このような民族限定グッズも、現在のヤキの社会の一端を伝える展示資料となりえた。

ヨエメ芸術家協会所属の芸術家からは、作品の写真を複数受け取った。広報活動の一環として、展示ブースに飾ってほしいとのことであった。これらは、パネルに加工して、会場の一部に設置した。このように、展示する側とされる側の意向が一致する場合は、よりスムーズに展示品が収集できるのであろう。

4　ブースでの工夫

世界中どこでもそうだが、先住民はいつも生活の場が後から来たコントローラーたちによって奪われたり、引き裂かれたりするのだなぁ……と切なくなった。流れている音楽が陽気で明るい気持ちになる。（二〇代女性）

展示ブースには、収集した工芸品を並べるだけでなく、空間自体に何とか現地の様子を再現しようとした（写真４‐１参照）。ブースを下見した際、私はブースと廊下をつなぐ部分の天井に弧を描くように張られた金網に着目した。そして、この金網をうまく利用して、少しでも広く展示スペースを確保できないかと考えた。さらに、比較的狭く、外から入る光も少ない展示ブースを見ているうちに、その雰囲気が、ヤキの教会につづく小屋の屋内に設けられる儀礼場と類似しているように思えてきた。そこで私は、展示ブース全体をヤキの儀礼場と見なし、ヤキの文化に満たされた空間を作り出そうとした。

民族音楽の放送

ヤキの儀礼場の雰囲気を演出するため、ブースでは、ヤキの伝統音楽が収録されたＣＤを流した。このＣＤはインターネット上の大型書店などで比較的容易に入手でき、とくに神聖な曲が含まれているわけではないので、ヤキの人々も集落の外で販売されることを容認している。ヤキ民族が国境で分断されたり、メキシコで多くの人々が虐殺されたりした事実をパネルで解説したため、展示ブースが暗い雰囲気になることを懸念したが、この音楽によってヤキ文化本来の華やかさや明るさを演出することができた。

写真 4-1　展示ブースの様子

壁面と天井のスクリーン

ブースの正面後方には、展示品を現地の景色のなかに位置付けたいという考えから、保留地のあるトゥーソンの風景を拡大したスクリーンを設置した。日本とはまったく異なるその景色のなかで、仮面や花の色鮮やかさが際立って見える様子を再現しようとしたのである。結果としてトゥーソンの風景そのものに興味を持った来場者も多かった様子で、「機会があったらアリゾナに行ってみたいと思いました」（三〇代女性）という感想も寄せられた。

前述したブースと廊下をつなぐ部分の天井に取り付けられた金網を利用し、会場に展示された紙製の花を写真撮影して加工したスクリーンを設置した。ヤキの儀礼は、ヤキ語で「ラマ」もしくは「ヘッカ」と呼ばれる木の枝や竹で作られた日よけの下で行われる。そしてその日よけの天井には、紙製の花が飾られる。この日よけをイメージして、このスクリーンを取り付けた。天井の装飾については、一般的に「ゆっくりと観覧する際には姿勢に負担がかかることから、資料そのものの展示という観点よりも、展示空間の雰囲気を構成するための展示手法といえるのである」（小島 二〇一三：二〇八）という解説がある通り、この展示でも、儀礼の雰囲気を演出するのに役立った。なお、ブース内の床部分を飾らなかったのも、「祖先や小人が地上と地下の世界を行き来するので、地面を舗装してはいけない」というヤキの信仰を反映した結果であった。

東京巡回展でのブース設計

前述したように、北大博物館での展示では、北大スラブ研究センターの木山助教がブースの見取り図を使って設計した。しかし、巡回先の早稲田大学ワセダギャラリーは、建築後に改装されたこともあって、見取り図が存在せず、当日に展示ケースを入れてみないと、どのように仕上がるか分からない状況であった。

　基本的な作りは北大での展示を踏襲したが、大きく変わったのは天井のスクリーンである。ワセダギャラリーの方が展示ブースの天井が低く、かつ天井部分に留め金を設置できなかった。よって、壁面のレールと中央の間仕切りの上でスクリーンを固定した。また、北大では縦方向にスクリーンを設置したが、同ギャラリーでは横方向に設置することになった。この方法で設置すると、スクリーンを通して天井のライトの光が透けて見えた。また、このギャラリーはキャンパスツアーの集合場所を兼ねていたため、ちょうどスクリーンの下に来客用ソファを置かなくてはな

写真 4-2　東京巡回展（展示ブース内の花のスクリーン）

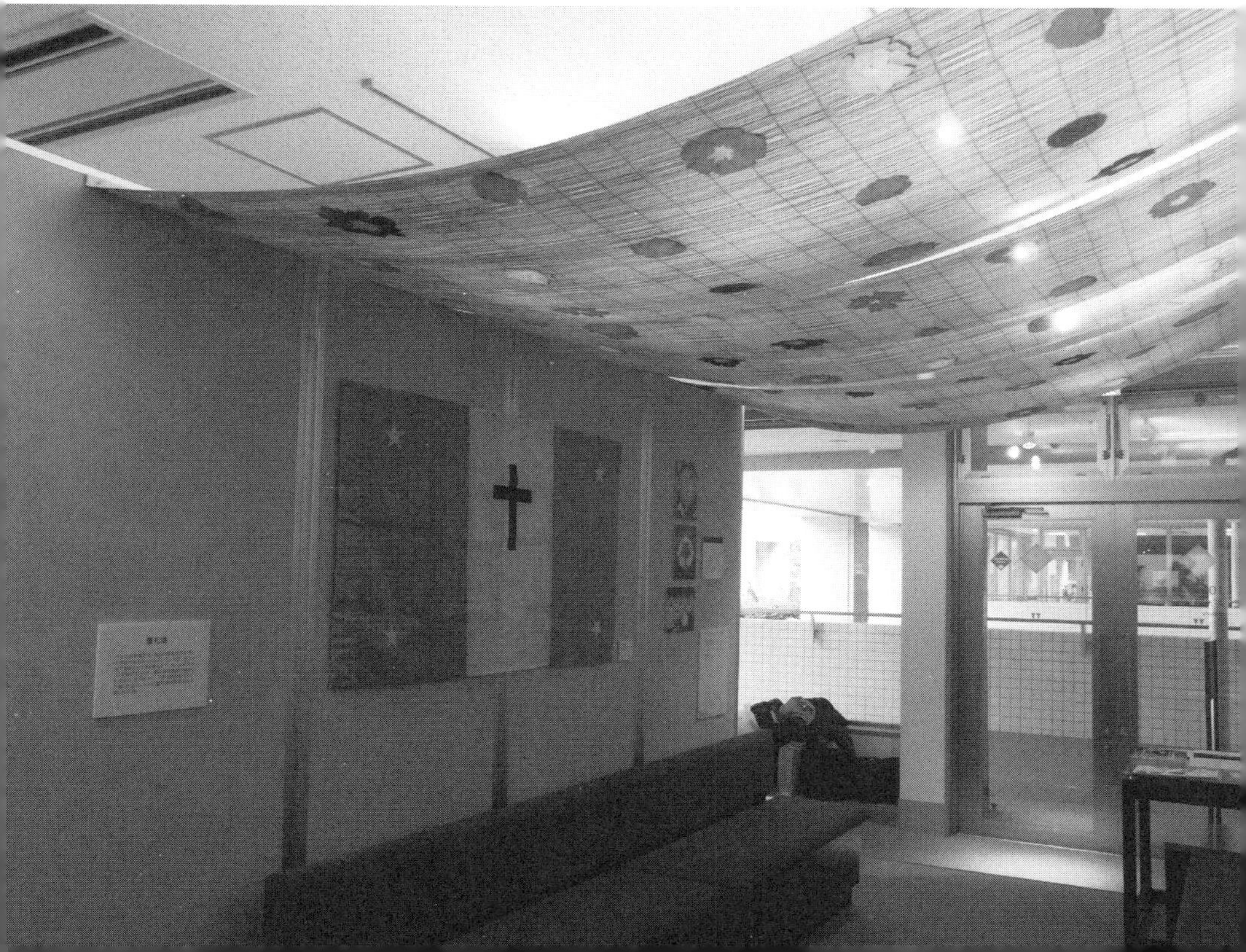

らなかった。

設置してみるまでは、どのような仕上がりになるのか不安が大きかったものの、実際には、天井が低く、すだれ状になった竹や枝の間から太陽の光が射し込む本物の儀礼場により近い雰囲気となった（写真4-2参照）。スクリーンの下のソファに座ってスクリーンを見上げたり、そこから見えるモニターで放映されたヤキ紹介のビデオをくつろぎながら鑑賞したりする来場者も現れ、まさに本物の儀礼場のように、憩いの場所となった。展示には計算できない部分もあり、それが時には好ましい方向に働くことを体感した。

5　おわりに——展示品を通じた人々のつながり

まったく文化は違うけれど、きれいなものをきれいと思う心がいっしょだと思うと嬉しかったです。（二〇代女性）

北大博物館とワセダギャラリーで行われたヤキ展について、とくに展示品を介してどのような対話が生まれたのか、最後にまとめてみたい。

展示を通じた再会

北大博物館での展示期間中には、当時保留地でベンチャー企業を運営していたビル・キロガ氏が、先住民による起業についての講演を行った。講演のために、遠くアリゾナから北大を訪れた同氏は、一枚の古い写真のコピーを持ってきた。若いときに住んでいたカリフォルニアの都市部にある先住民のセンターに、ある日アイヌの長老が訪れたときに撮った集合写真であるという。中央に、確かにアイヌの装束を着た年配の男性が写っている。

ぜひこのコピーを男性の家族に手渡したいというキロガ氏とともに、札幌市内の関連団体を訪問した。すると、写真を見た一人が「私の父です」と驚いた声で言った。長老はすでに亡くなっていたが、その方によると、昔アイヌの装束を持って世界各地を旅行し、その装束は旅行で最後の寄港先であったハワイの博物館に寄付されて、現在もそこに保管されているのだという。このような世代を越えた再会も、展示の企画がなかったら実現しなかったであろう。

関係者のその後

彫刻家のバレンズエラ氏は、イベントで仮面の実演販売を続けている。展示の前後で、数々の変化を感じていると同氏は話した。

> 展示の後で、ヤキ集落内で、私の工芸と私自身の両方が、より尊重されるようになりました。その後、複数の博物館から展示の依頼を受け、子どもにアートを教える助成金までいただきました。将来日本で展示があったら、また関わりたいです。

一方、レイエス氏が展示の後に紙製の花を公共の場で製作したのは一度だけである。二〇一一年一〇月、保留地近くの文化フェスティバルで、レイエス氏による花の実演製作が行われた。予定では、土曜日と日曜日に実演が行われるはずであったが、同氏が会場に出向いたのは土曜日だけであった。前日に急に儀礼が開催されたことに加え、一日観光客の前で花を作ってみて、「お金のためでも名誉のためでもなく、信仰のためだけに花を作りたい」と感じたからだという。同氏にとっての花の製作が、キリスト教と伝統宗教の混淆した信仰の表れであることは、花の製作方法を夢のなかで聖人のファティマの聖母に習ったと信じていることからも分かる（Regan 2011）。レイエス氏にとって、花の製作は単なる見世物ではないのであろう。さらに同氏は、展示を振り返って、次のように述べた。

私たちはヤキの若者に、大学に進学して学びなさいと話しています。なぜなら、ちょうど私たちの神話である『話す樹』（集落の樹が、社会の大変化を予言したとされる神話）のように、世界は目まぐるしく変化しており、若者はそれに備えなくてはならないからです。ヤキの住む砂漠から遠く離れた日本において、先住民アイヌの人々も（宗教や言語を守っていくヤキのように）強く未来を築いていってほしいと思います。

レイエス氏のコメントで興味深いのは、大学についての記述を含めている部分である。今回の展示が大学で開催されたというニュースは現地にも届いている。日本での展示をきっかけとして、大学という存在にヤキの若者が興味を持ったとしたら、喜ばしいことである。

レイエス氏が勤務しているトライブの図書館は、音声資料を提供してくれた言語文化庁とともに、保留地内の新しい建物に移転した。二〇一三年七月に完成した三階建ての「教育センター」には、図書館と言語文化庁のほかに、高校卒業資格を目指す大人向けの勉強部屋や、若者向けのコンピュータ室などが設けられている。そして、民族の文化的資料を展示するガラスケースも館内に設置された（Tarazon 2013: 9）。

講演会を行ったキロガ氏は、二〇一三年九月に、トゥーソン市内の集落に新しく建設された、オールド・パスクア博物館兼ヤキ文化センターの所長に就任した。博物館そのものの計画は二〇〇〇年から始まったので（Rico 2013）、博物館建設立案そのものに日本での展示が寄与したわけではない。しかしながら、同博物館の展示スペースを具体的に企画するにあたって、キロガ氏をはじめとするヤキの人々は、日本での展示を参考としたようである。キロガ氏は、開館後に次のようなメッセージを寄せてくれた。

この博物館の所長に任命され、展示を企画するなかで、ヤキ文化を表現する大変さと難しさを理解し、（北大とワセダギャラリーで行われた）展示に親しみを感じるようになりました。ヤキの文化は、映画やテレビに出てくるような（ステレオタイプ的な）先住民文化ではありません。日本での展示は、（ステレオタイプに捉われたものではなく）ヤキ文化の美しい部分をよく表していたと思います。

キロガ氏は、ヤキの集落に建てられた博物館の展示を企画することを通じて、日本でヤキの展示が行われた意義を改めて実感したようである。博物館展示の企画と実施にあたっては、現地の人々との協働が欠かせない。ヤキのなかに、キロガ氏のように展示の実践に関わる人々が増え、彼らと集落の外の研究者や展示関係者の対話の機会が増加すれば、ヤキの文化、社会、歴史をより効果的かつ的確に表現する展示の実施につながるのではなかろうか。

ヤキと私の対話、ヤキと日本の人々の対話、現地の人々と展示者の対話

上に記した通り、今回の展示は、ヤキと日本人、ヤキと日本の先住民であるアイヌの人々、ヤキ集落内部の人々、といったように、展示品や展示そのものを取り巻く複数のアクターの対話を促した。しかし、すべてが成功に終わったわけではない。ヤキ文化の良さを引き出しつつ、情報を的確に提供することができたのかどうか、私自身のなかには疑問が残ったままである。先住民に関する博物館展示が、植民地主義に基づいたいわゆる「上からの目線」で一方的に行われてきた、と批判されるようになって久しい。展示に関わった木山助教は、「この企画に限らず、これまでコロニアルな構造を完全に超えた展示をまだ見たことがない」と語った。今回の展示でも、展示品の決定やブースのレイアウトをはじめ、日本にいる関係者のみで決めてしまった点が多々あった。植民地主義から完全に脱したいのであれば、こういった点についてもヤキの人々の意見を聞く必要があったのかもしれない。一方で、展示にまつわるすべての詳細を現地の人々を交えて議論するには相当の時間と労力を要する上、そもそもヤキ民族を構成する全員の意見を聞くことなど不可能である。展示実践に関わる者には、理想と現実のバランス感覚が求められるのであろう。

反省点は尽きないが、北大とワセダギャラリーでの展示は意義のあるものだったと私は考えている。少なくともこの展示によって、編んだ髪に羽根を差し、石斧を持って火の回りで踊る、といったようなステレオタイプに当てはまらないアメリカ先住民が存在することを、来場者は理解してくれたように思う。そして、本文にも引用した来場者のコメントからは、ヤキの文化に対する純粋な興味と感心、そしてヤキの人々が置かれた状況に共感するメッセージが読み取れた。それが小さなものであるにしろ、マイノリティのなかのマ

イノリティであるヤキの人々と、彼らの集落から何千キロも離れた日本に生きる人々の間に何らかの接点を生み出したことが、〈北米先住民ヤキの世界〉展の最も大きな成果であった。なぜなら、世界のどこかに理解者が存在するという事実は、ヤキの人々に希望をもたらし、彼らが文化を保持していくための動機となるからである。

注

＊1　米国先住民に関して使用される場合、先住民が伝統的に保ってきた言語や文化によってではなく、連邦政府が定めた方法で区分された集団単位を指す。

＊2　当初は文化人類学的論文として発表されたが、後にフィクションであることが明らかになった。

＊3　「カスタネダの新作邦訳――ドンファン・シリーズの六作目」読売新聞一九八三年一月一八日夕刊、第七面。

＊4　Louis David Valenzuela, Yoeme/Yaqui Woodcarver, official website（http://www.yoemecarver.com/index.htm）（最終アクセス二〇一三年九月二〇日）

参考文献

青木豊　二〇〇三『博物館展示の研究』雄山閣。

小島有紀子　二〇一三「展示空間の構成」青木豊編『人文系博物館展示論』雄山閣、一九七―二一六頁。

これからの博物館の在り方に関する検討協力者会議　二〇一〇『博物館の設置及び運営上の望ましい基準の見直しについて――「これからの博物館の在り方に関する検討協力者会議」報告書』。

Arizona Rural Policy Institute, Center for Business Outreach, W. A. Franke College of Business, Northern Arizona University 2010. Demographic Analysis of the Pascua Yaqui Tribe Using 2010 Census and 2010 American

Community Survey Estimates. Grants & Contract Office of Pascua Yaqui Tribe.

Kahn, M. 2000. Not Really Pacific Voices: Politics of Representation in Collaborative Museum Exhibits. *Museum Anthropology* 24(1): 57-74.

Mithlo, N. M. 2004. "Red Man's Burden": The Politics of Inclusion in Museum Settings. *The American Indian Quarterly* 28(3-4): 743-763.

Regan, M. 2011. Diverse Arts: Yaqui Flower-Maker Amalia Reyes is Just One of the Folk Artists Showing Their Skills at Tucson Meet Yourself. Tucson Weekly October 13 (http://www.tucsonweekly.com/tucson/diverse-arts/Content?oid=3165669 最終アクセス二〇一三年九月二〇日)

Rico, G. 2013. Museum is a Gateway into Customs, History of Old Pascua Village. *Arizona Daily Star*, August 2. (http://azstarnet.com/news/local/museum-is-a-gateway-into-customs-history-of-old-pascua/article_d18796a9-5668-56c7-991e-f16cba222556.html 最終アクセス二〇一四年一月一八日)

Tarazon, A. 2013. Tucson Education Complex Building. *Yaqui Times* January-June. 8-9 (http://www.pascuayaqui-nsn.gov/images/yaqui_times_june2013.pdf 最終アクセス二〇一三年九月二〇日)

コラム④

見る人、作る人の関わり
――〈北米先住民ヤキの世界〉展に携わって

木山克彦

私は〈北米先住民族ヤキ〉展において、展示空間やデザインの設計、設営、期間中の管理を担当した。小・中規模の博物館が多数を占める日本では、一人の担当者が、展示テーマの調査から展示企画、設営までの作業をトータルで担うことが多いが、今回はこれらの作業を分担し、展示を作り上げたことになる。

分業の難しさ

分業は、限られた作業に専従できるというメリットがあるが、綿密な打ち合わせを欠くと、本来意図したものとは異なる展示に仕上がってしまう危険性をはらむ。展示をする上では、事前に倫理や所有権、肖像権などの問題をクリアしておく必要があるが、とくに、先住民族のように、現在に生きる人々や社会を直接的に扱う場合には、観覧者に誤ったイメージを与えないよう、より慎重な姿勢が求められる。

私は、ヤキ以外にも、アイヌやサーミの展示に関わったが、伝統的な文様や資料の写真をポスターやパネルに使用しようとした際、それぞれに対応や使用基準が異なっていたのが印象的であった。各民族のどの組織にアクセスしたのか、取り巻く環境の違いから生じる差と思われるが、専門外である私には基準が見えにくい（展示企画者の自制かとも思ったが）。また今回は、直接ヤキと接する機会がなかったため、具体的な展示イメージが湧きにくく、展示企画者やヤキの人々が、展示を通じてどのように「見られる」ことを望むのかわからず、フィルターを一枚介したような、もどかしい思いがした。

水谷論文で触れられているように、展示企画者が明確なイメージを実際の作業者に伝えなければ、対案や改善案は生まれにくい。展示シナリオや完成ブースのパース図の作成は、展示を作り上げる上での基本作業であるため、これらの技術をある程度は身に着けた方がよいと思う。

また当然だが、企画をたてる段階で、対象である先住民族と展示企画者との間でも、どのような展示にしたいのか、互いの考えになるべく齟齬が生じないよう、綿密な打ち合わせをしておくことが必要である。

展示と観覧者の関係

ただし、製作者側でどんなに綿密な打ち合わせをし、意図通りの展示ができあがったとしても、その意図するところが、観覧者にそのまま伝わるわけではないということを忘れてはならない。観覧者の多くは、自らの関心や知識に従って、自由に展示を見る。実際、動線通りに見ない観覧者は少なくなく、展示パネルの文章を必ずしも書き手の意図通りに理解するわけではない。そもそも展示した資料やパネルをすべて見るとも限らない。この点が展示の難しさだが、だからといって、企画の意図やシナリオを明確にせず、それに沿った資料陳列を行わなければ、観覧者に伝わることがより少なくなる。よくいわれるように、ただ漫然と資料を置くだけでは博物館展示とはいえず、展示を通じて伝えたい主張を持つことが重要なのである。また企画者の意図と観覧者が実際に受け取った印象が異なることは、悪いことばかりでなく、その齟齬によって、博物館側では、資料の新たな側面に気づかされる場合もある。これが博物館展示のユニークかつ重要な点である。

コミュニケーション・ツールとしての展示

展示活動は、博物館側から観覧者側へという一方通行の行為に見られがちだが、近年、観覧者側から博物館側へのフィードバックも重要であるとの認識が広がりつつある。展示がぶじ開催されれば終了ではなく、展示期間中に観覧者から寄せられた感想や評価をその後の展示活動や調査・研究活動に生かすことまでが、広い意味での展示活動と捉えられるのである。

今回の展示は、日本ではほとんど知られていなかったヤキの紹介に力点が置かれ、観覧者から寄せられた意見からは、一定の成功を収めたと評価できる。またヤキの人々に対しても、他者からの視点や認識を提供することができた点も意義があろう。機会があれば、近く実施されるという彼ら自身の手による展示を観覧し、今回の展示との違いや認識のズレを感じてみたい。一方、「ヤキの歴史に関する説明が十分でない」「ポスターから内容が伝わらない」という意見もあった。後者は、伝統的な文様や資料がポスターに使用できなかったことによるが、展示全般に対する評価は、否定的な意見も含めて受け止め、今後の活動に活かす必要がある。

向後

展示を企画された先生方には、展示対象とした先住民族や観覧者からの「声」を活かして、今後もさまざまな場所やテーマで、展示を通じた市民への発信を続けていただきたい。それぞれの先住民族の歴史や社会、集団内での意識は多様であろうが、「マジョリティ」とされる側もまた多様であり、両者の関係は変化していく。同じ展示でも、時と場所を変えれば、受け取られ方が異なるものだろう。展示による発信と受け取り手側が感じた印象の齟齬を、どのように捉え、今後に生かすか、展示を通じた研究の一つのあり方ではないだろうか。

第*5*章 博物館をめぐる対話
――国立民族学博物館における〈ホピの踊りと音楽〉公演

伊藤敦規

1 はじめに――招聘者と招聘元との間で交わされた対話を記録する

大阪府吹田市の万博記念公園内に位置する国立民族学博物館（以下、民博）は、博物館機能を備える研究機関であり、研究成果の社会還元を目的としたさまざまな催事を主催する。「研究公演」はその一つで、「世界の諸民族の音楽や芸能などの公演をとおして、文化人類学・民族学に関する理解を深め」ることが目的とされる（国立民族学博物館 二〇一二a：四一）。

研究公演は、民博の創設一〇周年記念事業として実施した一九八四年の「中国雲南省少数民族の歌と踊り」以降、一年度内に数回程度開催されている。二〇一三年一一月の「雄勝法印神楽みんぱく公演」で八六回目を迎えた。[*1] 聴衆にとっての研究公演とは、展示された「もの」を見たり触ったり、映像や音響を観たり聞いたり、文字での解説を読んだりするだけでなく、日本国内外から招聘された芸能集団による実演を目の当たりにすることで世界の諸民族の現在を共時的に知る機会であり、研究者による口頭での演目解説によって理解を深める機会でもある。アンケートを介して主催者や演者に感想や意見を提示することもできる。ただし、そうしたやりとりはその場限りを前提としている。研究公演は固定した開催日時と進行表が存在するため、展示よりもきわめて短い会期を特徴とする。民博の年間活動記録である『研究年報』では「広報・社会連携」に分類されていて、それをまとめた『要覧』でも「広報・事業」に分類されている（国立民族学博物館二〇一二b：三四八―三六一）。

興味深いのは、同じカテゴリーとして併記されている他の事業に対して、研究公演だけが「研究」の語を冠していることである。単なる公演ではなく研究公演と銘打っているため、告知を目にした人々が、公演時に何らかの新事実や解釈の発見が報告される研究活動の場であると期待する可能性は高いと思われる。研究活動の一環であれば、学会発表の成果が論文にまとめられるように、事後の参照可能性が確保されることが望まれる。

かつては機関誌『民博通信』に、「音楽」や「展示」といったカテゴリーが存在し、そこで演題の解説や企画の流れが紹介されたこともあった。[*2] しかし近年では、館内で試聴可能な映像番組製作のための記録化を除き、その内容を文字化した記録はほとんど残っていない。[*3] 研究公演のプログラムには研究者らによる解説が必ず含まれるが、資料が配付されないこともあり、配付される場合でも簡易解説文の場合が多い。先にあげた年間活動記録の『研究年報』には記録が残るが、その内容は、実施日、解説者名、出演者名、参加者数の羅列である。共同研究や機関研究での成果出版や、特別展や企画展でのキャプションや解説文、図録、展示場の映像記録化とは対照的だ。記録化されない・されなくなった要因の究明はさておき、少なくとも筆者は、後日に誰もが参照可能な状態にしておくことが望ましいと考える。他機関が類似する催事を企画・実施する上で処理しなければならない各種実務の流れの理解を補助する意味においても、博物館活動に関する実務や交渉過程の記録化は無意味ではないだろう。

二〇一一年四月に着任した筆者は、通算八〇回目の研究公演〈ホピの踊りと音楽〉（二〇一二年三月二〇日）の企画と実務と交渉を担当した。本章ではそれらの経験を、一連の実務的な流れに則して文字情報として記録する。ただしこの場合の記録化は、事業活動報告のような単なる項目の羅列ではない。もちろんこの事業分類が研究かそれとも広報に属すのかという、一研究機関が主催する催事の捉え方をめぐる議論に収斂させるつもりはない。そうではなく、後述するようにフォーラムとしてのミュージアムを謳う民博を舞台とした、同時代を生きる招聘者と招聘元との間で交わされた対話を、実演を披露してくれた招聘者の文化に関する民族誌的知見をちりばめた一つの物語としてまとめる試みなのである。

2　企画と交渉

アメリカ展示場

二〇一一年三月、民博のオセアニア展示場とアメリカ展示場が改修を経て新たにオープンした。アメリカ展示場は「出会う」「食べる」「着る」「祈る」「創る」の五セクションに再構成され、「創る」には米国南西部先住民の宝飾品を紹介するコーナーが新設された。全米のなかで南西部は、先住民人口が比較的多く、現在でも独特の先住民文化が維持され発展している地域である。宝飾品は総称として「インディアン・ジュエリー」と呼ばれており、ホピ製のものについては一九九〇年代以降、米国に次いで日本が主要消費国となっている（伊藤 二〇〇六）。展示場では、一九七〇年代後半と二〇一〇年に収集した、ホピ、ズニ、ナバホといった先住民が制作した数十点におよぶ宝飾品と道具類の一部を陳列している。[*4] また、設置されたモニターで制作工程を観覧したり、情報端末を操作して詳細情報を知ることもできる。

もちろんホピの人々が制作する「もの」や暮らしぶりは、宝飾品に限られるわけではない。たとえばアートであれば、木彫人形、土器、織物、籠細工、絵画や壁画など多岐にわたり、民博の収蔵庫にも数百点が保管されている。対する無形文化は、新構築のために二〇一一年度に製作したビデオテーク番組など[*5]を除くと、芸能や儀礼を記録した映像・音響資料を民博は所蔵していなかった。

ホピの儀礼

研究公演の企画の出発点は、音響システムを常設する収容数四五〇名の講堂を会場とすることであった。担当者である筆者はそれだけではなく、既存の有形所蔵資料の存在を意識させながらも、無形文化との連関においてホピ文化に関するより深みのある理解を聴衆に促すことを、博物館事業として有意義な趣旨と考えた。そのため実施内容は、所蔵資料が実際に使用される文化的脈絡の具現化を優先課題とし、自然環境と生業活動のなかで育まれた精神文化である儀礼の実演を候補とした。

年間降雨量が三〇〇ミリメートルに満たない乾燥地に暮らす農耕民ホピの日常生活の中心的関心は、トウモロコシなどの農作物の育成と雨乞い儀礼の執行とその準備にあるといっても過言ではない。冬至から夏至までの期間には、精霊や祖霊や雨の化身であるカチーナ（*Katsina*）が登場する仮面儀礼が数多く執り行われ、夏至から冬至の期間には女性を含めた仮面を付けない人間が演じるソーシャルダンス（*tsele*）や宗教結社の儀礼がいくつも行われる。カチーナ儀礼はキヴァと呼ばれる特定の宗教結社に加入した男性が担うもので、その男性の個人的な儀礼参加の経験や所属するクランに応じて儀礼ごとに役割が異なる。

カチーナ結社への加入儀礼を経ていない男児や成員権のない女性は、仮面や儀礼具の制作と儀礼の打合せと練習が行われる特定の場への物理的アクセスや、儀礼に関する質問行為（知的アクセス）、そして双方に関する記録行為を慣習的に禁じられる。しかし一部を除き、儀礼それ自体は家屋が密集する村落の広場で行われる場合が多く、そこでの様子はあらゆるホピに公開され、場合によってはよそ者にも鑑賞の門戸が開かれる。ホピの人々は、「カチーナが雨を象徴し、儀礼を見守る聴衆が雨雲を象徴する」という説明を口にする。儀礼の主目的は雨乞いであり、演じる側と見守る側という両者の共存によって祈りが現実化すると考えられている。それゆえ雨雲としての聴衆の参集が歓迎されるのだ。

さて、ホピの宗教実践や親族研究は、現在のアメリカ人類学会の礎となった米国民族学局（一九世紀後半に創設）に所属する研究者たちの主要な調査対象であった。一九三〇年代までには現地調査の結果として、宗教儀礼の記述を含む日記や民族誌が多数刊行された（cf. Fewks 1903［1985］, Persons 1925; 1933）。しかしながらそれら成果についてホピの人々は、よそ者が「正しくない」方法で部分的に知りえた情報を再構築した結果、本来あるべきではない形式で宗教的知識を記録化し公開したとみなす場合がある。

一九六〇年代末から台頭するアフリカ系アメリカ人や女性の権利回復運動に連動して全米規模で生じたレッド・パワー（米国先住民の権利回復運動）の影響もあり、今日ではほとんどの米国先住民保留地での学術調査は住民により制限・管理される傾向にある。一九八〇年代後半以降ホピ保留地では、筆者のようなよそ者には、村落内での慣習的な行動規制に加え、トライブ政府（自治政府）が発布する行政命令としての制限が課せられる。トライブ政府へのライセンス申請を経ない調査、記録行為、儀礼具などへの物理的アクセスを強行すると、信頼関係が崩壊するのみならず、その後の保留地や村落への立ち入りが困難になる。さらにトライブ政府などが、倫理規定を定める学会や所属する研究機関へ告発することもある。「罪状」によってはトライブ政府警察から連邦政府内務省インディアン局警察もしくは連邦捜査局（ＦＢＩ）へと管轄が移行し、拘束・逮捕・訴訟・刑事と民事の罰則へと事態が展開しかねない。

ホピのソーシャルダンス

こうした事情のため、企画当初からカチーナ儀礼を民博で開催するという考えは抱かなかった。宗教儀礼に関する慣習的秘匿、他者表象への嫌悪と記録行為の制限といったホピ社会での常態は、研究公演の企画と現地との交渉を進める上で、よそ者たる筆者に演目への自由な裁量権が与えられていないことを意味する。そのため筆者は企画や交渉のあらゆる場面で、複数のホピたちとの電話やメールを介した情報共有に努め、相談し、意見を求めることにした。

するとソーシャルダンスならば可能であろうという回答が得られた。前述したように、女性や仮面を付けない人間が演じる一種の儀礼である。ソーシャルダンスを文字通り和訳すれば「社交ダンス」となる。しかしホピのそれはことばのイメージとは異なり、男女がペアになってアドリブの動きで女性をリードする、我々がよく知るタイプのものではない。農作物の育成を促す降雨・降雪や地中における保水の願い、動植物への祈り、近隣の先住民集団を礼賛する多様な「季節の踊り」の総称（*tselew*）となる（Secakuku 1995: 14, 96-

97）。男性が司るカチーナ儀礼と異なり、「季節の踊り」の演者には女性が含まれることから「少女のダンス」と呼ばれることもある（Persons 1933: 61）。

ダンス当日は聴衆の参集が歓迎され、村落の広場は一千人を超える群衆でごった返す。カチーナ儀礼のような秘儀ではないため、宗教結社成員によるよそ者への記録用機材の所持検査や没収といった厳しい行動規制がしかれることはない。ときとしてホピの人々自身が、華やかな衣装をまとった演者や勇壮な歌い手たちをデジタルカメラや携帯電話で撮影したり、歌を録音したり、ダンスの様子を録画することもある。撮影した写真を家屋やクランの集会所に飾ったり、録音した歌を家事やアート制作の合間に聞いたりする。近年ではフェイスブックなどのＳＮＳメディアに画像や映像を投稿して親族や友人と共有することもある。また、スタジオ収録の音源を用いた音楽ＣＤが販売されているように、ホピによる商業利用も見られる。もちろん主たる開催場所は現在でも保留地の村落だが、博物館が主催するアートショーなどにダンスグループが招聘され、そこで祝祭的なパフォーマンスとして披露することもある（伊藤 二〇一三）。これらから、民博の展示場新構築を祝う内容に適したものだと判断した。

演者の組織

ソーシャルダンスの演者はそのつど組織される。構成は、複数組の踊り手、数十人の歌い手、歌をリードする数名の太鼓の叩き手、そして数百人規模の観衆からなる。先行研究にはソーシャルダンスの一つである「バッファローダンス（*mosayurtikive*）」に関する民族誌的記述が残されている。しかしその内容は、実施年月日、演者の配置と動作、衣装の紹介、ペアになる男女の踊り手の家族間での交わされる贈答品、開催村落名や進行表に限られていて（Fewks 1903［1985］: 30-31, Persons 1925: 16-18; 1933: 61; 1936: 123-130）、人員組織に関する具体的な情報は得られなかった。

そこで、二〇一〇年の資料収集の際にコーディネーターを務めた宝飾品作家で、カチーナ結社と男性結社への入会を済ませたジェロ・ロマベンティマ氏に照会した。結論として、組織化は自薦と他薦が併存し、優先基準と忌避の慣習が存在するという。まず、女性の踊り手は妊娠未経験者が務める慣習があるそうだ。女性は近年では、小学校入学から高校卒業までの間に数回ダンスを行う傾向にある。母や母方オバ（ホピは母系出自のため同一クランの成員）が参加を促すものの、強要はしないため自薦となる。男性の踊り手は婚姻状態や嫡出子の有無は問われないが、女性の踊り手の平行イトコや母方オジにあたる者が女性ダンサーによってパートナーに指名されるため、他薦となる。

ロマベンティマ氏の母方オジは、一九八〇年代にフランスでの公演のために演者を組織したことがある。オジがかつて語った内容をふまえ、研究公演で見栄えがして聴きごたえのある規模は、四〜六名の踊り手と六〜八名程度の歌い手が好ましいという意見を筆者に提案した。女性の踊り手については高校生を候補にあげる予定だが、若年妊娠が多発しているためキャストを急遽変更する事態が生じかねないことと、春休みなどの休業期間でなければ登校義務との兼ね合いで保護者が渡航を認めない可能性を危惧した。日程は三月二〇日の学校休業期間中に決定していたが、その他の女性演者選定に伴う不確定要素は、複数の候補をあげることで対処することにした。

男性の踊り手や歌い手の選定について、ロマベンティマ氏は自身に権限を委ねてほしいという要望を筆者に寄せた。ソーシャルダンスでは、特定の男性が衣装や道具や食料などをまかなうホストとなる。ホストは必要な場合は衣装の素材を購入し、組織した男性たちと日中の時間を衣装制作に費やす。本番の一六日前（東西南北を表すホピの聖数「四」の倍数）から、ホスト宅や親族の家などで、歌合わせや踊りの動作確認などのための練習を夕方から深夜まで連日行う。[*6] 練習の合間には必ず軽食や飲料水やタバコなどを演者たちに提供する。ホストとその家族にとって、それは楽しい機会であると同時に、経済的・精神的負担も大きなものとなるのだ。負担を軽減させるため、ホストは自分の兄弟や息子、同一クランの成員、姉妹の婿（姻族）[*7]、同じ宗教結社に属す儀礼上の息子（擬制的親族）といった、自分の親族関係にあたる者を優先的に配置していく。なお、ホスト以下数名から構成される太鼓奏者がまず決められる。彼らは踊り手の足の動きに合わせてバチを打って、歌い手をリードするのだが、歌詞を含め儀礼全体の流れを熟知している必要があり、そのためソーシャルダンスの中心的構成員とみなされる。以上のようにソーシャルダンスは、ホストを中心にして組織される親族・クラン・胞族成員などの拡大家族による一種の幇助活動であり、準備期間を含めて互いの紐帯を顕在化させる機会であるともいえる。こうした事情のため、演者の組織化はロマベンティマ氏に一任した。

ロマベンティマ氏は、民博が収集した宝飾品の制作者もしくはその親族を中心に、パスポート取得に問題がないと思われる者、居住地域[*8]と年齢のバランスという諸点に配慮しながら、自身を含む七名の男性を組織した。企画を練るなかで研究公演当日には数種類のダンスを披露することになったが、そのためにはプログラム構成上、踊り手全員の衣装替えと女性演者の髪を結う時間の確保が必須となることが判明した。ロマベンティマ氏の儀礼的な息子でフルート演奏家でもあるフレデリック・アンドリュース氏をメンバーに加え、団体での踊りと個人演奏を交互に配置することで楽屋での準備に充分な時間を充てることにした。女性演者については、未婚で妊娠経験のない高校生（当時）三名に決定した。今回の研究公演では先行して男性ダンサーの選出をした点で、現地の文脈とは異なる手順になったが、ホピの宝飾品展示コーナーを含めたアメリカ展示場のオープンを祝うイベントという、こちら側の意図を組み込んだ一一名の人的組織が完成した（表5 - 1）。

3 実務と交渉

広報用チラシの作製と著作権処理

準備段階では現地の文脈に即したホストの存在が欠かせない。だが、イベント運営上のホスト（主催者）はあくまでも民博である。関連する広報活動、外国人招聘手続、衣装・道具の発送、通訳の確保と専門用語の解説、記録用映像撮影許諾交渉など、主催者側が処理すべき事務手続は山積する。

民博を会場とする催事は非営利活動であり、入館料やワークショップなどの材料代や保険代金を除いて料金を徴収することはほぼない。それでも集客を

表 5-1　演者のリスト

氏名	性別	役割	職業（2011 年企画時現在）	クラン	出身地域
1　シェリ・ジーン・ジョー	女性	踊り	高校生	水	ファースト・メサ
2　ジュエル・カチンベマ	女性	踊り	高校生	水	セカンド・メサ
3　ダフネ・サネーヤ	女性	踊り	高校生	熊	セカンド・メサ
4　ジェロ・ロマベンティマ	男性	歌・太鼓・取りまとめ	宝飾品作家	熊	セカンド・メサ
5　マール・ナモキ	男性	歌・太鼓・頭飾り制作	宝飾品作家	太陽の額	セカンド・メサ
6　アルビン・テイラー	男性	歌	宝飾品作家	太陽	セカンド・メサ
7　ジーン・クワンカフテワ	男性	歌・解説	村落行政	熊	セカンド・メサ
8　ゲイリー・ポレイェステワ	男性	踊り	技師	熊	セカンド・メサ
9　フレデリック・アンドリュース	男性	フルート演奏	フルート演奏家	水	セカンド・メサ
10　アキーマ・ホンユンプテワ	男性	踊り	テキスタイル作家・画家	蛇	サード・メサ
11　アンソニー・ホナニー	男性	歌	宝飾品作家・画家	コヨーテ	サード・メサ

念頭に置いた催事である以上、事前の広報活動は重要だ。定型的な広報手段には、ホームページでの告知、マスコミ関係者を対象としたプレス懇談会での説明、チラシの配布がある。[*9] 大学研究機関や図書館や学校といった近隣の公共施設など[*10]を配布先とするチラシの製作が先行し、その記載内容の一部がホームページの記載文やプレス用の解説に用いられる。

〈ホピの踊りと音楽〉では、演者の組織が完了するまでに予想以上の時間を要したため、顔写真のチラシ利用が間に合わなかった。また、よそ者による村落の屋外での写真撮影はトライブ政府から撮影許可を得ても万人から歓迎されるわけではない事情があるため、写真ではなく既製のイラストを用いたデザイン構成とすることにした。写真使用であれば撮影者からの利用許諾と被写体や映り込み人物への配慮が必要となり、イラスト利用の場合には制作者（著作権者）から許諾を得る交渉が必要となる。

出典元の候補は、ホピとチェロキーを出自に持つ

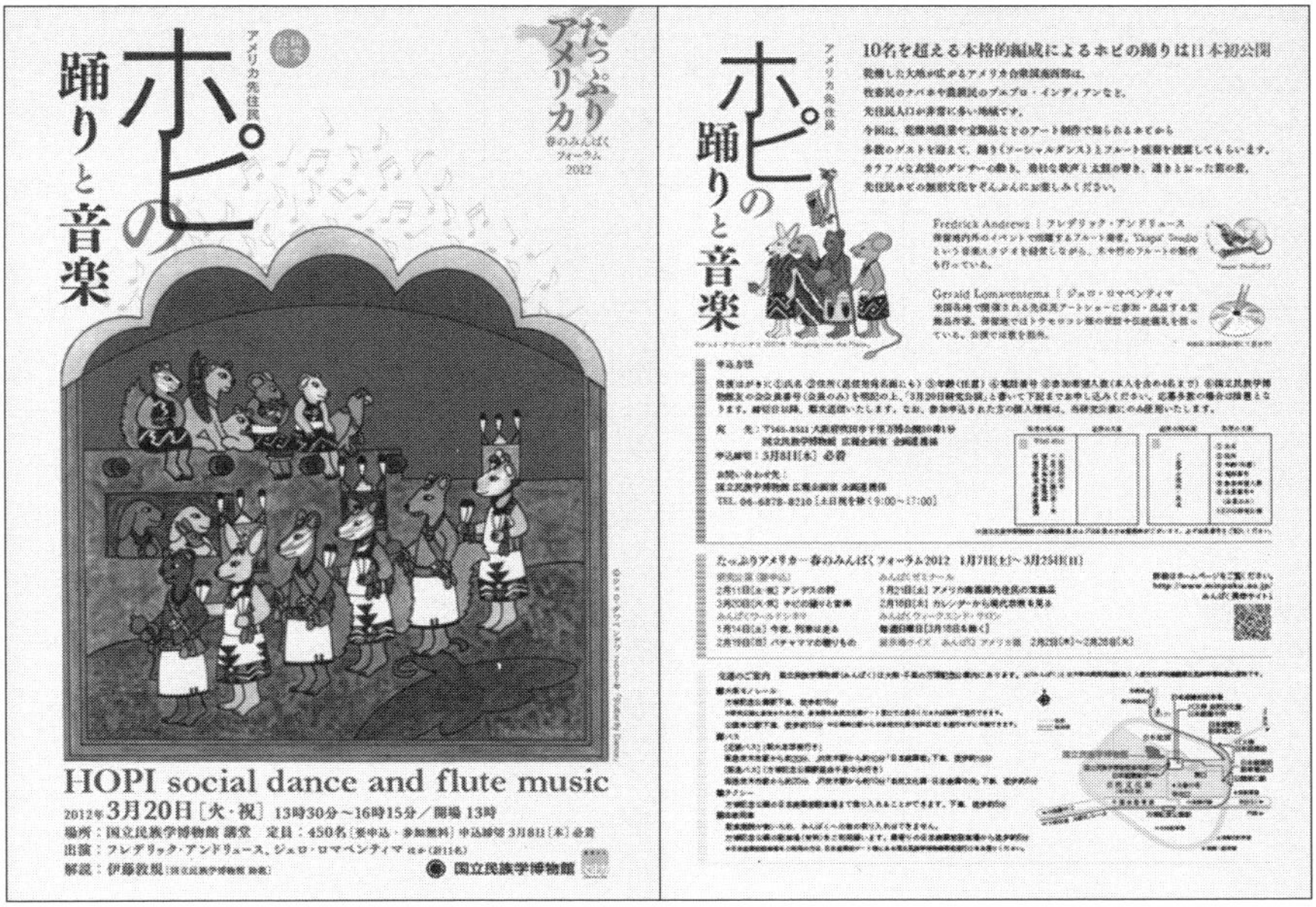

図 5-1　広報用チラシ（表と裏）

イラストレーターのジェロ・ダワベンデワ氏の作品で、それは米国スミソニアン協会の国立アメリカ・インディアン博物館が出版した児童用の絵本（*The Butterfly Dance*）の挿絵となっている。[*11] 著作権者であるダワベンデワ氏本人にメールで問い合わせをした結果、氏名表示と完成物（チラシおよびそれを拡大した大判ポスター）の無償提供を条件とする広報物への転載利用許可が得られた（図5‐1）。また、チラシの裏面には、ホストを務めたロマベンティマ氏の宝飾品（『生まれいずる』）画像と、フルート演奏家のアンドリュース氏が個人経営する音楽スタジオのロゴ（マイクの上でさえずるマネシツグミ）も掲載することになった。前者は民博が所蔵する資料で、収集時に民博による将来的な非商業利用許諾を文書で交わしていたため、改めて了承を得る必要はなかった（資料写真は筆者撮影）。後者の鳥の絵のロゴについてはダワベンデワ氏の場合と同様、著作権者との交渉を経て転載許可を得た。

外国人招聘

これまでの研究公演では、必ずしも日本国外在住の外国人を招いてきたわけではなく、日本国籍保持者や日本に居住する外国人を演者として招くケースも見られた。国際シンポジウムの開催などと同様、日本国外に居住する外国人を招聘する場合に必要となる実務は、ビザ発給のための書類作成補助、航空券と通訳と宿泊先と食事の手配、謝金の支払い手続などとなる。

査証発給は招聘元の所在地によって管轄が異なる。民博の場合は入国管理局関西支局だ。照会の結果、被招聘者が米国籍かつ招聘目的が非営利の文化芸能公演であるため、観光者と同様の「ビザ無し」での入国が可能だと判断された。ただし、入国審査の際に生じかねないトラブルを未然に防ぐため、出演契約を兼ねた正式な招聘状を発行し、演者各位に入国審査時に携行してもらうことにした。研究公演に関する正式な招聘状のフォーマットが不在だったため、旅程期間中の傷病保険への任意加入を推奨する文章と、公演に関する記録用映像撮影許諾書とともに新規に作成した。それら三種類の書類と航空券は、二〇一一年一二月に練習の見学と衣装発送手続の補助のために筆者がホピ保留地を短期訪問したときに一一名それぞれに手渡した。

この招聘状はこちらの意図しない文脈でも効果を発揮することになる。ソーシャルダンスは、ホストが居住する村落で必ずしも開催されるわけではなく、しばしば他村に招かれて開催される。その場合、ホストは自分の居住村落を統治するチーフに実施と人員派遣の可否を問い、了承されると招聘元の村落チーフに報告を行って開催の準備をする。研究公演のためにホピ側の取りまとめを務めたロマベンティマ氏はこれにならい、居住村（ソンゴーパヴィ村落）のチーフに民博発行の招聘状を見せて趣旨を説明し、派遣の了承を問うたのである。つまり、入国審査のために用意した書類がホピの文脈における正式な申請・承認過程の決裁に利用され、結果として研究公演がソンゴーパヴィ村落公認のものとなったのだ。

謝金と旅費については所得税の課税対象となるため、被招聘者は確定申告時に還付申告を行わなければ経済的損失を負うこともある。日本との二国間租税条約の締結国から外国人を招聘する場合、国税庁が定める「外国法人又は非居住者に対する源泉徴収の免除証明書の交付（追加）申請」という免税措置特例が適用されることもある。税務署や私設の財務会計事務所に照会したところ、源泉徴収免除申請のためには米国での「居住者証明」と「確定申告」の添付が欠かせないことが明らかになった。ところが、被招聘者全員が米国連邦政府と州政府に対する課税義務のない先住民保留地に居住している。米国内のアートショー参加などの保留地外での商業活動に携わったことがない者は、確定申告の経験がない。さらに「未成年」の学生は社会保障番号を取得していないため、日常生活ではトライブ政府発行の身分証明を居住者証明の代用している。これらの事情に加え、申請に関わる手間と申請料金（および代行手数料）を算出した結果、免税措置申請の方がより高額となることがわかった。結果として免税措置特例の申請は行わず、日本で所得課税額（二〇・四二%）を差し引いた残金を支払うことにした。[*12]

衣装などの調達と練習

歌い手が着用する衣装は、予定している三種類のダンスによって大きく変わるわけではなくほぼ同じである。バンダナ、リボンの付いたシャツ、スラックス、羊毛を編んだベルト、首にかけるトルコ石や銀製の装飾品、皮製の手首あて、モカシンと呼ばれる革靴といったもので、手にはひょうたん製のガラガラや太鼓とバチを持つ（写真5-1）。

他方、踊り手の衣装はダンスによって大きく異なる。たとえば「バッファローダンス」でバッファロー役を務める男性は、①白色のモカシン、②スカンクの毛皮のアンクレット、③蛇の模様が描かれたキルトの腰巻き、④赤く染めた羊毛の帯、⑤羊毛を編んだベルト、⑥角の付いたバッファローの頭飾り、⑦頭飾りに付ける扇状に配したワシの尾羽、⑧オウムの胸毛の束、⑨手首あて、⑩カウベル（鈴）、⑪トルコ石などの装飾品などを身につけ、手には⑫弓矢と⑬ガラガラを持ち、裸の上半身と顔には天然顔料を塗る。女性は①と②の足回りと⑦と⑧の羽根、⑩より小型の鈴や⑪の装飾品に加え、⑭刺繍が施された白のドレス、⑮白色無垢の帯、⑯白いキルト、⑰毛糸をよった輪、そして⑱花を付けた小さな籠と⑲花とワシの羽根を施したワンズ（指揮棒）を手に持ち、顔にはトウモロコシの実を碾《ひ》いた白い粉末を塗る（写真5-2）。

一月に実施するバッファローダンスは、春の発芽のために冬季に希求される雨と雪と嵐、その使者とされるバッファローへの祈りを捧げることを目的とする。踊り手がまとう上記衣装には、それぞれ象徴的意味が込められている。たとえば①と②は白い雪であり、③と④はバッファローの機敏性と力強さ、⑥は動物のバッファローそのもの、⑦は降雨と降雪への祈り、⑧は雨と雪によって満ちる土壌の水分から育まれた栄養価の高い農作物とそれに恵まれる人生、⑫と⑬はバッファローの性別（雄）、女性がまとう⑮と⑯は汚れのない人生と雪の積もった畑、⑱と⑲は春の訪れを象徴的に表す（クワンカフテワ二〇一二：七―九）。

研究公演ではバッファローダンスのほかに、夏風にそよぐトウモロコシの葉の動きを模した「コーンダンス（*Aa-vat'shoyam mun mu'ng-waa*）」と、収穫直前の農作物に必要な夏の嵐を祈る「水の乙女のダンス（*palhikwtikive*）」の三つをプログラムに配置し

写真 5-1　歌い手の衣装

写真 5-2　バッファローダンスの衣装

た。コーンダンスとは、トウモロコシが穂を出し、花粉を散らし、実を膨らます過程と植物の繁殖力を象徴的に演じる踊りである。踊り手は、夏場の涼しい風や畑に降り注ぐ雨を受けとめるトウモロコシの葉の動作を真似る（クワンカフテワ 二〇一二：九）。水の乙女のダンスは、カチーナなどの雨雲の使者に対する雨の恵みと大地に対する豊穣力を祝う踊りである。踊り手は、積雷雲と稲妻と降雨の様子を演じる（クワンカフテワ 二〇一二：一〇）。

ホピの世界観と信仰と祈りを体現するためには、ダンスごとに異なる衣装が不可欠で、衣装の所有状況を確認する必要性が生じた。一般的にほとんどの衣装と道具類は個人もしくは家族成員が所有するが、たとえば⑥のバッファローの頭飾りを所有する者は少数である。バッファローダンスのホストを務めた男性が素材を集めて作るのだが、それが難しい場合は、すでにそれを所有する他の男性から練習期間を含めて借用することがある。また、羽根の所有と管理にはジェンダー規範が生じ、⑦と⑧のような祈りに関する鳥類の羽根に女性が触れることは忌避される。羽根の保管と利用については、通常は一枚一枚ばらばらの状態で所有者の男性が保管し、カチーナ儀礼やソーシャルダンスごとに使い回す。羽根飾り以外の衣装の用意については、水の乙女のダンスで女性の踊り手が頭にかぶる積雲を象徴する一メートル四方の木製の板状の頭飾りを例として説明しておこう。それはダンスが開催されるつど、踊り手を務める女性の頭部のサイズに合わせて作られる。制作するのは踊りのパートナーの男性や、その生得的父と儀礼的父およびそれぞれの父方男性親族である。ホピの宝飾品制作と同様に糸鋸で木の板を成型し、天然顔料やアクリル絵の具で彩色して、最後に紐で羽根を括りつけて完成させる。

三つの異なるダンスを一度に行う研究公演のプログラム構成は、現地の文脈に照らすとイレギュラーなものであった。衣装などの発送は開催一ヶ月前の二月下旬を予定していたが、それらの一部は直前まで実際の儀礼で利用される。また通常夏季に開催される水の乙女のダンスに必要な頭飾りは、本来の儀礼やその準備に忙殺される冬季に並行して制作しなければならなかった。

衣装や羽根のような「もの」ではなく、無形の歌や踊りの振り付けも準備しなければならない。ソーシャルダンスのメロディと歌詞と振り付けには、伝統的な大枠が存在するが、部分的に新規にアレンジされることがある。[*13] ある年には二、三のグループが同じ村落の広場を会場として入れ替わり立ち替わりダンスを披露することもあり、その場合グループ間にある種の競合状態が生じる。聴衆は、歌い廻しの高速化と特別にアレンジした歌詞、それに伴う踊り手の素早さを増す動作とトリッキーにもかかわらず息の合った動きを、より優れたもので綿密に練習を重ねた結果として高評価する。ダンス自体は祈りを第一の目的とするが、比較されるグループが存在する状況になると演者は評価を気にするものだという。民博での公演時にはライバルは存在しないが、企画を進めるなかで記録用に舞台の様子を映像撮影することが公演直前になって決定した。そのため将来それを鑑賞するかもしれないホピの人々によって、日本で披露した歌は既存のＣＤから無断借用したものだとか、練習不足で踊りの動作が合っていないといったマイナス評価を下されないように、コーンダンスの歌詞に日本語を加える特別なアレンジを施したり、会場となる講堂の舞台の大きさを何度も確認しながら練習を重ねたそうだ。

羽根の調達

数ある実務のなかで最も骨が折れたのは羽根の調達だった。ホピの儀礼具や衣装には、天空神に降雨の祈りを伝達するオオタカやイヌワシやコンゴウインコといった鳥類の羽根が多数使用される。ただしこれら鳥類は、一九七三年に制定された「絶滅のおそれのある野生動植物の種の国際取引に関する条約（通称ワシントン条約 Convention on International Trade in Endangered Species of Wild Fauna and Flora: CITES《サイテス》）」によって絶滅危惧種に指定されているため、日本への羽根の持ち込みは困難が生じた。

ホピの特定のクランの男性たちは、新年（冬至の後）にイヌワシやタカの雛を捕まえる巡礼に赴く。捕獲した雛鳥は、人間の新生児と同様の誕生儀礼と命名儀礼を実施し、ウサギの肉や人間の乳幼児に授ける玩具などを与えながら屋内もしくは屋根の上で大切に育てる。そして夏至前後の年間最後のカチーナ儀礼時に、霊魂が天空に「送られ」、死骸から外した羽根が結社成員に分配される（Page and Page 1982: 185-204）。

米国連邦議会は一九七八年の「アメリカ・インディアン宗教自由法（American Indian Religious Freedom Act: AIRFA）」と一九九四年の「アメリカ先住民信教自由法（Native American Free Exercise of Religion Act: NAFERA）」によって、先住民が宗教儀礼の一環として絶滅危惧種のイヌワシなどを捕獲・利用することを認めている。[*14] しかしながら輸出と再輸入については、所持者の出自にかかわらず、内務省管轄下の魚類野生生物局への正式な届け出が必須となる。

そのため、男女五名のダンサーが身につける合計三〇〇枚以上の羽根の一枚一枚に関する、入手経路、入手者名、入手年などの項目記載と証明義務が生じた。この件に関して、輸出入の専門業者は、たとえ申請が認可されたとしても、仮に日本で一部を紛失した場合には輸出時と輸入時とで数量が異なるために、同梱する衣装を含めて税関が再輸入を認めない状況が生じかねないと筆者に忠告した。羽根の発送手続のために、筆者・民博事務職員・ホピのホスト・ホピの演者・米国政府機関・運送業者が数ヶ月にわたって相互に交渉を続けたが、儀礼具と衣装の紛失リスクや、手続のための労力と入手経路の証明不可能性、ホピの男性演者が実際の準備作業中に頻発させた羽根のカウントミスを鑑み、公演実施二ヶ月前の時点で発送を断念した。

羽根以外の衣装や道具については、品名・サイズ・重量・素材などを記載事項とする写真付きの梱包リストを作成し、「ATA条約（物品の一時輸入のための通関手帳に関する条約）」に基づく外国の税関で免税扱いの一時輸入通関を簡易化する「ATAカルネ」の申請手続を進めた。容積の大きな太鼓については、民博の収蔵庫で保管している資料の状態を調べた上で、館内貸出手続を経て使用することにした。他方、羽根については、ホピの演者の一部からは、原寸大にカラーコピーした紙製の羽根で代用する案も提示されたが、最終的に素材にこだわる意見が優勢となり、輸出入の申請義務が生じない日本国内で羽根を収集することになった。

調達すべき羽根の数量、サイズ、個体種、部位がホピから指示された。[*15] 日本国内でも収集が難しいコンゴウインコの尾羽は、相談の結果クジャクの羽根で代用することになった。そこで社団法人日本動物園水族館協会にイヌワシ、オオタカ、オウム、クジャク、ルリコンゴウインコを飼育する動物園を照会してもらい、その上で、研究公演などの広報事業全般を担当する民博の部局の職員が総出で、複数の動物園への羽根の所有状況の問い合わせと寄贈交渉を開始した。[*16] 幸いクジャクの羽根は比較的容易に確保できたが、オオタカとイヌワシの羽根については飼育個体数が少ないことと、羽根が抜け替わる季節が初夏であるため（寄贈交渉の開始は二月下旬）、必要な枚数の確保が困難を極めた。公演二週間前になって、本書第七章執筆者の山崎氏を介して北海道アイヌの知人からノスリ（タカの亜種）の翼が寄贈されたのに続き、札幌市円山動物園から飼育中のイヌワシが急逝したので検死のための解剖後に羽根の寄贈が可能であるとの連絡が入った。その他の羽根はアドベンチャーワールド（和歌山）と熊本市動植物園から寄贈され、開催直前になってイヌワシの尾羽根一二枚と風切り羽根一六枚、オオワシの尾羽根一三枚と風切り羽根二六枚、トビ（タカの一種）の羽根複数枚、ノスリの両翼、クジャクの目玉模様の羽根五六枚と胸毛約四〇〇枚、ルリコンゴウインコの胸毛約八〇枚を用意することができた。[*17]

4 民族学博物館での外国人招聘イベント再考

広報活動としての記録

演者の滞在日程は、三月一八日に大阪着、三月一九日にリハーサル、三月二〇日に本番、三月二一日は民博全館停電日のため吹田市民との交歓会、三月二二日に帰国という非常に密なものだった。調達した羽根を束ねる作業があるため、一九日はリハーサルを除き早朝から閉館の午後一〇時まで、二〇日も午前中から公演直前まで、男性は楽屋に籠もり、ダンスで披露する歌を口ずさみながら作業を続けた。約三時間の公演が閉幕すると館長表敬訪問を行い、その後アメリカ展示場と収蔵庫の見学を済ませ、再び閉館時間まで衣装と道具の梱包作業に時間を費やした。

事業記録としての『研究年報二〇一二』には、〈ホピの踊りと音楽〉の実施日が二〇一二年三月二〇日（火・祝）、解説は筆者、出演はフレデリック・アンドリュース氏とジェロ・ロマベンティマ氏ほか、参加者数は五六三名[*18]、展示関連事業の広報活動（「春のみんぱくフォーラム二〇一二――たっぷりアメリカ」、二〇一二年一月七日～三月二五日）の一つとして企画したとの記載が残った（国立民族学博物館 二〇一二b：四一）。

企画から実施までのほぼ一年間にわたり、現地との交渉や実務処理（表5-2）、合計約一七〇〇通のメール、電話、実務補助のための現地訪問中のやりとりを経た。その結果として、上述したように先行研究には記述がない民族誌的知見を多数得ることができた。もちろん事業報告にそうした詳細なデータをあげる必要はないだろう。記録化される内容が催事当日の情報の羅列に限られるのは、広報事業としての研究公演が、「展示（研究）する側」の民博と「展示（研究）を観る側」の一般来館者との関係重視の結果なのかもしれない。

表5-2　交渉・実務などの流れ

	2011年									2012年				
	4月	5月	6月	7月	8月	9月	10月	11月	12月	1月	2月	3月	4月	5月
館内での事業承認			→	→	→	→	→							
実施内容案の策定	→													
演者の組織	→	→	→	→	→	→	→	→						
道具と衣装の調達								→	→	→	→	→		
歌と踊りのアレンジ								→	→	→	→	→		
練習								→	→	→	→	→		
発送手続・交渉				→	→	→	→	→	→	→				
パスポート申請							→							
居住者証明								→						
確定申告書類								→						
映像記録承諾									→					
査証発給								→						
航空券発給								→	→					
通訳雇用契約			→				→							
宿泊地手配											→			
チラシ用著作権処理			→	→										
チラシ作成								→	→					
広報活動									→	→	→	→		
羽根の調達										→	→	→		
配付資料作成												→		
舞台進行調整												→		
記録映像編集													→	
現地上映会・写真展														→

「展示される側」から協働を介した「展示する側」へ

催事当日には口頭解説を行い、一六頁の資料を私費で冊子製本して配付した（伊藤・アンドリュース・クワンカフテワ 二〇一二）。それらも「展示（研究）する側」と「展示（研究）を観る側」との関係性における、展示（研究）内容の理解補助のための資料という一面がある。一方で本章に記した交渉内容は、そうした二者間関係だけに注目すると漏れ落ちてしまう「展示（研究）する側」と「展示（研究）される側」との関係や交渉の記録であったといえる。

重要なのは、企画を進める上で実際に決定権を有する声を発したのが、催事全体の舵取りを行った「研究する側」の人間（担当者の筆者）というよりは、研究公演で演者を務めた「研究（展示）される側」の人々（ホピ側の取りまとめを務めたロマベンティマ氏や他の演者）であったことである。本章のまとめとして、研究公演とはプログラムの開幕から閉幕までのきわめて短期的なものではなく、企画と準備を含めたより長い期間にわたる交渉それ自体と、そこで得た知見を分析・記録する行為を含めて「広義」の研究公演と捉えることを提起したい。別の言葉でいえば、「展示（研究）される側」の人々の存在と貢献に配慮しながら、文化人類学・民族学の研究機関としての民博および民族学博物館一般における「展示（研究）する側」「展示（研究）される側」「研究に基づく展示を観る側」の三者の関係性が顕在化する一つの場として研究公演を捉え、とくに「展示（研究）する側」と「展示（研究）される側」との関係から民族学博物館における外国人招聘を伴う催事として積極的な意味付けを行ってみたい。

これまで見てきたように〈ホピの踊りと音楽〉の演者たちは、イベントの出資元で主催者である民博とともに対等な立場に則った相互補完的な関係で企画と調整を行ってきた。さらにプログラム進行中は聴衆に対するホストとして芸能を披露した。演者は自分たちに課せられた役務を意識しながら主体性を持ちつつ「展示（研究）する側」と協働（コラボレーション）して催事の企画と調整と実施を果たしたため、民博の博物館事業において「展示する側」をも務めたわけである。さらに、短時間ながらも展示場や収蔵庫では「展示（研究）される側」として自分たちに関する文化の展示風景や保存状況を直接確認する機会を得たことになる。

以上を鑑み、研究公演のような催事により積極的な意味付けをするならば、下記の三点を新たに指摘できるだろう。第一に、これまで研究・展示の対象としての役割を担い続けてきた人々が、自分たちの文化的脈絡に則ったかたちで、観察を対象とする展示実践に参与する機会。第二に、民博の展示物や所蔵資料とそれを作り使用してきた人々とが再会する機会。第三に、それらを通じて今後の両者の交流を促進させる可能性を有する機会。こうした機会は招聘元であり資料収蔵機関である民博にとって、自分たちが所有する研究資源としての資料の管理や、それらによって構成される展示のあり方を直接展示される側の人々に紹介しうる稀な研究広報の一環でもある。

民族学博物館において展示に関連する三者が情報や意見を交換して議論を行う機能が重要視されるようになってきた一九九〇年代以降、交通輸送手段と情報通信技術の発達を背景として文化人類学という学問分野においても、研究する側とされる側との間の双方向性を担保するフォーラム化が推進されている（佐々木二〇一一：六―七）。吉田憲司は一九九四年に「フォーラムとしてのミュージアム」という言葉を使用し、その後民博での展示活動の一つの重要なコンセプトとなってきた（吉田 一九九九、二〇一三）。筆者には、そうした民族学博物館をめぐる三者の対話のなかで、とくに展示（研究）する側と展示（研究）される側との関係性を重視する姿勢は現在でも色あせず、ますます意義深いものとなっているように映る。その理由は、現在でも招聘元（資料収蔵先）博物館は地理的に遠く（物理的アクセス）、訪問のための渡航費の捻出が難しく（経済的アクセス）、コミュニケーションのための言語が異なること（情報アクセス）に関する障壁がなおも存在していて、収蔵先機関に赴いたり、資料管理に関する意見を持っているにもかかわらず、容易に意見を交わしたりできるような状況にない場合が多いためである。

振り返ってみると、演者の招聘を必然とする研究公演〈ホピの踊りと音楽〉の実施とは、民族学博物館や文化人類学が目指すフォーラム化の一つの具体例といえないだろうか。前述の吉田は、展示する側と展示される側の共同作業の例として、米国スミソニアン協会の国立アメリカ・インディアン博物館や、二〇〇九年三月にリニューアルした民博のアフリカ展示を紹介した（吉田 二〇一三：二一―四）。しかし民博での諸活動を見ただけでも、展示替えに限らず、研究公演という催事の企画と実施においても両者の協働（展示する側と展示される側の共同作業）は実現されていたのである。つまり民博での本研究公演実施の意義とは、単なる広報活動ではなく、従来は「展示（研究）する側」と「展示（研究）される側」に分断されてきた人々が、「展示する側」のチームとなって協働を果たしたことであり、それこそが特筆すべき点だといえる。そしてこの協働は、博物館活動に欠かせない「展示を観る側」の人々の理解を深めることを目的とする広報事業としても、民族誌的情報の記録化を目的とする研究活動としても、さらには民博という民族学博物館の活動や制度の一端をホピの人々に知ってもらう機会としても有効に作用したように思われる。その意味で本章を、外国人招聘を伴う芸能披露の企画から実施までの一連の流れを整理した単なる記録物ではなく、フォーラム化する民族学博物館や文化人類学の実践を記した一つの物語として位置付けたい。

謝辞

本章は「研究公演『ホピの踊りと音楽』の交渉過程で得られた民族誌的知見」（『民博通信』一三九号）を大幅に修正・加筆したものである。研究公演の実施は「新アメリカ展示PR事業（たっぷりアメリカ——春のみんぱくフォーラム二〇一二）」の経費を使用した。実施のための現地交渉は、民博の平成二三年度外国調査研究旅費（「先住民ホピの踊りに関する社会人類学的調査」）で可能となった。公演後の現地報告会は、民博の平成二四年度運営費交付金（「在アメリカ合衆国南西部の先住民博物館等文化施設の視察、および博物館資料情報の協働カタログ制作に向けた調査」）の一部日程を充てた。来日した演者各位、その家族、報告会の出席者、ソンゴーパヴィ村落、羽根を寄贈者の個人や機関、当日の進行を担当した財団法人千里文化財団に心よりお礼を申し上げる。また、一年間以上の交渉に粘り強く付きあって頂いた民博広報企画室企画連携係の包国征治係長（当時）と同係事務職員の皆様、情報企画課と情報システム課の皆様に心からのお礼を申し上げたい。

注

＊1　研究公演の約半数は、特別展や本館展示場の新構築などの関連事業の一部として企画された。民博HPに掲載されている六九回分の研究公演の内訳は、特別展関連（一四）、本館展示場新構築フォーラム関連（一五）、開館三〇周年関連（三）、日本ASEAN交流年二〇〇三記念事業（二）、企画展関連（二）、開館二〇周年関連（一）、新着展示コーナー関連（一）、企画公演展示（一）、独立行政法人日本万国博覧会記念機構助成（二）、その他（二八）である（国立民族学博物館HP「過去の研究公演」）。

＊2　たとえば、中牧（一九九一）、長野（一九九一）、栗田（一九九二）、山本（一九九五）、寺田（二〇〇〇）、福岡（二〇〇一）などがある。

＊3　参照可能な記録物は、告知用のチラシやイベント当日に配布されるプログラム、それらの抜粋からなるホームページの掲載情報や『月刊みんぱく』などの広報誌の記事に限られる。

＊4　筆者は二〇〇九年六月から二〇一一年三月まで、外来研究員および文化資源共同研究員という立場で民博のアメリカ展示新構築に携わった。

＊5　ビデオテーク番組は以下の二つである。鈴木紀・伊藤敦規撮影・監修（二〇一一）『アメリカ先住民 ホピの銀細工づくり――銀板に重ね合わせる伝統』（№一七〇五、二四分）、鈴木紀・伊藤敦規撮影・監修（二〇一二）『インディアン・ジュエリーの現在』（№一七〇六、二七分）。その他、展示場の新構築に際し『ズニにおける宝飾品制作の社会的意義』『ホピ宝飾品「クランの移住神話」作品解説』『ホピの重ね合わせ技法の制作工程』の三番組を製作し、展示場の情報端末やモニターで上映している。

＊6　学校のクラブ活動や遠隔地居住などの理由で、連日の練習参加が困難な子どももいる。本番で歌う歌を練習時に録音し、歌詞と動作の暗記のために通学バス乗車中などにｉＰｏｄなどの携帯デバイスで聞き込み、練習参加不足を補うこともある（ジーン・クワンカフテワ氏談）。

＊7　ホピはクラン外婚の婚姻規制があり、複数のクランからなる胞族を形成する。

＊8　ホピ保留地には東から西に、ファーストメサ、セカンドメサ、サードメサと呼ばれる三つのテーブル状の台地があり、その崖の上や麓に合計一三の村落が形成されている。

＊9　民博は二〇一三年度にフェイスブック上に公式ページを製作し、広報媒体として利用している。また同年度にユーチューブにて展示場を紹介する映像を公開した。

＊10　ホピ製宝飾品の知名度の高さを鑑み、日本国内のインディアン・ジュエリー販売店にチラシ送付した。また、先住民アートに関心を寄せる研究者にも送付した。応募者は通常、大阪府内の居住者が多くを占めるが、〈ホピの踊りと音楽〉には東京をはじめ北海道から熊本まで遠方からの応募が多数あった。

＊11　別の絵画作品『Earth Bundle』（ジェロ・ダワベンデワ作、制作年不詳、約六一×六一㎝、シカ皮にアクリル絵の具、アリゾナ大学月惑星研究所蔵）は、一九九四年のスペースシャトル（エンデバー号）に搭乗し宇宙空間に滞在したことがある。

＊12　招聘費の大部分を占める一一名分の米国―日本の往復航空券代金は、通常では招聘者前払いか担当者の立替払いとなるため課税対象となる。しかし、六名のアーティストは就業状態にない無職に該当し、三名の学生と同様に蓄財のための銀行口座を開設していない者が多数を占めた。本人前払いが困難であると思われたため、事情を民博事務職員や研究部長等に説明したところ、例外的に民博が代金を直接旅行代理店に支払う「現物支給」制度が適用され、それに伴い航空券代金のみは非課税となった。

＊13　バッファローダンスの導入曲に、日本語のような歌詞が含まれている。これは西条八十（作詞）と竹岡信幸（作曲）が作り、一九三八（昭和一三）年に渡辺はまこが「大陸歌謡」として歌い、世界的に大ヒットした『支那の夜』をもとにしているためである（増山　一九九三）。第二次世界大戦中、米国先住民が主に暗号部隊として活躍したことはよく知られている。増山栄一によるこの曲の伝播についての解説によれば、ホピのある兵士が日本に駐留していた際に同曲を耳にし、米国に戻る前にレコードを購入してホピの保留地で編曲したようだ。このホピの兵士は、今回の研究公演の演者であるロマベンティマ氏やジーン・クワンカフテワ氏の親族（大オジ）であった。

＊14　イヌワシやタカの羽根は、米国先住民が宗教儀礼の一環として利用してきた。文化・社会的に重要な機能を果たすことを強調しても、野生動物保護の観点から国家による利用制限を受けてきた。たとえば一九七〇年代には、ワシの羽根の儀礼利用が禁止された。この規制に対して米国先住民の活動家たちは連邦議会にロビー活動を行い、その結果一九七八年にＡＩＲＦＡが制定された。ＡＩＲＦＡを根拠として先住民側はいくつかの訴訟が起こしたが、結果は満足の行くものではなく、この法の効力の欠如が明らかになった。一九九〇年代に入り、ＡＩＲＦＡの修正法や代替法の原案が議会へ繰り返し提出され、一九九四年にＮＡＦＥＲＡが可決されて状況がやや改善された（内田二〇〇八：一六四―一八四）。

＊15　四八枚のイヌワシの尾羽根、一二〇枚の一二㎝ほどのイヌワシもしくはタカの胸毛、一〇〇枚の六～九㎝ほどのオウムもしくはコンゴウインコに類似した鳥の羽根、三〇枚の六〇～九〇㎝ほどのオウムもしくはコンゴウインコに類似した鳥の尾羽根。

＊16　ＡＴＡカルネ申請後に必要性が判明した素材があり、羽根を束ねるための乾燥したトウモロコシの皮や、バッファローダンスで女性の踊り手が手に持つワンズ（指揮棒）に付ける造花などの調達も行った。

＊17　指定された数量を大きく上回る調達結果となったが、羽根先がＶ字に割れているものは災難を予兆するというホピの俗習があるため、すべてを利用できたわけではなかった。なお、研究公演のために寄贈されたイヌワシの羽根については環境省への届出が必要となる（「大学における教育又は学術研究のための希少野生動植物種譲受け等届出（通知書）」）。その後民博館内のプロジェクト（平成二四年度文化資源計画事業）に提案し（「米国先住民ホピの儀礼用衣装（部分）の寄贈」）、承認された結果、同年度内に寄贈手続を済ませ、平成二五年度に民博が所有する資料となった。

＊18　一五五〇名以上の応募が寄せられたため、公演映像をライブ中継する二つの会場を館内に用意した。

参考文献

伊藤敦規　二〇〇六「日本におけるホピ・イメージの流通とホピによる対応」『季刊民族学』一一八、六六―六九頁。

伊藤敦規　二〇一三「北アリゾナ博物館」『月刊みんぱく』三七（一二）、一四―一五頁。

伊藤敦規／Ｆ・アンドリュース／Ｇ・クワンカフテワ　二〇一二『アメリカ先住民　ホピの踊りと音楽』自費出版。

内田綾子　二〇〇八『アメリカ先住民の現代史――歴史的記憶と文化継承』名古屋大学出版会。

栗田靖之　一九九二「『大インド展――ヒンドゥー世界の神と人』の計画とその経過（展示コーナー）」『民博通信』五五、四一―五七頁。

クワンカフテワ、Ｇ　二〇一二「バッファロー・ダンス」伊藤敦規訳、伊藤敦規／Ｆ・アンドリュース／Ｇ・クワンカフテワ『アメリカ先住民　ホピの踊りと音楽』自費出版、七―九頁。

国立民族学博物館　二〇一二ａ『要覧二〇一二』。

国立民族学博物館　二〇一二ｂ『研究年報二〇一一』。

佐々木史郎　二〇一一「フォーラム化する文化人類学――大学共同利用機関としての国立民族学博物館が果たすべき役割

を考える」『民博通信』一三四、二一七頁。

寺田吉孝　二〇〇〇「エイサー——関西に根付いた沖縄芸能（展示・公演）」『民博通信』八九、五八—六六頁。

中牧弘允　一九九一「錦影絵・幻燈・活動大写真（映像・音楽・演劇）」『民博通信』五三、三一—三七頁。

長野泰彦　一九九一「『大インド展』におけるパフォーマンス展示——経緯と民俗芸能紹介（映像・音楽・演劇）」『民博通信』五四、二六—三二頁。

福岡正太　二〇〇一「カンボジアの伝統芸能（展示・公演）」『民博通信』九二、二八—三七頁。

増山栄一　一九九三「『支那の夜』から『バッファローダンス』ソングへ——米国ホピインディアンへの伝播とその歌謡成立過程について」『日本歌謡研究』三三、六九—七六頁。

山本紀夫　一九九五「ライブ・コンサートの試み——『ラテンアメリカの音楽と楽器』展から（映像・音楽・芸能）」『民博通信』六九、三八—四二頁。

吉田憲司　一九九九『文化の「発見」——驚異の部屋からヴァーチャル・ミュージアムまで』岩波書店。

吉田憲司　二〇一三「フォーラムとしてのミュージアム、その後」『民博通信』一四〇、二—七頁。

Fewks, J. W. 1903（1985）*Hopi Katcinas: With 260 Illustrations, Including 70 in Full Color*. New York: Dover Publications, Inc.

Page, S. and J. Page 1982. *Hopi*. New York: Abradale Books.

Parsons, E. C. 1925. A Pueblo Indian Journal 1920-1921. *Memories of the American Anthropological Association* 32.

Parsons, E. C. 1933. Hopi and Zuni Ceremonialism. *Memories of the American Anthropological Association* 39.

Parsons, E. C. ed. 1936. Hopi Journal of Alexander M. Stephen. *Columbia University Contributions to Anthropology* 23.

Secakuku, A. H. 1995. *Following the Sun and Moon: Hopi Kachina Tradition*. Flagstaff, Arizona: Northland Publishing in cooperation with The Heard Museum.

国立民族学博物館「過去の研究公演」http://www.minpaku.ac.jp/museum/event/slp/past（最終アクセス二〇一三年一二月九日）

コラム⑤

展示と研究公演のお礼の旅

須藤健一

国立民族学博物館の資料収集・展示活動

国立民族学博物館（みんぱく）は、地球に生きる人々が作り、使用してきた多種多様な資料を収集・保存し、展示や共同利用に供することを重視してきた。みんぱくは一九七四年の創設以降、三四万点の民族資料、七万点の映像・音響資料そして六五万点の文化人類学関連の文献図書資料を所蔵し、研究者コミュニティと一般に公開している。そのうち、民族資料の約一万点を本館展示に、映像資料の七〇〇点をビデオテークで提供し、二〇〇八年度から常設展示の新構築を進めている。教員の間では、研究活動の一環として展示に関わるが、作業終了後はその責務から解放という雰囲気が強かった。しかし最近は、毎日曜日に教員が展示場で来館者と対話し、ワークショップを催し、また新たな展示の社会・文化的背景の理解を深めるために研究公演や映画会を実施している。

米国アリゾナ州ホピ保留地へ

新アメリカ展示の完成後、本館助教の伊藤敦規さんは二〇一二年三月に研究公演〈ホピの踊りと音楽〉を企画し、開催した。当日、五〇〇名の観客が集い、一一名の演者が披露する雨乞い儀礼とフルート演奏などを堪能した。

研究公演の二ヶ月後、私は伊藤さんと公演のお礼にホピの村を訪れた。アリゾナ州のグランド・キャニオンを故地とするホピの人々は、乾燥地の高台にあるメサの頂上部や麓に村落を形成している。一六〜一七世紀にスペインの侵略をおそれて、麓から頂上部に居住地を移した村落もある。村の成人の八割は芸術家である。特徴ある宝飾品の制作法は、二枚の銀板を溶接する「重ね合わせ」技法とトルコ石の装飾加工である。デザインは、クラントーテム、動植物、壁画の文様などから考案する。私はココペリ（豊穣の神）を象った美しいボロタイ（ネクタイ）を五〇〇ドルで作ってもらった。また、カチーナ人形創作のプロも多い。芸術家は、主食で儀礼用供物であるトウモロコシなどを栽培する農耕民でもある。

人々との再会と交流

私たちが訪れた村の住人は約七五〇人。研究公演の報告会は二〇一二年五月二九日の夕方に公民館で催された。この会は、伊藤さんと公演で太鼓を担当したマールさんとの企てで、八〇人が集まった。公民館の内壁には、伊藤さんが撮影した公演会、アメリカ展示場のホピ・コーナーの宝飾品、その収集時の様子や制作者など、一五〇点余の写真が展示された。村落行政官の挨拶、公演参加者の解説の後、約三時間の〈ホピの踊りと音楽〉が映写され、皆が画面に釘付けになっていた（写真５‐３の右上）。

フルート演奏や踊りの映像を楽しんでから会食。料理はホピの伝統儀礼食・ピキをはじめ、トウモロコシのちまきとマトンのシチューや自家製のケーキまでふるまわれた（写真５‐３の左）。研究公演で頭飾りをつけて踊った高校生の母親は、日本まで行って踊れた娘の経験をたたえ、フルート奏者の母親は、息子の演奏を日本の人々が拍手して喜んでくれたと自慢げであった。また、ホピ政府知事や病院長など村のリーダーたちも、ホピの踊りが日本で公演され多くの人々に見てもらえたことに感激していた。会食後、私は素晴しかった研究公演に感謝の意を表し、演者全員とみんぱく館長室で撮影した集合写真をＡ３サイズ・額入りにして一人ひとりに贈呈した。

人々とつながり続けること

研究公演後その演者をお送りすれば、演者社会とみんぱくとの関係は途絶えてしまうのが通常である。伊藤さんが今回実践したホピ社会へのお礼の旅は、ソースコミュニティのホピ社会とその資料を収集・展示した本館とを研究公演を介してつなぎ、展示の理解を深め、かつ両者の信頼のきずなを持続する上で不可欠な社会貢献であった。現在みんぱくは、ホピの人々をはじめ世界各地の人々と協働して、本館所蔵の民族資料を軸に情報の拡充とデータベース化を進め、世界規模のバーチャル・ミュージアムの構築を計画し、本年（二〇一四）度から着手した。一〇月にはホピの有識者を国際共同研究員として招き、本館の資料を熟覧してもらうことにしている。

　このプロジェクトは文部科学省の特別経費による「人類の文化資源に関するフォーラム型情報ミュージアムの構築」の一環として行うものである。ホピを含む北米先住民の他、台湾、韓国、オセアニア、アイヌ、アフリカなど、本館が所蔵する民族資料、写真・図像、映像などの約四〇万点の資料をデジタル化して世界に発信する予定である。

　つまり、二一世紀の博物館のミッションは、文化資源の「所有者」ではなく、その「協働管理者」として国内外の機関や団体や個人が世界各地の民族資料を積極的に利用できるてだてを構築することにある。

写真 5-3　公演報告会での会食（左）／公演報告会での映写（右上）／贈呈した集合写真（右下）

第6章　音声資料をめぐる対話
――母国における〈ダンス〉展にむけて

久保田亮

1　はじめに――展示の手前

本章は過去に研究者が収集した音声資料を中核とした展示にむけた試みについて記述する、いわば「展示の手前」を採り上げるものである。それゆえ、本章は本書に所収された諸論考とは異なり、展示という実践が学術的および社会的にいかなる作用をもたらすメディアであるのかについて、その企画から結果までを事例として検討するものではない。またここで採り上げる展示構想の実現には、いまだ多くの検討すべき問題が残されている。さらにここで紹介する「展示」はまだ具体的な体裁が整ったものでもないし、後述するように筆者が展示を構想した段階と本章を執筆している段階とでは、その音声資料をめぐる状況に新たな動きが生じたために、展示をいかに実現するかという点を再考する必要性さえも生じている。

しかし筆者が展示を実施しようと考えるにいたった経緯や実施にいたろうとする過程のなかで直面してい

る諸問題についての記述ではあっても、「人類学者が展示をする」という行為に関連する諸問題に言及できるのではないか、と筆者は考えている。本章では「展示する側／される側」が展示を媒介としていかなる関係性にあるのかという点については言及できない。だが、展示が展示として具体的に成立する際に不可欠な関係には言及することはできる。それは展示物を収集した者、展示物と情緒的に結びつく者、展示物を「所有」する者、そして展示物を展示する者の関係である。当然のことかもしれないが、これら諸関係者の協働のあり方が展示のあり方やその現実可能性を左右する。本章では展示をこころざす者の視点から、こうした関係者との相互作用を記していきたい。

筆者が展示の中核にしようとしている音声資料は、筆者自身のフィールドワークの過程で収集したものではない。その資料を収集したのは、民族音楽学者で、北海道立北方民族博物館の第三代館長でもあった故谷本一之氏である。また筆者が対象とするのは、谷本氏がアメリカ合衆国アラスカ州で収集したイヌイット関連資料に限定したものである。

本章はまず、筆者がこの資料を用いた展示を模索し始めた経緯とともに、その対象となる資料について記述することから始める。その上で展示にむけた筆者の取り組みについて言及しつつ、展示物によりつながる人々との相互作用のあり方について検討していきたい。

本章の記述は、筆者が二〇一一年以降に日本およびアメリカ合衆国アラスカ州で実施した聞取調査および文献資料調査に依拠している。また音声資料の収集地の一つである、アラスカ州チバックについての記述については、筆者が二〇〇一年より同村で断続的に実施してきたフィールドワークで得た資料に依拠している。

2　何を展示しようとしているのか

筆者には人類学者が収集した民族誌的資料の展示に関わった経験がある。本書の編者である高倉浩樹氏が中心となって、宮城県仙台市で二〇〇八年一二月に実施した〈《見る、さわれる、知の旅》トナカイ！トナカイ！トナカイ！！！　地球で一番寒い場所での人間の暮らし〉である。

この展示の紹介および分析については報告書（千葉ほか 二〇一〇）および本書の第八章にあるため、展示にいたる過程や展示内容の詳細についてはここでは触れないが、筆者がこの展示の構想から実施にいたる過程に一通り関わることができた点は大変幸運であった。展示がどのような議論を通して、そしていかなる専門知識や技術に支えられて成り立っているのかに直接触れることができたためだ。また人類学者が収集した研究資料が人類学界の外側にいる人々の関心をこれほどまでに惹き付けるものであることに驚かされ、かつそうした資料と人々との出会いに関与できたことに大きな喜びを感じたためだ。つまり、こうした経験こそが筆者が自ら展示を企画し実施したいと考えるようになった直接のきっかけとなったといえる。

以下では、この経験を通して展示に興味を抱くようになった筆者が展示の中心に位置付けたいと考えている民族誌的資料の概要と、その資料が帯びる価値について述べていく。

谷本コレクションとその価値

谷本一之（一九三二―二〇〇九）は、北方諸民族芸能の比較研究をライフワークとした民族音楽学者である。

彼の業績ならびに研究課題を眺めると、アイヌ音楽の研究に端を発し、その通時的変化の過程を読み解く研究を進めると同時に、アラスカ州ベーリング海域からカナダ極北地域、さらにはシベリア・チュコト半島、カムチャツカ地方といった極東ロシアに点在する先住民コミュニティで民族芸能に関する資料を収集し、特定の民族集団に対象を限定することなく極北の音の文化を探究してきたことがわかる。[*1]

また一九九二年には北方諸民族の芸能に関する国際的研究成果を総括するシンポジウムを、[*2]二〇〇二年には「ジェサップ領域」[*3]に生きる先住諸民族にアイヌを加えて、これまでの研究成果を振り返るとともに先住民社会／文化の変容について議論するシンポジウム[*4]を主催している。このことから、谷本氏は極北各地に暮らすさまざまな先住諸民族についての経験的知識を有し、彼らの芸能について総体的視点から考察できた人物であり、かつ極地圏をフィールドとする内外の研究者同士の相互交流を促すことに関心を寄せた人物であったことがわかる。

谷本氏は、三〇年にわたる環北極圏各地での現地調査で収集した先住民芸能に関する多くの音声資料、映像資料、写真資料、文書資料を残した。コレクションが未整理状態であるため、具体的にどこで収集した資料がどの程度あるのかということを正確に記すことは現時点ではできない。

筆者が採り上げるのは、谷本氏が収集した多岐にわたる大量の資料のうち、アラスカ州内で収集された先住民芸能に関する音声資料である。図６‐１に採録地を、表６‐１には採録期間と記録媒体の種類をそれぞれ記した。なお筆者がこれまで確認した資料は音声資料と写真資料の一部のみであるが、表６‐１にはそれ以外の資料についても記してある。

この記録に基づくと、アラスカ州で採録されたコレクションは、一九七九年六月上旬から七月下旬（ギャンベル、チバック)、一九八六年三月中旬から下旬(バロー、ウェインライト)、同年七月下旬(コツェビュー)、同年八月下旬から九月上旬(ノーム)、そして同年一一月下旬(ポイントホープ、ノーム)の期間に採録されたものだ。これらの採録地は、いずれもいわゆる「エスキモー/イヌイット」の伝統的生活領域にあるコミュニティだ。調査協力者のエスニック・アイデンティティや民族言語の観点から見た場合、資料はユッピック/チュピック芸能に関するもの、シベリア・ユッピック芸能に関するもの、そしてイヌピアック芸能に関するものの三つに大別することができる。なおユッピック/チュピックはアラスカ州南西部のデルタ地帯を故地とする先住民、シベリア・ユッピックはベーリング海峡に浮かぶセントローレンス島や、ロシアのチュコト半島を故地とする先住民、イヌピアックはアラスカ州北部沿岸地域を故地とする先住民の自称である。

これらの音声資料記録の大部分は、エスキモー/イヌイット社会に広く見られるドラムダンスないしエスキモーダンスの歌である。またインフォーマントが披露した歌の作曲者や制作年、歌詞内容、歌の背景となる文化実践などついての質疑応答もあわせて録音されている。

これらの採録の折に谷本氏が記したメモは、コレクションに含まれている。しかしフィールドノートについては今のところコレクション中に確認できていない。ただ、その調査の様子については谷本氏の著書(谷本 二〇〇六、二〇〇九ａ)のなかに垣間見ることができるし、研究論文(谷本 二〇〇九ｂなど)、講演録(谷本 一九八六)には当該音声資料が採録された一九七〇年代および一九八〇年代のフィールド調査で収集した質的資料が用いられている。たとえば、環北極圏全域で用いられる一面太鼓の形状や利用の仕方について検討した小論(谷本 二〇〇五)では、一九七九年にギャンベルで収集した古老の語りや、谷本氏が撮影した写真が資料として用いられている。

表6‐1で示した通り、音声資料はオープンリールテープ、カセットテープ、デジタルオーディオテープに記録されたものが混在している。一九八〇年代に採録された資料については、一方がオリジナル音源、他方がその複製であることが、資料の箱書きからわかる。しかし一九七〇年代に採録された資料については、三種の媒体がオリジナルとその複製という関係になっていない場合がある。たとえばアラスカ州南西部の先住民村落であるチバックで採録された音声資料には、オープンリールテープ一四本、カセットテープ一〇本、デジタルオーディオテープ七本がある。ところがカセットテープとデジタルオーディオテープに採録された記録を比較した場合、前者に存在するものが後者には存在しないということがある。残念ながら、これら異なる媒体に採録された音声資料間の関係を明示する書類は、コレクションのなかに現段階でまだ見つかっていない。なおテープの破損や伸び、カバーの損傷といった物理的なダメージは目視した限りでは見られない。音質についても、聴き取り不可能な箇所は今のところ認められない。

アラスカ州内で採録された資料をエスキモー／イヌイットの芸能研究史に位置付けると、この資料がきわめて貴重な歴史資料であることがわかる。谷本氏自身が「アラスカやシベリアでの民族音楽の本格的な調査・研究が行われるようになったのは第二次世界大戦以後である」（谷本 一九九四：八八）と述べているように、一九世紀後半から二〇世紀初頭にはすでに採譜や録音が行われたグリーンランドやカナダ東部地域に比べて、アラスカ州沿岸地域の芸能についての収集はその歴史が相対的に浅い。

アラスカ州沿岸地域の先住民芸能に特化した研究は民族音楽学者トーマス・ジョンストンが一九七〇年代に発表した諸論考が嚆矢である。そのジョンストンは、レニー・カマリングとサラ・エルダーが制作した民族誌的ドキュメンタリー「冬の太鼓」（一九七七）をあげて、現時点においてユッピック芸能に注目した仕

表 6-1　収集地、収集年月日、種類

調査コミュニティ	記録日		音声資料			映像資料	写真資料	
	自	至	OR	C	DAT		写真	スライド
ギャンベル (Gambell)	1979.6.4	1979.6.28	○	○	○		○	○
チバック (Chevak)	1979.7.11	1979.7.21	○	○	○		○	○
バロー (Barrow)	1986.3.15	1986.3.16		○	○			○
ウェインライト (Wainright)	1986.3.18	1986.3.24		○	○	○		○
ポイントホープ (Point Hope)	1986.11.16	1986.11.23		○	○	○		○
ノーム (Nome)	1986.8.31	1986.9.11		○	○	○		○
	1986.11.25	1986.11.26		○	○			○
コツェビュー (Kotzebue)	1986.7.28	1986.7.29				○		

出典）筆者作成。
注）OR はオープンリールテープ、C はカセットテープ、DAT はデジタルオーディオテープをそれぞれ示す。

図 6-1　音声資料採録地
出典）筆者作成。

事のなかで最も秀でたものであると述べている（Johnston 1990: 140）。

つまりコレクションに採録された音声資料は、アラスカ州沿岸地域における芸能研究初期の段階のものということができる。さらにいえば、採録された歌は必ずしも採録前後に創作されたものばかりではない。過去から長く歌い継がれた歌も、そこには録音されているのである。以上の点は、コレクションがアラスカ州沿岸地域の先住民芸能を研究するための「はじまりの資料」としての位置付けにあることを示している。しかもそれは観察やインタビューを書き取ったものではなく、インフォーマントが歌い、谷本氏と語らう場面を音で知ることができる、きわめて貴重なものなのだ。

こうしたアラスカ州沿岸地域の先住民芸能についての基礎資料としての学術的価値に加え、谷本コレクションは別の観点からもその価値が認められる（久保田 二〇一一）。それは先住民自身にとっての「文化遺産」としての価値である。[*5]

アラスカ先住民芸能、とりわけ伝統ダンスは、キリスト教布教の妨げになるとして宣教師から弾圧を受けた歴史がある。しかし先住民運動が活発化するなかで、ダンスは先住民文化伝統と、その継承者としての現代アラスカ先住民の独自性を象徴する実践として再活性化して、今日にいたる。たとえば筆者のフィールド調査地であるチバックでは、ダンスをはじめとする伝統文化教育が公的学校の教育課程に組み込まれているし、伝統ダンスを中核とした諸行事が毎年開催されている。またアラスカ先住民族団体の年次会合の折には、州各地からそれぞれの民族衣装をまとった演技者が伝統ダンスを演じるイベントが開催されている。

こうした現状にコレクションを位置付けると、コレクションに関心を寄せるアラスカ先住民は少なくないと考えられる。実際、筆者が二〇一〇年にチバックで実施した予備調査において、谷本氏の訪問を記憶している住民は見つけられなかったものの、音声資料に関心を寄せ、耳を傾ける住民が多くいたことは指摘できる。「歌があるべき場所に戻ってきた」と述べる住民もいた。さらにコレクションに採録された歌を利用して新しいダンスを創作する住民までも現れたのである。

こうした動きは、谷本氏のコレクションがアラスカ先住民芸能に関心を寄せる研究者のみならず、そのコレクションが採録された土地の人々にとっても重要であること、さらにコレクションが新たな伝統を生み出す資源でもあることを示している。

エスキモーダンスとその展示

前述した通り、コレクションに含まれる歌はエスキモーダンスと呼ばれる伝統芸能で歌われる。以下ではこのダンスがいかなるものなのかを、ユッピック／チュピックよるエスキモーダンスに言及する形で述べていく。

エスキモーダンスは即興的な身体動作の組み合わせからなるものではなく、歌の内容に即した身振りがそれぞれの演目にあてられている。ドラマーはタンバリン状の太鼓を桴で叩いてリズムを刻みながら歌う。ダンサーはその歌とドラムビートにあわせて、歌詞に対応した所作の組み合わせとして構成されている振り付けを演じる。そのため歌と身振りは相互に関係している。ドラマー兼歌い手たちが「カヤックで旅する」と歌えば、ダンサーは両手を櫂に見立ててパドリングを行う所作で歌を表現するし、「私は歌う」と歌えば、指先を口元にあてた後斜め前方に投げ出す所作を通して口から歌が発せられたことを表現する、といった類いである。

このようにエスキモーダンスは声と身体を通して何らかのメッセージを伝えるものである。民族音楽学者ジョンストンは、一九七〇年代のユッピック／チュピックのダンスが表現するものについて以下のようにまとめている。

ダンスの動きは物語や言い伝えを表現する。主要な三つのトピックとしては、①狩猟にまつわるエピソード、②動物の行動、③大昔に存在したとされる文化英雄についての神話や伝説、がある。身振りは高度に様式化されており、それぞれの身振りが特定の意味を持っていることは、観客の知るところである。多くの身振りは、獲物を探索する、銛をつく、獲物を引っ張るなど、狩猟に関わるものである。

(Johnston 1974: 3)

ただしダンスのトピックは時代とともに変化している。近年のダンスが主題とするものについて、人類学者フィエンナップ・リオーダンは、以下のように述べている。

今日の歌はビンゴで勝ったことについてだったり、戦争についてだったり、幽霊から逃れることだったりするかもしれない。あらゆる歌は、日々のありふれた経験、ないしは特筆すべき経験についてのものであるため、過去二〇年間に（アラスカ州南西部の：筆者加筆）デルタ地帯で生じた変化の一覧が、歌から読み取ることができるのだ。つまりバスケットボールの歌、ギター演奏の歌、蒸し風呂の歌、学校にあるブランコで遊ぶ歌は、生活に生じた変化を明示している。

(Fienup-Riordan 1996: 203)

このようにエスキモーダンスには、神話的な物語のみならず、彼らの経験、眼差しが刻み込まれている。筆者がエスキモーダンスの歌を展示したいと考えたのは、歌がユッピック／チュピックの視点から生み出され、そして披露されているという、この点にある。コレクションに採録されている歌を通して、ユッピック／チュピックが見た日常の視点を共有することができるのではないか、と考えたのだ。換言すると、その当時の日常を活写するファインダーとして、歌を採り上げることができるのではないかと思ったのである。またコレクションの歌とともに筆者が二〇〇〇年以降採録した歌もあわせて用いることで、ユッピック／チュピックが経験した社会文化変化をも、展示を通して表現することができるのでは、とも考えたのである。

エスキモーダンスに関する展示には、より大規模かつ非常に評価の高い先行事例がある。一九九六年から一九九八年にかけて開催された *Agayuliyararput*（Our Way of Making Prayer 祈りを作る私たちのやり方）がそれである。そこでの展示品は、ユッピック伝統儀礼で用いられたさまざまな種類の仮面だった。人々はかつて特定の儀礼的文脈においてこれら仮面を身につけ、踊っていた。この展示はそうした祈りの作り方、すなわち仮面の作り方に加えて、歌の作り方、踊りの作り方、踊り手集団の作り方といった、祈りのために必要とされるあらゆるモノの作り方、を展示した（Fienup-Riordan 1996: 29）。

この展示の興味深い点は多岐にわたるが、ここでは二つの点について指摘しておきたい。第一は、これがユッピック／チュピックが博物館関係者、人類学者と協働的に実施したはじめての展示であり、ユッピックの視点が幾重にも織り込まれていることである。この展示に深く関わった人類学者フィエンナップ‐リオーダンは、「この展示はそのモノを生み出した他者の視点からそれを観るための窓を提供した（中略）ユッピックの言葉で、ユッピックについてなにがしかを学ぶはじめての機会」（Fienup-Riordan 1996: 27）としてこの展示を位置付けている。じじつ、どの仮面を展示するのかを選択し、仮面が制作され、利用された社会文化的文脈を語るのは、それらの仮面が収集された地域に生まれ、その時代を知るユッピック古老たちであったという。

後日出版されたカタログ（Fienup-Riordan 1996）には、展示された数々の仮面の写真が掲載されているのみならず、それらの仮面に関する古老たちの語りがあわせて掲載されている。この点についてクリフォードは「人類学者が著者となっているものの、テキストの大部分は非常に多声的なものであり、仮面についての古老たちの記憶や解釈の引用からなっている」（Clifford 2004: 12）と評している。カタログ冒頭には、古老四八人の名前、居住地、出生地、生年が貢献者として掲載されていることからも、この展示がユッピックの声を集約したものだったことがわかる。さらにカタログとは別に出版された関連書籍（Meade and Fienup-Riordan 1996）には、仮面に関する古老たちの語りがユッピック語と英語の二言語で表記されている。筆者は実際にこの展示に足を運ぶことはできなかったが、これら出版物からも *Agayuliyararput* 展の中心にユッピック古老をはじめとするユッピック伝統文化の担い手たちがいたことは十分にうかがうことができる。

もう一点は、これがアメリカ国内を巡回展示したことである。しかも展示はアラスカ州南西部のユッピック村落であるトゥクソックベイでのエスキモーダンス祭の折に開催されたのを皮切りに、アラスカ州南西部の最大コミュニティであるベッセル、アラスカ州最大の都市アンカレッジ、そしてシアトル、ニューヨークへと巡回していったのである。この点は、中央と周縁の既存の関係性を象徴的に転倒させていることを示すと同時に、展示が非ユッピック住民＝一般米国市民がユッピック文化伝統を学ぶ機会であるだけでなく、ユッピック自身を対象としたものであったことをも示している。フィエンナップ - リオーダンは以下のように指摘している。

展示チームに関わったユッピックたちは *Agayuliyararput* を非先住民の学習機会と見なすだけではなく、ユッピック子弟の学習機会として見なしていた。子どもたちがユッピックの生き方についての何がしかを学ぶ機会として、である。「古老たちの助けを借りて、若い世代の人々に我々の先祖のやり方を伝えようではないか。これらのモノがどのように利用されたのか、いかに制作されたのかについて古老たちが語る様子を若い世代の人々に見てもらおうではないか」（Andy Paukan, May 1994）。

(Fienup-Riordan 1996: 30)

このように *Agayuliyararput* は、大変興味深い展示実践だったといえる。展示品を保管する博物館関係者、その展示品が収集された地域で長年研究活動を展開してきた人類学者、そして展示品についての伝統的知識の担い手であるユッピック古老たち三者の協働なしには、実現しなかった展示である。そして伝統的知識の担い手であるユッピックが、その展示の中心にある。また仮面という物質文化を展示するだけではなく、それが用いられた文脈についての当事者の語りをもその展示実践の要素として組み込んでいる。いわば展示された仮面は、伝統的知識や記憶を喚起する引き金としての役割を果たしており、展示品を通した「ユッピックの生き方」なるものを表現しようとする試みといえる。

筆者の構想する展示と比較した場合、*Agayuliyararput* は多くの示唆を与えてくれる展示実践である。改めて述べる必要がないことかもしれないが、展示物に関与する諸関係者との協働関係の構築と実践はそのなかでも最も重要なポイントだといえよう。

3 展示の実現にむけての取り組み

アラスカ州南西部でのフィールド調査経験や仙台での展示実践への関与を通して、筆者は展示に対する関心を高めてきた。そんな折に谷本コレクションの存在を知り、それを中心に据えた展示をしたいと考えるようになった。以下では、現段階まで筆者が行ってきたことについて記していきたい。

音声資料と向き合う

はじめに取り組んだのは、筆者自身が谷本氏の収集した資料を実際に手にとり、そして耳にする機会を得ることだった。

谷本氏がアラスカ州で採録した音声資料を所有していることを知ったのは、ある研究会でのことだった。谷本氏は筆者の調査地を訪問した際の思い出を語ってくれたとともに、その滞在期間中にエスキモーダンスの歌を録音したことを筆者に教えてくれた。そしてその録音を聴く機会が欲しいという筆者の申し出を、谷本氏は快諾してくれた。だが谷本氏が急逝されてしまったため、谷本氏と一緒に録音を聞く機会は永遠に失われてしまったのである。

その後筆者は、音声資料が北海道立北方民族博物館に保管されていることを知った。ただし、これは音声資料が博物館所蔵の資料となったことを意味するものではなかった。それは谷本氏の家族が相続した私財であり、博物館はその資料を一時的に保管するための場所を提供するという便宜を図っている、ということだった。また将来的に資料が同博物館に寄託ないし寄贈されるかどうかについても、未確定の状態だった。この状況の背後には、夫のそして父の遺品である研究資料を早々に手放したくないという谷本氏の家族の意向があったのだという。

筆者は、当時同博物館学芸主幹であった斉藤玲子氏（現国立民族学博物館助教）に依頼して、筆者が当該資料の閲覧したい旨を谷本氏のご家族に伝えてもらった。また資料の一部を複製し、採録地に持参することの許可についてもあわせて依頼した。許可がおりた旨を伝える斉藤氏からの電子メールを受信し、筆者はようやくコレクションと対面することができることとなった。

筆者は二〇一〇年八月、北海道網走市にある北海道立北方民族博物館を訪問し、資料検分を行った。四日間という短い時間でできたことは、筆者の調査村落であるチバックで採録された音声資料を複製すること、および可能な限り谷本氏の当該村落での調査に関わった人物を洗い出す作業だった。この作業は音声資料が質的劣化をする前に必要である作業だったと同時に、音声資料の利用をめぐる採録地住民との議論に必要なものだった。

この資料検分の結果、チバックで採録された資料のうち、カセットテープとデジタルオーディオテープのデータ化を終わらせることができた。また谷本氏の調査には、少なくとも合計一七人のチバック住民が歌い手、踊り手、通訳として協力していることがわかった。音声資料の声を遺した住民の大部分はすでにこの世にない、現住民の昔語りのなかに名前の出てくる古老たちだった。

筆者は二〇一一年九月にも、チバック以外のアラスカ先住民コミュニティで採録された資料についての検分を、同博物館にて実施した。

資料をめぐる状況は昨年度の訪問時とは若干異なっていた。資料は谷本家の財として、引き続き博物館の一角を間借りした状態にあった。ただその保管期間は、あと三年に限るとなっていた。博物館側としても、前館長の遺した研究資料であるからこそ便宜を図ってきたものの、博物館が所有・管理する権限のない資料を館内に保管し続けるわけにはいかなかったのであろう。もちろん博物館は、単に場所を提供するという便宜を図っただけではない。館内に保管されている資料一覧の作成などを、職員有志が手弁当で行っていた。しかしそうした非公式な形で資料に関与し続けるのは、非常に難しいことだったろうと推察される。

この二回目の調査で、関係者の氏名などについての調査は無事終了した。しかしすべての資料のデジタル化を終わらせることは筆者一人の力ではできなかった。

研究者と向き合う

谷本氏の調査資料を検分するなかで、筆者は谷本氏の研究活動についてあまりにも知らないことが多いことを思い知らされた。コレクションのなかにフィールドノートが存在しないこともあり、谷本氏がなぜ、どのような経緯でこれらのアラスカ先住民コミュニティを訪問したのかが良くわからなかった。筆者は谷本氏のフィールド調査に同行したこともなければ、教育指導を受けたこともない。この研究プロジェクトを始めたのは、谷本氏が筆者の調査地をかつて訪問したことがあるという、ただそのことだけだった。

筆者が採り上げる音声資料は、一方で採録地の文化的文脈のなかに位置付けて理解すべきものである。先に紹介した *Agayuliyararput* は、まさにそうした形で博物館の保管庫に眠る仮面を再文脈化していく試みであったといえる。しかし同時に、音声資料はそれを収集した研究者が行ってきた仕事という歴史的文脈のなかにも位置付けて捉えるべきものでもある。

筆者が現時点で谷本氏の仕事について知ることは多くない。谷本氏とともに研究活動に従事した国内外の研究者への聞取調査の実施や、同氏の研究業績の渉猟といったことを進めるなかで、資料が位置付けられうる文脈というものを明らかにしていきたい。幸いなことに本書にコラムを寄稿しているアラスカ大学のレオナルド・カマリング氏をはじめとして、谷本氏の遺した音声資料に関心を寄せる国外のアラスカ先住民研究者は多くいる。こうした谷本氏の研究を知る人々との交流を通して、歌が資料になった背景を探っていきたいと考えている。

採録地の人々と向き合う

資料検分を進める一方、採録地に資料を持参して、歌を聞いてもらうこと、ならびに展示を含めた公的利用にむけた交渉準備についても、わずかばかりであるが進めている。

二〇一〇年九月、筆者は複製した音声資料を携えてチバックを訪問した。筆者が持参した音声資料に対するチバック住民の反応については別稿（久保田 二〇一一）で示しているが、音声資料を公的利用する際に乗り越えるべきハードルがこの訪問で改めて浮き彫りになった。それは、住民の誰から音声資料の許可を得るべきなのかという点である。この点についての住民の意見は一様ではなかった。ある住民は「歌の作者」ないし「歌い手」の家族からの許可を得る必要があると述べた。しかし別の住民は、歌は特定の個人の所有物であるという見方は適切ではないため、コミュニティにおけるエスキモーダンスのリーダーの許可があればそれで十分である、と述べた。またチバック住民の大多数が所属するトライブの代表機関である伝統評議会の許可が必要であると述べた住民もいた。

人類学者が遺した学術資料には、こうした使用許可をめぐる問題が付いて回る。この点は、アラスカ大学フェアバンクス校アーカイブが所蔵する人類学者のフィールドノートについて良く知るキャサリン・アーントが筆者に紹介してくれた事例にも示されている。彼女の話を要約すると以下のようになる。――あるインタビューの記録があった。そのインタビューは、同意書への記入手続きが制度化される以前に実施されたものだった。そのため、この記録の公的利用はその男性の子どもたちの許可に基づき行われていた。しかし後年、彼の孫世代の一人が記録の公的利用に反対した。その結果、一般公開を中止することとなった。――この事例において、かの人物が記録の公的利用に反対した理由は定かではない。しかしこれが示唆するのは、家族からの許可を得るといった場合、誰が家族なのかという問題に立ち返る必要がある点だ。

谷本氏の音声資料には、今は亡き複数の古老たちの声が収録されている。その古老たちと血縁的ないし文化的な形で親族関係にある人々は、今でも多くチバックに暮らしている。それゆえ仮にその一人一人からの許可が必要であるということであれば、家族に該当する人物それぞれに音声資料を聞いてもらい、その上で利用の是非についての伺いをたてることになる。この手続きは不可能ではないものの、展示やコレクションの閲覧は実質的に難しいものとなりそうに思われる。

その後、諸般の事情で筆者はチバックを訪問することができなかったが、二〇一三年三月にようやくチバックに再訪することできた。この訪問の目的は、音声資料に記録されている内容を翻訳する研究協力者を探すこと、そして伝統評議会員の前で音声資料の使用と、その資料を用いた展示会の実施についての許諾をリクエストすることだった。チバック住民のなかには、伝統評議会の許諾を筆者が得る必要は必ずしもないという意見を述べた者もいたが、筆者としてはトライブを代表する機関からの許諾を得ることがまず必要だと考えたのだ。

伝統評議会のメンバーは筆者のリクエストについて好意的に受け止めてくれたものの、展示の実施にあたっては条件を提示された。それは展示をまず村で実施するということであった。それは展示される内容が正確なものかどうかを判断したいという意図に基づくものだった。評議会が提示した条件は、彼らの目が届かない場所における彼らの文化社会表象に関与しようという点できわめて適切なものであるいえる。またそうした相互作用のなかに、現代を生きるユッピック／チュピックの自身の文化へのまなざしが示されるであろうという点で、非常に興味深い試みであることも確かである。

とはいえ、伝統評議会が提示したこの条件は、日本での展示開催への道のりに、さらに乗り越えるべきハードルが立ち現れたことを示している。

4　おわりに——「歌われた日常」の展示をめざして

冒頭で述べた通り、本章は展示の「手前」を記述したものである。筆者が採り上げた「展示」はいまだ具体的な形を帯びておらず、記述は展示の中核としたい文化実践およびそれを記録した資料の価値と、民俗標本として収集された音声資料をいかに展示品とするのかという点に終始した。

しかしこれは展示という実践において今や当然視されていることかもしれないが、きわめて重要な点だ。展示には展示物が絶対的に必要なのだ。それはモノが存在するか否かという問題ではない。そのモノが公共領域において展示できるかという意味である。そしてそれを展示という舞台に利用できるか否かは、そのモノをめぐる人々の関係性のあり方にかかっている。モノを集めた人とその家族、モノが集められた地域に暮らす人々、モノが保管されている場所に従事する人々、そしてモノを展示へと利用したいと願う人々の関係性が、モノが展示品となりうるか否かを決定付けるのである。

本章を執筆中、国立民族学博物館が谷本コレクションを引き受けるとの情報を得た。これは貴重な音楽資料がようやく安住の地を見つけたという点できわめて喜ばしいことだ。しかしモノの所有者の変更は、筆者のささやかな展示構想を再考しなければならないことを意味している。

谷本氏が遺した資料を中核とした展示の実現にはまだまだ多くの熟慮すべき点が山積みであるものの、筆者はこの構想を断念したわけではない。その実現にいたるまでにはまだ長い道のりがある。しかしだからこそ実践することに意味がある、と筆者は思うのだ。

注

＊1　この他、ハンガリーのジプシー音楽研究やバルトーク研究も重要な業績として数え上げられている。谷本氏の主要業績については甲地（二〇〇九）を参照されたい。

＊2　シンポジウム名は、Comparative Studies of the Music, Dance and Game of Northern Peoples である。ロシア、アメリカ、カナダ、中国そして日本の研究者およそ三十数名が参加した（谷本 一九九四：八六）。

＊3　フランツ・ボアズが遂行した「ジェサップ北太平洋調査」が対象とした、ベーリング海を挟む新旧両大陸の沿岸部、アムール川以北の極東シベリアから、アラスカを経て、コロンビア川以北の北米北西領域海岸にいたる広大な領域のこと（谷本 二〇〇九c：i）。

＊4　シンポジウム名は、「渡鳥のアーチ――ジェサップ北太平洋調査を追試・検証する」。一五人の外国人研究者を含め、約四〇人の研究者が参加した（谷本 二〇〇九c）。

＊5　アラスカ大学のレニー・カマリング氏が寄稿したコラムは自身の撮影したフィルムが時代の流れのなかで獲得した価値について記したものである。一般公開されたアーカイブは、展示という実践といくつか共通点があるように思われる。とりわけ二者間で共通しているのはその公共性の高さと分析、検討、編集の素材であるという点である。

参考文献

甲地利恵　二〇〇九「故谷本一之氏略歴・主要業績（甲地利恵編）」『東洋音楽研究』七五、一一三―一一四頁。

久保田亮　二〇一一「歌の帰郷――民族誌的資料の「返還」と「活用」に向けた取組みについて」『北海道立北方民族博物館研究紀要』二〇、一一―二四頁。

谷本一之　一九八六「北方諸民族の生活と芸能――寒い国のさらに寒い地方の歌と踊り」『早稲田大学語学教育研究所紀要』三二、五六―七九頁。

谷本一之　一九九四「先住民族と音楽研究」『東洋音楽研究』五九、八六―九一頁。

谷本一之　二〇〇五「ベーリング海峡の響き――両大陸を行き交う太鼓」『北海道立北方民族博物館研究紀要』一四、一―八頁。

谷本一之　二〇〇六『北方民族歌の旅』北海道新聞社。

谷本一之　二〇〇九a『オーロラの下に生きる人びと』共同文化社。

谷本一之　二〇〇九b「古老は Bogoras の録音をいかに聴いたか」『国立民族学博物館調査報告』八三、二三三―二四五頁。

谷本一之　二〇〇九c「はじめに」『渡烏《ワタリガラス》のアーチ（一九〇三～二〇〇二）――ジェサップ北太平洋調査を追試検証する』（国立民族学博物館調査報告八三号）、i―ii頁。

千葉真弓・徳田由佳子・高倉浩樹編　二〇一〇『トナカイ！トナカイ！！トナカイ！！！――研究成果を市民に還元する

自主展示の試み』東北大学東北アジア研究センター。

Clifford, J. 2004. Looking Several Ways Anthropology and Native Heritage in Alaska. *Current Anthropology* 45: 5-30.

Fienup-Riordan, A. 1996. *The Living Tradition of Yup'ik Masks*. Seattle and London: University of Washington Press.

Johnston, T. 1974. Alaska Eskimo and Indian Dance, Paper given at 1974 Society for Ethnomusicology Meetings, Archival Materials in Elmer E. Rasmuson Library, University of Alaska Fairbanks.

Johnston, T. 1990 An Historical Survey of the Yupik Inviting-In Dance. *Dance: Current Selected Research Volume 2*. New York: AMS Press.

Mead, M. and A. Fienup-Riordan 1996. *Agayuliyaraput/Our Way of Making Prayer: Kegginaqut, Kangiitllu/Yup'ik Masks and the Stories They Tell*. Seattle and London: University of Washington Press.

コラム⑥

過去への魔法の扉

——次世代への文化メディアの保存

カマリング　レオナルド

大学のフィルムセンター

先日、ユッピックエスキモーの大学生たちが、フェアバンクス市にあるアラスカ大学博物館ドキュメンタリーフィルムセンターにやってきました。彼らが生まれる前、ユーコン川下流域で撮影された未編集フィルムがここにあると聞き、それを見にやってきたのでした。彼らは興奮を隠し切れずにいました。と同時に両親や祖父母の暮らした世界——現代に長い影を落とす過去の世界——がどんなものだったのかを知ることに、少々不安げでもありました。

その学生たちは、ユーコン川河口域にあるおよそ五〇〇人が暮らすユッピック村落であるイマーガック村出身の若者たちでした。私たちがその村で撮影したドキュメンタリー映画は、ユッピックの伝統的音楽とダンス、そしてそれが成り立たせる精神世界についてのものでした。春に開催される「招き入れる饗宴（現在はポトラッチと呼ばれます）」の準備を記録した映画です。宴では近隣村落に暮らす住民がもてなされ、新旧のダンスが披露され、食べ物、狩猟具、布といったギフトが招待客に贈られます。このドキュメンタリー映画は、映像作家（サラ・エルダーとレオナルド・カマリング）と、イマーガック村住民との長期にわたる協働関係のなかから生み出されました。撮影終了から一〇年の歳月をかけて、一九八八年に完成したものです。映画に出てくる古老たちのほとんどは、すでに故人となっています。

協働制作の映像

イマーガック村で撮影した数ヶ月間で、撮影時間は四〇時間を越えました。完成した映画 Uksuum Cauyai: The Drums of Winter（「冬の太鼓」）は九〇分の映画です。では映画に使われなかった残りの三八・五時間のフィルムはどうなったのでしょう。それらはどう処理すべきで、どこに収まるべきものなのでしょうか。そして時間が経過するにつれて、その価値はどうなるのでしょうか。アラスカ先住民遺産に関する映像作品シリーズ（一〇作品）のそれを含めると、数百時間の未編集フィルムと映像記録があるのです。

アラスカ先住民コミュニティとの協働で映画を製作した一五年後に、私たちはこうした未編集素材が途方もない価値を帯びたことに気づきました。古老がこの世を去り、さまざまな文化的振る舞いが失われ、村落の日常が変容したことで、この映像音声記録は二度と生み出すことのできない、かけがえのないものとなったのです。このフィルムアーカイブに先住民の知識や経験が蓄えられていること、そして変化のスピードが早まるにつれ、その文化的歴史的価値が急速に高まっていることに、私たちは気づいたのです。これらの未発表素材は現在アラスカ大学博物館の民族誌映画コレクションの一部となっており、その存続と一般の人々のアクセスが保障されています。

映画にならなかった音声資料の意義

映画に用いられなかったイマーガックでの四〇時間の音声映像記録こそが、アーカイブを訪れたユッピックの学生たちが見たかったものだったのです。伝統ダンスの長いテイク、古老とのインタビュー、そして一九七八年の村で当たり前に見られた情景が、そこには収められていました。学生たちはそのフィルムに釘付けでした。ある学生は、彼が生まれる前に亡くなった自身の祖父のインタビューを見ました。彼はそのとき初めて祖父の声を聞いたのです。別の学生は、村の景観は建物こそ違うけれど、さほど変わっていない、と言いました。この時代にアラスカ先住民であることの意味を見つけようとするなかで、学生たちは過去のイメージに立ち戻って、それを基準点としたのです。アメリカにより、いっそう同化された文化のなかで生きる子どもたちにとって、そうした基準点はさらに重要なものとなるでしょう。

あらゆる文化を題材にした映画、ビデオ、音声の記録プロジェクトは、それが研究のためであれ、エンターテイメントのためであれ、オリジナルの素材を保存するための方策を持つべきなのです。そうしたテープやビデオは、三〇年後にどこにあるのでしょうか？　地下室に捨て置かれた機材の、時代遅れのハードディスクに残されることになるのでしょうか？　これは文化を記録するメディアを生み出すあらゆる人々が考えるべき問題です。地球規模で文化変化のスピードが加速するなか、これは我々人類集団の映像の歴史の存続に大きな影響を与えうる重要な問題です。パートナーとの協働的なメディア制作というアイディアは作品の完成をもって終了するものではありません。コンパスを見て方向を知るように、後の世代の人々が過去の作品に触れることを通して、続いていくものなのです。

（久保田亮訳）

訳者注

カマリング氏の映像民族誌「冬の太鼓」は、その文化的・歴史的・芸術的重要性を高く評価され、映像文化財としてアメリカ議会図書館に永久保存されている。訳者がコラムの執筆を依頼したのは、同氏が従事する映像記録の公共化という営みが、筆者が模索する展示を媒介とした音声記録の公共化という営みときわめて近い実践なのではないかと感じたためだ。加えてカマリング氏は谷本氏の古くからの友人でもあり、谷本氏の音声資料の行く末について深く案じていた。そのため、同氏はコラムのなかで、将来的に展示物になりうる可能性を秘めたものとしての研究資料―それはすべての人類学者のオフィスに存在している―が、空間的・時間的な旅をへて新たな価値を帯びることについて注意を喚起し、その保存のあり方の重要性を指摘している。

第7章 映像作品をめぐる対話
――北海道における〈アイヌと境界〉展

山崎幸治

1 はじめに――フィールドに住む

現在、北海道と呼ばれている島は、アイヌが歴史的に先住してきた島であり、現在も多くのアイヌが居住している。一八六九年に北海道と新たに名づけられたこの島には、近代以降それまでにない多数の人々が本州以南から移住し、現在にいたる。二〇〇七年に北海道に転居した筆者もその一人であり、北海道に住みながら、この島の先住民族であるアイヌの文化について文化人類学という学問分野から調査研究を行っている。

筆者が勤務する北海道大学アイヌ・先住民研究センターは、二〇〇七年四月、国立の教育研究機関として初めて「アイヌ」の名を冠する研究センターとして北海道大学内に設置された。周知のとおり、北海道大学の歴史のなかには、アイヌとの関わりにおいて大学としての基本姿勢が問われる問題があったことは否定できない。現在、当センターは、これらの経験を深く記憶に刻み、そのうえで、多くの民族が互いに理解し合い、支え合って共生できるような未来に向けた活動を進めていくことを責務として活動を続けている（常本二〇〇七）。しかし、当センターが設立されたからといって、ただちに長い歴史のなかで積み上げられてきた問題が解決されるわけではない。その解決には長い時間がかかるだろう。あるアイヌの古老からいただいた「長い年月のなかで生み出された問題を解決するためには、同じだけの年月をかけた努力が必要だ」という言葉は、当センターの責務に照らすことで、ますます重さを増す。

文化人類学では、みずからの調査地をフィールドと呼ぶが、筆者が本著に何らかの貢献ができるとすれば、フィールドに居住しながら展示を実践することから見えてくる知見や意義を提示することだろう。よって本章では、北海道に居住する筆者が北海道において実践した一つの展示を取り上げる。ただし、そこでの実践は多岐にわたるため、本章では展示のなかで制作した映像作品に関わる実践を中心に記述する。

2 〈先住民と国境――アイヌと境界〉展

展示の概要

とりあげる展示は、〈先住民と国境〉である。この展示は、北海道大学グローバルCOEプログラム「境界研究の拠点形成」（以下、GCOEプログラムと略記する）の第四期展示として、北海道大学アイヌ・先住民研究センターとの共催で実施された。会場は、北海道大学総合博物館二階GCOEブースであった。会期は、二〇一〇年一一月一九日から二〇一一年五月八日までの約五ヶ月半にわたり、会期を前半と後半に分けて実施された。会期の前半では、〈北米先住民ヤキの世界〉というサブタイトルの下、北米先住民ヤキと地理的な国境に関するトピックが取り上げられた。会期の後半では、〈アイヌと境界〉というサブタイトルの下、アイヌの事例から概念的な「境界」に関するトピックが取り上げられた。[*1]〈先住民と国境〉展は、これら二つの展示から構成されるが、本章では、筆者が責任者として携わった会期後半（二〇一一年二月一八日～五月八日）の〈先住民と国境――アイヌと境界〉展のみを対象とする。

展示のねらい

〈先住民と国境――アイヌと境界〉展（以下、本展示と略記する）のねらいは二つあった。

一つは、ＧＣＯＥプログラムが着目する「境界」というトピックを、アイヌの状況に引きつけて展示することであった。ＧＣＯＥプログラムが実施する「境界研究」は、地理的な国境のみならず、さまざまな境界をその研究射程に入れていたが、本展示では、地理的な境界ではなく概念的な境界に着目した。そこでは、観覧者に普段意識していない複数の概念的な「境界」の存在を意識させ、揺さぶり、「境界」とは何かについて、みずから考えてもらうことをねらった。

もう一つは、現代のアイヌ文化展示のあり方について模索することであった。これまでにも「現在」のアイヌ文化を博物館において展示することの難しさが指摘されている（本多・葉月二〇〇六）。現代のアイヌ文化に関する展示のあり方についての議論には、いまだ明確な答えは出ておらず、現在も継続中である。そこでは、映像資料をもちいた展示の可能性も議論されている。[*2]本展示で制作した映像作品は、これらの一連の議論を受けた二〇一一年時点における一試案と位置付けられる。

本展示では、明快な答えのないテーマについて、展示を通じて観覧者に問いかけ、みずから考えてもらうことを重視した。よって、展示のメインコンテンツとなる映像作品においても、さまざまな解釈が可能となるような内容を目指すこととした。

3　展示準備のなかで

撮影前の準備

映像作品の撮影にあたっての最初の課題は、作品に出演してくれる人を探すことであった。出演者には、前述した展示のねらいを理解してもらうとともに、展示会場で上映されることを承諾してもらう必要があった。そこで筆者とともに映像作品の製作総指揮をとった北原次郎太氏（北海道大学アイヌ・先住民研究センター准教授）と協議し、人前に出ることに比較的慣れている方が多い、白老町にある財団法人アイヌ民族博物館（以下、アイヌ民族博物館と略記する）の職員の方に依頼することにした。[*3] また、当時、北海道大学アイヌ・先住民研究センターに勤務していた川上将史氏にも出演を依頼することにした。

撮影日は、協議の結果、伝統儀礼が執り行われる日とした。これは、観覧者が抱いていると推測される伝統文化に偏ったアイヌ・イメージにまず寄り添い、その上で日常の生活を提示することで、観覧者のアイヌ・イメージを揺さぶるという戦略であった。

撮影日および出演者の調整は、北原氏を通じて、アイヌ民族博物館と交渉を行い、アイヌ民族博物館においてペッカムイノミ（川の神への祈り）が執り行われる二〇一〇年九月一〇日に決定した。また、映像作品に被写体として出演していただける博物館職員三名も決定し、それぞれから内諾を得ることができた。

口頭での依頼に加え、撮影に先立ち、博物館長宛で撮影の協力依頼文書を作成した。文書に記した項目は、(一) 撮影の目的、(二) 撮影の日時、(三) 撮影協力依頼者名、(四) 撮影映像コンテンツの使用について、(五) 撮影の概要と方法について、であった。とくに (五) 撮影の概要と方法については、「別紙」として具体的かつ分かりやすく記述し、被写体となる各出演者への回覧を依頼した。下記は、その文書からの抜粋である。

(五) 撮影の概要

アイヌの伝統儀礼（ペッカムイノミ）が行われる日を舞台に、四名（三名白老在住者、一名札幌在住者）の方に被写体となることを依頼し、現代におけるアイヌ文化のあり方とアイヌ民族の生活をドキュメンタリー的に撮影します。その際には、儀礼の場のみではなく、各協力者の自宅から儀礼の場まで、また儀礼終了後に帰宅するまでも含めて網羅的に撮影したいと考えています。伝統文化だけでも日常生活だけでもなく、その両者が現代において共存していることを示すための動画コンテンツの作成を目指します。これは、しばしばアイヌの伝統文化のみに限定された博物館におけるアイヌ文化展示（表象）がもたらす弊害を修正するとともに、現代に生きるアイヌ文化を紹介することになると考えています。動画コンテンツは、展示等での公開を前提に制作します。

○撮影方法

依頼した儀礼参加者には、それぞれの撮影者（ビデオカメラ）一、二名が付き、儀礼実施当日の一日の生活を網羅的に撮影します。よって、自宅を含む勤務地以外での撮影もありえます。原則として、各協力者の皆様のご自宅→出勤→儀礼に参加→帰宅するまでを撮影したいと考えています。儀礼会場等において、映像には撮影協力者以外の方々の姿が映ることもありえます。

※本撮影は、各協力者のプライベートを不本意に撮影・公開することが目的ではありません。よって、撮影現場において被撮影者にとって不都合なシーンがある場合は、撮影者へ通知することにより、個人の判断でいつでも撮影を中断・中止することができます。

このような事前のインフォームド・コンセントに関連する文書の作成は、今回の撮影の性格上、必要不可欠な作業であった。なかでも、個人の判断でいつでも撮影を中断・中止することができることを文書に明記し、撮影当日においても、ビデオカメラによって撮影を行う者（以下、カメラマンと略記する）から口頭で説明を行ったことは、映像作品に被写体として出演することに協力いただいた方（以下、被写体と略記する）の心理的な不安を多少なりとも軽減できたように思われる。

撮影

撮影は、被写体とカメラマンの四ペア（八人）で同時進行的に進められた（表7－1）。今回の撮影では、映像作品として撮るために三脚を使用すること、カメラアングルが単調にならないようにすること、撮影後の編集作業を考慮して一シーン一〇秒程度で撮影すること、ドキュメンタリー的な撮影を基本とするが、カメラアングルなどの関係などから多少の演出を許容することなどが、カメラマン同士の間で申し合わされた。また、本展示が「境界」をテーマとしていたことから、ある被写体をとらえた画面の背後に、別のペアが映り込んでくるといった視線が交差するシーンを意図的に撮影することも確認された。

ここで、筆者と川上将史氏の撮影当日の経験を記述しておきたい。撮影日前夜である二〇一〇年九月九日、

表 7-1　撮影時のペア

被写体（儀礼参加者）	カメラマン
（財）アイヌ民族博物館　理事長 野本勝信	イオル伝承者育成事業　研修生 木村君由美
（財）アイヌ民族博物館　伝承課長 野本三治	北大アイヌ・先住民研究センター　博士研究員 水谷裕佳
（財）アイヌ民族博物館　伝承課 山内久美子	イオル伝承者育成事業　研修生 川村このみ
北大アイヌ・先住民研究センター 技術補佐員　川上将史	北大アイヌ・先住民研究センター　准教授 山崎幸治

注）撮影・調整：北原次郎太（北大アイヌ・先住民研究センター准教授）、若園雄志郎（北大アイヌ・先住民研究センター博士研究員）。敬称略。所属・役職等は 2011 年時点のもの。

カメラマンである筆者は、被写体である札幌市在住の川上氏の自宅に泊まらせていただいた。これは儀礼の開始時間までにアイヌ民族博物館に到着するために、札幌市を早朝に出発する必要があったからである。当時、筆者と川上氏は同じ職場に勤務しており、出張をともにすることも多かったが、川上氏の自宅を訪問したのは、じつはこの時が初めてであった。撮影前夜、筆者と川上氏は翌朝からの撮影について楽しく語り合った。

二〇一〇年九月一〇日早朝、撮影は川上氏の起床シーンから始まった。筆者はビデオカメラと三脚を携えて、川上氏が札幌の自宅を出て、電車を乗り継いで博物館に到着し、博物館での儀礼に参加、そして再び電車を乗り継ぎ夕方に自宅に戻るまでを撮影した。この行程は、映像作品のなかでほぼ追うことができるが、当日の実際は、カメラが回っていないときに、二人で効果的なシーンやアングルについてアイディアを出し合いながら撮影を行っていた。そこでの筆者と川上氏との関係は、被写体とカメラマンという関係を超え、一つの映像作品をともに作り上げる仲間であった。撮影では、笑いが絶えなかった。白老駅裏の歩道橋から川上氏が下りてくるシーンの撮影では、途中で川上氏が笑いをこらえきれずに吹き出してしまった。いわゆるNGである。このNGシーンは、映像作品のエンドロールに採用した。

以上、筆者と川上氏の経験について記したが、他の三ペアもそれぞれ撮影を通じて対話し、得難い経験を共有していた。自動車で通勤をする被写体を撮影するために、映画のカーチェイスさながらに、カメラマンを乗せた自動車を走らせたペアもいた。撮影中の会話のなかで、これまでお互いに知らなかった共通の趣味を発見したペアもいた。これらの撮影当日の感想は、展示会場においてパネルとして展示された(表7-2)。

ここで強調しておきたいことは、すべてのペアが映像作品を撮影するという実践を通じて、これまでの関係性のなかでは知りえなかった相手の新たな一面を互いに発見し、対話し、そこでの経験を両者の共通の記憶としたことである。

また、現代に関する民族誌という点についていえば、今回の撮影でも、被写体の方から、このシーンの撮影は控えてほしいという申し出があり、カメラを止めたことが複数回あった。その理由は多岐にわたり、決して文化人類学研究者が想定する研究倫理のみでカバーしきれるものではなかった。[*4] 研究者のような訪問者にとっては、研究倫理とは無関係に思えることが、その地域で生活する人々にとっては大きな問題となることもある。ここでは映像作品の撮影という実践が、複雑な現場の状況を敏感に感じ、臨機応変に対処するという文化人類学研究者に必要不可欠な能力が試され、鍛えられる機会となったことを指摘しておきたい。

編集

撮影後の編集作業は、アイヌ・先住民研究センターにおいて、複数人によって行われた。編集作業は、①自宅から儀礼開始前まで、②儀礼、③儀礼終了後から帰宅まで、の三つのパートに分けて行われた。各パー

表 7-2　撮影当日の感想

被写体（儀礼参加者）	カメラマン
私は、今回の展示に被写体とビデオ編集者として参加しました。ペッカムイノミ（川の神への祈り）の当日は、「起床→儀式→帰宅」と普段通りの生活を撮影されました。自分は個人でカムイに祈ることもありますが、白老でのカムイノミは、普段家で作れないトノト（濁り酒）を用いてカムイに祈れますし、普段会えない人と交流できるので楽しいです。撮影当日、カメラを意識してしまい歩き方が変になっていたことに編集しながら気がついてしまいました。（川上将史）	当日は、いたずらをしているような気分で、二人とも笑いが絶えませんでした。私は、カメラのレンズを通して、多種多様な「境界」が、重なり、交差し、もつれ合い、溶け合うような感覚を何度も味わいました。それらの「境界」を意識させる原因は何か？それぞれの「境界」は、どのような歴史を持ち、そして、未来へ向かうのか？今回の撮影をつうじて「境界」という概念は、「アイヌ」について考えぬき、そこに立ち現れてくる「境界？」を問いなおす際の手がかりになると思いました。（山崎幸治）
博物館では、お客様に正しい情報を伝え、アイヌ文化に対する興味の裾野を広げたいと思い日々働いています。「境界」とは、言葉でこういうもんだというより、気持ちの問題だと思います。自分はやはりアイヌなのですが、現在はアイヌも普段の生活は同じですし、今回のような儀式に触れる機会はなかなかありません。自分たちの独自の文化に触れる機会がもっと増えれば良いなと思います。儀式に参加することで、感じるものがあると思います。（野本三治）	年間 20 万人の来館者の前に 1 人 のアイヌとして立ち、民族の現在と過去を繰り返し語るのが、三治さんの日常です。世界の様々な民族にかかわる表象の検討や、先住民族自身による文化と歴史に関する語りの実現は、現代社会において重要な課題となっています。研究者がこれらの課題について考える一方で、三治さんは課題そのものを生きています。その後姿を追っていると、「研究」が小さなものに思えてきました。（水谷裕佳）
撮られているという意識があると、やはり緊張しました。食事風景はじめ、あんなに追っかけて撮るとは思いませんでした。今回のような儀式に参加するようになったのは、ここ 10 年くらいですが、初めて儀式に参加したときから違和感はありませんでした。それは白老という土地柄もあると思いますが、子供の頃から大人達が何かあったときに火の神などに向かってカムイノミ（神への祈り）をしている姿を見てきたからだと思います。（野本勝信）	現在、私は博物館でアイヌ文化に関する研修を受けています。普段カムイノミ（神への祈り）に参加させていただくときには、自分も杯を受けて簡単な祈りをやらせてもらったりしています。カムイノミは特別なものですが、私の普段の生活の一部となっています。撮影当日は、朝が早くてとても大変でした。撮影したローソンは、私のアルバイト先でもあります。撮影に集中していたため、今回のカムイノミのことはあまり覚えていません……。（木村君由美）
カメラマンが知り合いだったこともあり、思ったより自然体でいられました。普段、博物館の仕事として、伝統的な着物を着てお客様に踊りをご覧いただいていますが、儀式に参加する時には、それとは別の気持ちがギュッとなる感覚があります。博物館に勤めるようになってから、家庭のなかでアイヌ文化について話す機会が増えました。博物館の内と外、それぞれのなかに日常と非日常があり、その時々で気持ちを切り替えています。（山内久美子）	今までは、博物館で働いている山内さんしか見たことがなかったのですが、朝は娘さんを駅まで送るところから始まり、家に戻ると仕事に行くまでの限られた時間で、掃除や洗濯をして家の中をきれいにしてから出勤し、職場につくと、家と同じ様にチセ（家屋）の掃除から始まり、それから着物に着替えていました。普段の生活でも職場でも、無駄なく動く姿がとても印象的でした。今回撮影によって山内さんの母の姿、主婦の姿をも見ることができ、色々な境界がわかったように思いました。（川村このみ）

注）敬称略。展示パネルより転載。

トは約三分間とし、それに作品クレジットが流れるエンドロールを付すことで約一一分の長さにまとめた。なお①③については、画面を四分割し、それぞれの被写体の動きを同時進行的に見せることにした（写真7-1）。儀礼のシーンとなる②は、それぞれ四台のカメラで撮影した映像を組み合わせ、一画面で見せることにした。また、クレジットが流れるエンドロールの横に、作品本編では使用しなかったNGシーンを含めた映像を付した。これは、本作品が創られたものであることを印象付けるためであった。

編集の最終調整は、川上氏と筆者が担当した。そこでの苦労については、本著内の川上氏によるコラムを参照していただきたいが、川上氏が編集にかけた情熱は、一つの展示を作り上げるという実践を、その過程から協働で行ってきたからこそ芽生えたように筆者は考えている。

本作品のために撮影された映像の総時間は、四台のカメラの合計で四時間五〇分であった。今回の撮影は、一つのシーンにつき一〇秒以内を原則としたので、シーン数はかなりの数にのぼる。現在、これらのデータはすべてアイヌ・先住民研究センターに保管されている。これらのデータは、文化人類学でいえばフィールドノートの走り書きといえよう。今回の映像作品では「境界」という視点から編集を行ったが、今後これらのデータを別の視点から編集することで、新たな作品が生み出される可能性がある。

映像作品

映像作品のタイトルは、『アイヌと境界――pet kamuynomi ペッ カムイノミ 川の神への祈り』とした。一一分二秒（NGシーン付きバージョン）の短編作品である。繰り返しになるが、その内容は、二〇一〇年九月一〇日にアイヌ民族博物館で実施されたペッカムイノミ（川の神への祈り）と呼ばれるアイヌの伝統儀礼に参加した四人の一日の様子を、四台のビデオカメラで同時進行的に追うものである。[*5] そこでは、「日々の暮らし／伝統文化」「現在／過去」「日常／非日常」「職場／家庭」「被写体／カメラマン」「アイヌ／和人」「録画ボタンのオン／オフ」「正装／普段着」など多種多様な「境界」が重なり、交差し、もつれ合い、解け合うような感覚を観覧者に抱かせるように工夫されている（表７‐３）。

すでに述べたように、この映像作品は一部に演出されたシーンを含む創られた「作品」である。現実を伝えるという観点から見れば、いっさいの演出を排したドキュメンタリーにくらべて、その評価は低くなるかもしれない。しかし筆者は、創られた「作品」であるからこそ表現できることがあると前向きに考えている。たとえば、スミソニアン博物館群の一つである国立アメリカ・インディアン博物館では、かつてアメリカ先住民が生体標本として尊厳を無視されて展示された歴史を、ジェイムズ・ルナのアート作品をもちいて展示している。[*6] そこでは、当事者にとって見るに堪えない歴史を実際の歴史的な写真などをもちいずに展示することに成功して

写真 7-1　映像作品『アイヌと境界──pet kamuynomi ペッ カムイノミ　川の神への祈り』のワンシーン

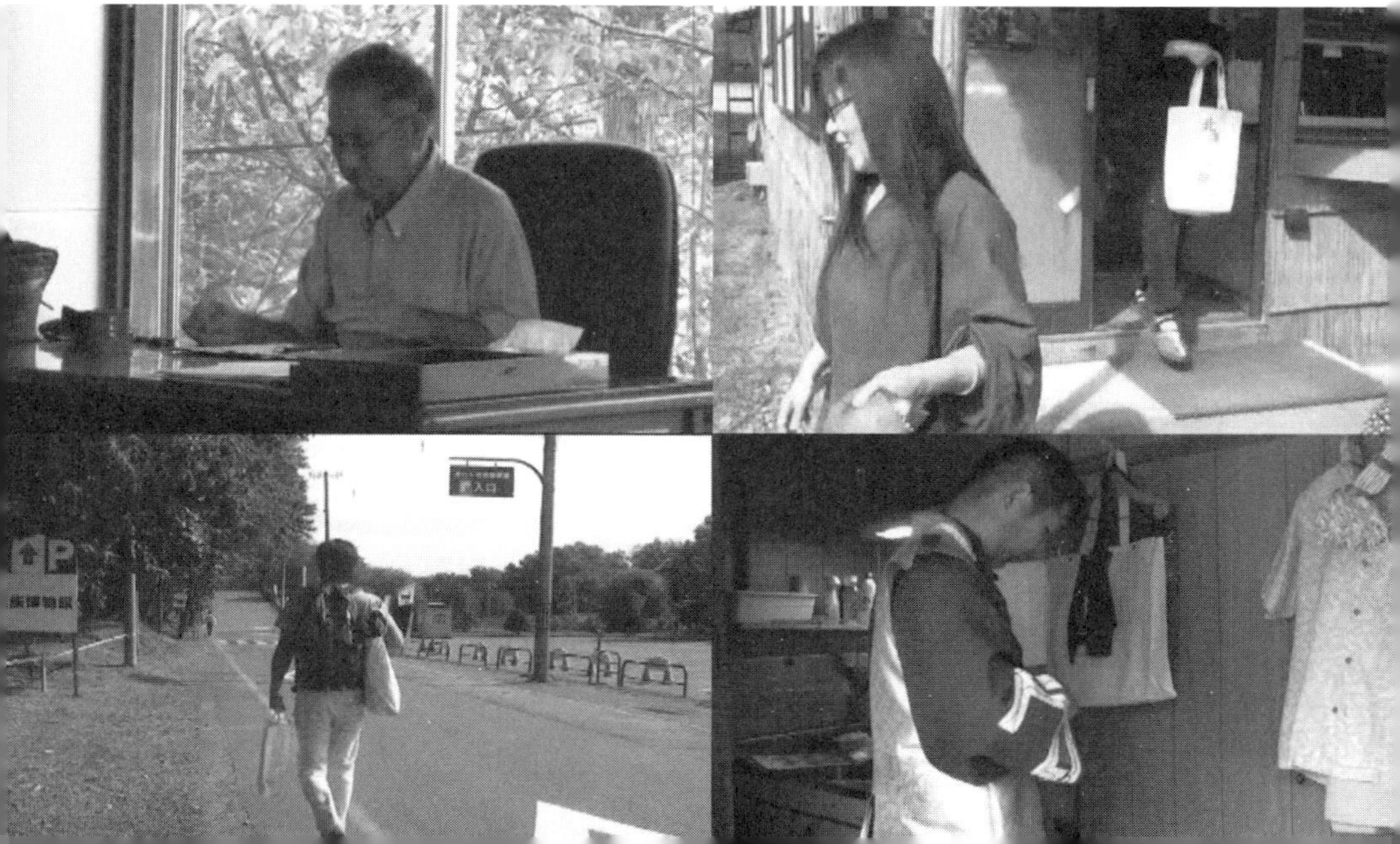

いる。本展示で制作した映像作品においても、それが創られる「作品」であったからこそ、日常をふくむ現代のアイヌ文化へ具体的なアプローチが可能になったといえる。ここでは、展示に「作品」という要素を取り入れることで、「展示する側」と「展示される側」との間で展示に関する対話と交渉が促され、そこから双方が納得する新たな展示が生まれてくる可能性を指摘しておきたい。

現代の文化人類学では、ある民族について書かれた民族誌が、その当事者である民族に読まれることが前提となりつつある（桑山 二〇〇八）。このような状況のなかで、今日の文化人類学研究者は、調査地との良好な関係を維持しつつ研究を行う必要がある。とはいえ、佐々木が指摘するように、研究者は調査地のスポークスマンに徹する必要はない（佐々木 二〇〇三）。それでは、調査被害を省みない研究至上主義でもなく、同時に、調査地のスポークスマンにも徹せずに現代の民族誌を記述するにはどうしたら良いのだろうか。この問いに対する答えを筆者は充分に準備できていないが、その一つのヒントが「作品」という考え方ではないかと考えている。

4 展示設営のなかで

展示スペース

本展示が行われた会場の床面積は広くなかったため、展示する資料を厳選した（表7 - 4）。それぞれの展示資料とそこでの展示方法については、すでに報告を行っている（山崎 二〇一四）。

本展示では、観覧者が展示会場の入口に立った際に統一感を感じるように空間を構成した（写真7 - 2）。

表 7-3　映像作品『アイヌと境界―― pet kamuynomi ペッ カムイノミ　川の神への祈り』タイムライン

	野本勝信（木村君由美）	山内久美子（川村このみ）	川上将史（山崎幸治）	野本三治（水谷裕佳）
0：00	タイトル			
0：10	−	−	札幌、朝の風景	−
0：20	−	自宅での家事	起床、目覚ましを止める	−
0：30	−	掃除機、拭き掃除など	札幌、朝の風景	−
0：40	−		朝の身支度	−
0：50	−	自宅を出る	自宅を出る	自宅を出発
1：00	自宅を出る	車で博物館へ	プラットホームにて地下鉄を待つ	自転車を車庫から出す
1：10	車で経営するコンビニエンスストアへ	博物館到着	札幌駅の風景	自転車にて博物館へ
1：20	コンビニエンスストアに到着	仕事場に移動	駅前でおにぎりを食べる	博物館到着
1：30	店長としての仕事	仕事着に着替えてチセへ	札幌駅改札を抜けホームへ	作業着に着替えて仕事
1：40	商品陳列など	チセの掃除	札幌駅のホーム	儀礼具(タクサ)を作る
1：50	レジ仕事	チセ内の囲炉裏に火を入れる	電車の中	
2：00	自宅に戻る	チセ内の掃き掃除	電車の中で祝詞の練習	案内所で晴着に着替える
2：10	昼食	チセ内のモップがけ	白老駅着	
2：20		料理の仕込み	白老駅改札を抜け、博物館へ	
2：30	車で博物館へ	案内所に戻り、車で博物館を出る	博物館到着	
2：40	博物館理事長としての事務仕事	商店で食材を受け取り、博物館へ	コタンコロクル像の前	
2：50	案内所で晴着に着替える	案内所で晴着に着替える	博物館で談笑(背景に別ペア)	チセの前で観光客を出迎える
3：00		ポロチセに向かう	案内所で晴着に着替える	チセの内でアイヌ文化の解説と紹介
3：10	ポロチセに向かう		ポロチセに向かう	チセの前で観光客を接客
3：20				
3：21〜7：40	カムイノミ(3：21〜7：40)。儀礼の流れ：ポロチセ内でカムイノミ(3：21〜4：02)→イナウを車に積み、博物館からウヨロ川へ車で移動(4：35)→ウヨロ川河原でペッカムイノミ(5：40)→片付け、博物館に車で移動(6：06)→ポロチセにて、新しいサケを迎えるカムイノミ(7：40)			
7：40	ポロチセ内で晴着を脱ぐ	普段着で作業(晴着は脱いでいる)	案内所で晴着を脱ぐ	案内所に戻り、片付け
7：50	博物館を出る	体験館でサケの燻製の加工作業	参加者に挨拶、博物館を出る	案内所で昼食
8：00	駐車場から車を出して、自宅へ	帰り支度をし、仕事仲間と談笑	徒歩で白老駅へ	チセの前で観光客に対応
8：10	途中、しらおいイオル事務所に寄る	仕事仲間と共に博物館の出口へ	白老駅前で休憩	外国人観光客と写真撮影
8：20	車で自宅へ	車で自宅へ	白老駅ホームで電車を待つ	チセの内でアイヌ文化の解説と紹介
8：30			電車に乗り込む	案内所で晴着を脱ぐ
8：40			電車の中	作業着に着替える
8：50			苫小牧駅で下車	ポロト湖畔でボートの係留
9：00	自宅の敷地に到着		駅内の喫茶店で昼食、新聞を読む	博物館園内で作業
9：10	車を駐車場に止める	自宅の敷地に到着	札幌行きの電車に乗り込む	仕事を終え、園内で職員と談笑
9：20		車を降りる	札幌駅に到着、改札を出る	
9：30	玄関を開け、自宅に到着	玄関を開け、自宅に到着	地下鉄へ乗り換える	普段着に着替え、帰り支度
9：40			徒歩で自宅へ	案内所を出て、自転車で帰宅
9：50	−	−	自宅に到着	自転車で自宅へ
10：00	−	−	荷物を降ろし、布団に倒れ込む	自宅に到着
10：19〜11：02	エンドロール(クレジット)。撮影時の様子：(1)白老駅裏の歩道橋から降りてくる川上氏、途中で笑ってしまいNG(10：19〜10：27)、(2)カメラマンがコンビニエンスストアで買い物。レジは野本勝信氏(10：28〜10：37)、(3)博物館に向かって歩く川上・山崎と、木村氏(野本勝信氏のカメラマン)、北原氏が出会う(10：38〜10：44)、(4)カメラマンに向かって話しかける山内氏(10：45〜10：48)、(5)川上氏を撮影する映像の背後に、別のペアが映る(10：49〜10：52)、(6)ウヨロ川から博物館へ戻る途中の北原氏(10：53〜10：55)、(7)博物館で休憩している川上氏に、カメラマン(山崎)が「今、撮ってるよ」(10：56〜10：59)、(8)車中の野本勝信氏(11：00〜11：01)、(9)ウヨロ川に向かう途中、砂浜で車がスタックした若園氏が手を振る(11：02)、(10)儀礼で迎えられたサケ(11：02)			

注）上段、被写体（儀礼参加者）の氏名の後に、（　）でカメラマンの氏名を記す。敬称略。

会場では、本展示のメインとなる映像作品が映し出される大型モニタを中央奥に設置し、その両側に後述する映像作品に登場する被写体とカメラマンがペアとなって写る等身大のタペストリー四枚を吊り下げた。各タペストリー横の壁面には、タペストリーに写る二人の撮影当日の感想を記したパネルを、それぞれ吊り下げた。展示会場の中央スペースには、四個の石製の腰掛けを円形に配置した。観覧者はこれに座り、中央奥の大型モニタに映し出される映像作品を観ることになる。四個の腰掛けに囲まれた床面中央には、天井からスポットライトを照射し、その中心に「境界って何？　いつ？　どこで？　だれが？　何を？　どのように？なぜ？」という本展示での観覧者への問いかけを端的に記したシートを貼った。このシートは観覧者同士が車座になり、そこで対話がなされることを促す効果をねらったものである。

また、統一感を持つ展示空間を乱さないように、二点の資料を展示した。一点は、一人の被写体が儀礼当日に着用した衣服である。これは大型モニタの対面に位置する空間、すなわち入口の脇に立つ柱の側に設置した展示ケース内に展示した。もう一点は、三人のモデルの「伝統的な晴着姿」と「普段の洋服姿」という二つの像が、観覧者の見る角度によって交互に入れ替わって見えるレンチキュラーパネルである。これは、展示会場の外となるＧＣＯＥブースに面した通路の壁面に展示した。

等身大タペストリー

展示設営において最も苦労したことは、映像作品に登場する被写体とカメラマンがペアとなって写る等身大タペストリーの設置方法であった。映像作品が映し出される大型モニタを中心として左右対称にタペストリーを配置することは、展示空間に統一感を持たせるとともに、会場入口に立った観覧者に、八名（四ペア）

表 7-4 〈先住民と国境――アイヌと境界〉展　主要展示資料一覧

展示資料	備考
展示コンセプト・ボード	展示のコンセプト説明（A2 パネル）
映像作品『アイヌと境界― pet kamuynomi ペッ カムイノミ　川の神への祈り』	NG シーン有りと無しの２バージョンを交互に上映。
等身大タペストリー×４ペア	ポンジ―製。設置用テンションパイプ４本とセットで製作。（株）エフ・オブジェクト製作
撮影当日の感想×４枚	被写体（儀礼参加者）とカメラマンの撮影当日の感想。4 ペア計８名（A2 パネル）
撮影当日に着用された衣服（木綿衣・T シャツ・綿パンツ）	川上将史氏が撮影日に着用。木綿衣は川上氏の祖父、川上勇治氏の遺品。制作者は萱野れい子氏。2000 年頃制作。T シャツは、2010 年カナダ、バンクーバー市にて購入。綿パンツは、2010 年ユニクロ帯広店にて購入
撮影に使用したビデオカメラ	SONY HDR-SR 12（日本製）
撮影に使用した三脚	Velbon PHD-31Q（中国製）
「『アイヌと境界』展を観覧する人（びと）」（小型モニタ）	木綿衣の入ったケース横に設置。外部出力コードにより、上記の「撮影に使用したビデオカメラ」がとらえる映像（観覧者の背中）の映像を映し出す
レンチキュラーパネル	アイヌの晴着と普段着の２つの画像が、見る角度によって入れ替わる特殊印刷パネル。モデル：北原次郎太、八谷麻衣、川上将史。（株）ウェザーコック製作
アイヌ音楽（CD プレーヤー）	レンチキュラーパネルの下に設置。ヘッドホン出力。レンチキュラーパネルのモデルの一人である八谷氏が所属するグループ Marewrew の CD『Marewrew』（2010）
講演会映像『アイヌと境界――樺太アイヌの歴史と経験』	2 月 19 日に開催した展示関連イベント（講演会）の記録映像。会場に設置したパソコンモニタで視聴可能に

の人々に出迎えられるような感覚を与えるために最優先されるアイディアであった。

しかし、このアイディアを実現させるためには、タペストリーを壁面に直角に近い角度で吊り下げる必要があった。また、本展示スペースの片側がカーテンで仕切られているという物理的な問題を解決する必要があった。この問題を克服してくれたのは、筆者がこれまでの展示でも造作を依頼していた業者の方であった。業者の方は、これまでの経験をもとに、天井と床面に四mほどのテンションパイプを設置し、そのパイプを支柱としてタペストリーを吊り下げるという打開策を示してくれた。これにより当初意図したとおりにタペストリーを設置することが可能となった。また、専門的知見からテンションパイプを堅牢に固定し、会場内の安全も確保することができた。

展示設営の現場では、しばしば研究者は無力である。しかし、展示の意図や目的を共有し、展示対象となる当事者だけでなく、さまざまな分野の専門家の協力を請い、対話を行うことで、当初の想像を超えたアイディアや新たな学問的課題に遭遇することが多々ある。このときの驚きと、よい意味で相手の予想を裏切り合う過程こそが展示設営の醍醐味だと筆者は考えている。

5　展示会期のなかで

オープニングセレモニー

二〇一一年二月一八日午後一時、〈先住民と国境——アイヌと境界〉展はオープンした。オープニングセレモニーには、本学関係者に加えて、特別協力機関であるアイヌ民族博物館の野本勝信理事長にもご出席いただいた。野本理事長は、映像作品の出演者の一人である。

オープニングセレモニーでは、岩下明裕教授（GCOEプログラム・リーダー）の挨拶、筆者による趣旨説明を経て、各機関の長によるテープカットが行われた。オープン後すぐに、セレモニー参加者たちは、映像作品や展示物を前に概念としての「境界」や現代のアイヌ文化の諸相について対話を交わしていた。この光景を前に、会場にいた本展示に関わったスタッフ全員は、本展示のねらいが伝わったことを喜んだ。

関連イベント

展示オープンの翌日（二〇一一年二月一九日）には、展示関連イベントとして講演会「アイヌと境界――樺太アイヌの歴史と経験」を開催した。本講演会では、本展示では触れることができなかった国境に関するトピックを取り上げた。講演会には一二〇名を超える参加者があった。講演会では、田村将人氏（当時北海道

写真 7-2　展示会場の様子（入口からの眺め）

開拓記念館学芸員）より、「サハリンでの国境の変遷と樺太アイヌ」というタイトルで発表いただいた。つづいて、楢木貴美子氏より、「私のライフストーリー――樺太アイヌとして」というタイトルで、樺太アイヌの歴史やみずからの個人史、現在の活動について発表いただいた。楢木氏の講演では、アイヌの即興歌やトンコリと呼ばれる伝統楽器の演奏も披露された。講演会の記録映像は、後日、本展示会場に設置したパソコンモニタ上で視聴できるようにした。

本講演会は、樺太アイヌの歴史を研究する研究者と当時者である樺太アイヌという、発話のポジションが異なる二人が、同じ場所から多声性を担保しながら、ともに広く市民へむけてメッセージを発する試みであった。これは本展示における実践と共通するものである。

本講演会の前後には、多くの方が本展示会場をおとずれ、展示を観覧してくれた。映像作品でカメラマンを担当した木村氏、川村氏も来場してくれた。彼女らが自分たちの等身大タペストリーの前で、楽しそうに記念撮影をしていた光景が印象的であった。なお、これら講演会当日の様子は、プロの映像カメラマンによって撮影され、ＧＣＯＥプログラムが制作したＤＶＤ作品に収録された。[*7]

観覧者の声

会期中、本展示を観覧した人々から、多くの感想や助言をいただいた。その内容は、アイヌの友人、研究者仲間、博物館関係者など、立場によって多様であり、そのすべてが筆者にとって、今後の研究や展示実践の参考となるものであった。紙幅の関係上、ここでは展示会場で実施したアンケートと、展示会期中に行った研究会についてのみ触れておきたい。

アンケートは、展示会場にアンケート・ボックスを設置し、任意の記入式で実施した（回収数五六）。アンケート用紙には、観覧者の「性別」「居住地」「来場の目的」「本展示を知った広報媒体」といった基本的な設問に加えて、「展示の満足度」についての段階方式の設問、「展示の感想」についての自由記入欄を設けた。「展示の満足度」についての集計では、「満足」四五％、「どちらかというと満足」三六％、「どちらかというと不満」一一％、「不満」五％、「無回答」三％であった。「満足」と「どちらかというと満足」を合わせると八割を超えており、おおむね高い満足度が得られたといえる。この要因としては、現代のアイヌ文化に関する展示が少ない現状において、実験的な本展示が目新しく映ったことが推測される。これは「展示の感想」欄でいただいた「面白い表現方法！」「企画展も、発想も、面白いと思いました」「難しいテーマについて表現する手法が面白い」といった感想からも読み取れる。また、「今までアイヌというと、どうも日常生活から切り離された感じがプンプンして、違う世界の話のようにしか思えませんでしたが、ビデオでは日常の生活からアイヌの儀式への流れが映し出されていて、とても新鮮な気分になりました」「単純にアイヌ文化を展示するのではなく、現代社会のなかでどう生きていくのか、それが語られているのが良かった」という感想からは、本展示のねらいが、ほぼ正確に観覧者へ伝わったことを示している。

さらに、「境界については、ちょうど私も考えていたところで、ヒントがもらえるかなと思って、この展示を見に来ました。ダイレクトな答えは得ることができなかったけど、私と同じことを考え、答えを探し、またその答えに近づく過程を楽しんでいる様子を感じることができて励まされました」という感想は注目される。なぜなら、これは本展示を作り上げるなかで共有された我々の経験の一部が、間接的ではあるが展示を通じて観覧者にも共有された可能性を示唆しているからである。

一方、「展示物が少なく、説明も少なく、今一つ意図が見えてこなかった。アイヌ関係について、もっと教えてください」という感想もあった。博物館に対して観覧者が抱くイメージとして、正しい答えを提示してくれる場所という傾向が強い現状を考えると、本展示は問いかけの段階に止まっており、一定数の観覧者が不満を抱くことは当初より予測していた。とはいえ、アンケートにおける「どちらかというと不満」一一％、「不満」五％という数字は軽視できない数字であり、この点については、今後さらなる工夫と改善が必要といえる。

また、二〇一一年二月二二日には、東北大学東北アジア研究センターによる展示実践に関する共同研究の第二回研究会を北海道大学内において開催し、本展示会場においても議論を行った。そこでは、展示空間に「展示（表象）する側」が登場することがノイズとして受け取られる可能性についても議論が交わされた。議論のなかで、本展示においては扱うテーマから「展示（表象）する側」の登場は一定の効果を生むだろうが、すべての展示に適用する必要はない。むしろ、それぞれの展示が「何を伝えたいのか」を明確にし、それにフォーカスを定めることが重要であることが確認された。

6 展示終了後のひろがり

撤収作業

二〇一一年五月八日、北海道大学総合博物館を会場とした本展示は終了した。実験的な展示だっただけに不安もあったが、大きなトラブルもなく閉幕を迎えられたことを、本展示に関わったスタッフ全員で喜んだ。

展示の撤収作業は一日で終了した。通常、展示終了後には資料返却という大きな仕事が待っているが、本展示は実物資料が少なかったため、その作業も短期間で終了した。等身大タペストリーやレンチキュラーパネルは、北海道大学アイヌ・先住民研究センターの収蔵庫で保管することにした。

旅する映像作品

本展示では、展示終了後に別会場での巡回展などは予定されていなかった。ただ、前述したアンケートにおいても、今回の企画展のみで終了してしまうのは惜しいという感想を複数いただいており、筆者としても、本展示が現代のアイヌ文化の博物館表象についての実験的な試みであったことから、機会があれば、多くの人々に観てもらい感想や批評をいただきたいと考えていた。とはいえ、巡回展などの開催は、展示の規模にもよるが企画段階から予定しておかなければ、その実現可能性はきわめて低い。実際、本展示自体の巡回展は開催されなかった。しかし、展示のメインコンテンツであった映像作品に限れば、筆者の予想を超え、北海道大学総合博物館での展示終了後、すでに三度展示されている。

一度目は、国立民族学博物館での開催された特別展「千島・樺太・北海道　アイヌのくらし――ドイツコレクションを中心に」（二〇一一年一〇月六日～一二月六日、主催：財団法人アイヌ文化振興・研究推進機構、国立民族学博物館）である。[*8]この特別展は、ドイツから借用したアイヌ資料が展示の中心であったが、本展示で制作した映像作品、等身大タペストリー、レンチキュラーパネルが現代のアイヌ文化を紹介する一つのコーナーとして展示された。

二度目は、慶應義塾大学日吉キャンパス来往舎における「在るということ――あるアイヌたちの日常と本来性」（二〇一二年一二月三～八日、主催：慶應義塾大学ＨＡＰＰ）である。この展示は、現代アート的な展示手法をもちいてアイヌの現代にアプローチしたものであった。展示では、映像作品、レンチキュラーパネルに使用した三人のモデルの「晴着」と「普段着」の姿の二つの画像がビデオプロジェクターをもちいて交互に映写された。

三度目は、アメリカ合衆国ハワイ州ホノルルにあるイースト・ウエスト・センターで開催されたAINU TREASURES: A Living Tradition in Northern Japan（二〇一三年一月二〇日～五月五日、主催：イースト・ウエスト・センター・アートプログラム、共催：北海道大学アイヌ・先住民研究センター）である。この展示は、筆者が以前に責任者として携わった企画展示を再構成したものであるが、イースト・ウエスト・センターの学芸員であるマイケル・シュースター氏と協議し、現代のアイヌ文化の一側面を紹介するものとして映像作品とレンチキュラーパネルも展示した[*9]。

これらの展示以外にも、国内外の学会において本展示の概要と映像作品を紹介する機会を与えられ、さまざまな専門的見地からコメントをいただいた[*10]。

巡回展を予定していなかった本展示が、展示の一部とはいえ、なぜこれほど多くの場所で再び展示されることが可能となったのだろうか。その理由としては、本展示が映像作品をメインとしているために実物資料が少なく、資料の運送費や保険料といった金銭的コストを低くおさえることが可能であったことが大きいと考えられる。当初、筆者はこの本展示が持つ特徴を重視していなかった。しかし、展示終了後の展開を振り返ると、映像作品が運搬・複製が容易な光ディスク等にデジタルデータとして記録されていたことにより、展示終了後の新たな局面が切り開かれた点は強調しておく必要がある。

7 おわりに――共有される記憶

北海道大学総合博物館における展示が終了した後も、本展示とりわけ映像作品はさまざまな場において現代のアイヌ文化の一側面を表象するものとして紹介された。しかし、本展示に実際に関わった人々にとって、この映像作品はすでに過去のものとなっている。映像作品に出演いただいた被写体やカメラマンの数名は、展示終了後に転職や就職を経験している。北海道を離れた人もいる。厳密にいえば、映像作品は撮影した瞬間に過去の記録となったのである。

しかし、同時に撮影当日や展示設営のなかでの対話と経験、一つの映像作品と展示をともに作り上げたという記憶は、本展示に関わった全員に、現在においても共有されている。現在でも本展示に関わった人々と再会すると、当時のことが話題となる。そこでは、「数年後の同じ日に、同じメンバーの一日を撮影したら面白いかもね」といった新たな展開につながる話題が出ることもある。このことは、展示実践のなかでの対話の記憶や関係性が、本展示に関わった人々の未来において、新たな仕事をする可能性を持っていることを示している。

これと関連して、展示という実践では、実践の過程で生まれた記憶や関係性の総体が、特定の「展示タイトル」の下にパッケージングされて記憶される点にも着目しておきたい。そこでは「展示タイトル」が、展示に関わった人々にとって、共通のインデックスとして機能する。多くの場合、ある展示に関わった人々は、その展示が終了すると、それぞれの生活に戻っていく。しかし、展示が終了した後においても、「展示タイトル」という共通のインデックスの存在により、かつて展示に関わった人々は、その展示実践の総体を比較的容易に思い起こすことができる。展示実践の総体には、当然ながら実践を通じて共有された記憶が含まれている。前述したように、それらの共有された記憶は、ときに想い出話の枠をこえて、未来における新たな仕事を行う可能性がある。さらに、展示という行為が、観覧者に向けられているという大前提に立ち戻れば、その展示を観覧した人々も、特定の「展示タイトル」という共通のインデックスの下に、展示を通して生み出された対話や経験を記憶しているのである。

博物館や博覧会の歴史を顧みれば、展示が「国家」や「国民」という意識の形成と密接な関係を保ってきたことが認められる。展示という装置が、観覧者に「国民」という記憶を共有させる仕事の一端を担ってきたのである（松宮 二〇〇九、吉見 一九九二）。展示は、それを観る人々に働きかけ、展示する側からの何らかのメッセージを伝え、その共有をうながす機能を持つ。それゆえ、博物館といった公共空間における展示は、国民統合の装置ともなりうるし、本事例のようにアイヌに関する概念的な境界について観覧者へむけ問いかけ、そこでの実践の記憶を観覧者に共有することを促す装置ともなりうる。さらに、展示に携わった人々のあいだで共有される記憶を生み出す装置ともなりうる。よって、展示に関わる人々は、展示という装置が生み出す社会的および政治的な力に自覚的である必要がある。ただ、これは同時に、展示のあり方によっては、そこでの実践を通じて共有される記憶を継続的に積み上げていくことで、未来の社会を変えていく可能性がひらかれることをも意味している。

日本の文化人類学において、先住民と研究者との協働による展示実践の蓄積は、まだ十分といえる状況にはない。これは筆者が居住する北海道においても同様であり、加えて、これまでのアイヌとの関係史のなかで積み上げられてきた解決すべき問題が存在している。このような現状を前にすれば、本稿が記述した展示実践は小さな存在にすぎない。しかし、だからといって〈先住民と国境――アイヌと境界〉という展示実践の過程で生み出された記憶が、本展示に関わった人々に現在も共有され続けていることの意義が薄れることはないだろう。

共有される記憶の蓄積は、未来の歴史へとつながっている。遅々とした歩みではあるが、展示実践の過程で共有される記憶を地道に積み重ね、お互いの共通のインデックスを増やしていく作業が、北海道に居住しながら文化人類学研究者としてアイヌ文化と展示実践に関わる筆者にできることではないかと考えている。

謝辞

北海道大学総合博物館における本展示の開催にあたっては、特別協力をいただいた財団法人アイヌ民族博物館（白老町）はじめ、北海道大学グローバルＣＯＥプログラム「境界研究の拠点形成」など多くの関係機関のスタッフの方々にご協力いただきました。記して、感謝申し上げます。野本勝信、野本三治、山内久美子、川上将史、川村このみ、木村君由美、楢木貴美子、田村将人、村木美幸、八谷麻衣、スチュアート　ヘンリ、岩下明裕、松枝大治、木山克彦、宇佐見祥子、佐々木利和、北原次郎太、若園雄志郎、岸本宜久、水谷裕佳、（株）エフ・オブジェクト、（株）ウェザーコック（敬称略、順不同）。また、展示終了後に複数の場において本展示のコンテンツを紹介することに、ご協力いただいた齋藤玲子氏、大下裕司氏、マイケル・シュースター氏はじめ各関係者の皆様にも感謝申し上げます。

注

＊１　〈先住民と国境――北米先住民ヤキの世界〉展は、ヤキの専門家である水谷裕佳氏が中心となって実施され、筆者はその補助的な役割を担った。本展示の詳細は、本著内の水谷氏による論考を参照のこと。また、〈先住民と国境

――アイヌと境界〉展では、展示パネルの内容を中心に構成した小型の図録を刊行した（山崎・木山・宇佐見編二〇一一）。

＊2　この課題を正面から議論した研究会としては、二〇〇七～二〇一〇年度に実施された国立民族学博物館共同研究「博物館におけるアイヌ民族とその文化の展示のあり方の再検討」（代表者：スチュアート　ヘンリ）がある。本展示は、その成果の一部ともいえる。

＊3　二〇一三年四月より、アイヌ民族博物館は、一般財団法人へと移行しているが、本章では、展示クレジットや図録との記載との統一をはかるため、二〇一一年時点での法人名および職名等を使用する。なお、アイヌ文化振興・研究推進機構も二〇一三年四月より、公益財団法人へと移行しているが、同様に二〇一一年時点の法人名を使用する。

＊4　日本民族学会（現、日本文化人類学会）は、アイヌ研究を含む研究倫理に関する報告と見解を発表している（上野・祖父江 一九九二、祖父江 一九九二、日本民族学会研究倫理委員会 一九八九）。岩崎は、国内外の先住民研究に関する複数の調査倫理を概観するなかで、アイヌに関する調査を行う際、研究者は、みずからの倫理的責任ばかりではなく、アイヌ研究の歴史的背景から、倫理上マイナスの状態から調査をスタートしなければならない点を指摘している（岩崎 二〇一〇）。

＊5　映像作品のクレジットは、つぎのとおりである。出演：野本勝信、野本三治、山内久美子、川上将史。撮影：川村このみ、北原次郎太、木村君由美、水谷裕佳、山崎幸治、若園雄志郎。編集：川上将史、岸本宜久、若園雄志郎。製作総指揮：山崎幸治、北原次郎太。制作：北海道大学アイヌ・先住民研究センター、北海道大学グローバルCOEプログラム「境界研究の拠点形成」、財団法人アイヌ民族博物館。

＊6　ジェイムズ・ルナは、アメリカ先住民を取り巻く文化的状況や社会問題をパフォーマンスアートとして表現する最も有名なアーティストの一人である。スミソニアン博物館群の一つである国立アメリカ・インディアン博物館の常設展には、その代表作であるThe Artifact Piece（ルナ本人が人体標本として、博物館の展示ケース内に横たわり展示されるというパフォーマンスアート）が写真として展示されている（Evans 2010）。

＊7 本展示に関するDVD作品の情報は以下のとおりである。岩下明裕監修『先住民と国境』北海道大学グローバルCOEプログラム「境界研究の拠点形成」企画・監修、株式会社エイチ・ビー・シー・フレックス制作、北海道大学総合博物館・北海道大学アイヌ・先住民研究センター制作協力、DVD三五分（日・英）、二〇〇九年制作。なお、映像作品自体は本DVD作品には含まれていない。

＊8 この特別展は、北海道開拓記念館および国立民族学博物館で開催された（アイヌ文化振興・研究推進機構編 二〇一一）。映像作品は、後者においてのみ展示された。

＊9 イースト・ウエスト・センターでの展示のもとになった展示は、「テエタシンリッ テクルコチ 先人の手あと 北大所蔵アイヌ資料——受けつぐ技」（会期：二〇〇九年二月一日〜三月二九日、場所：北海道大学総合博物館企画展示室、主催：北海道大学アイヌ・先住民研究センター、北海道大学総合博物館、協力：北海道大学北方生物圏フィールド科学センター植物園）である（山崎・加藤・天野編 二〇〇九）。

＊10 映像作品は、つぎの学会において紹介した。Visualizing Borders — Exhibition on 'Indigenous Ainu People and Borders' at the Hokkaido University Museum. Western Social Science Association 55th Annual Conference. Denver: Colorado. Grand Hyatt Denver. 二〇一三年四月一三日。「映像をもちいた現代アイヌ文化展示の試み——『アイヌと境界』展を事例として」日本文化人類学会第四七回研究大会、慶應義塾大学三田キャンパス、二〇一三年六月八日。「現代アイヌ文化の映像化についての一試論」The 7th China Visual Anthropology Seminar, 2014 China Visual Abthropology Annual Meeting. 貴陽：貴州、貴州師範大学、二〇一四年八月一〇日。

参考文献

アイヌ文化振興・研究推進機構編 二〇一一『千島・樺太・北海道 アイヌのくらし——ドイツコレクションを中心に』アイヌ文化振興・研究推進機構。

岩崎まさみ 二〇一〇「研究する側と研究される側——先住民族調査における課題」北海道大学アイヌ・先住民研究セン

ター編『アイヌ研究の現在と未来』北海道大学出版会、二四八―二七五頁。
上野和男・祖父江孝男　一九九二「日本民族学会第一期研究倫理委員会についての報告」『民族学研究』五六（四）、四四〇―四五一頁。
桑山敬己　二〇〇八『ネイティヴの人類学と民俗学――知の世界システムと日本』弘文堂。
佐々木史郎　二〇〇三「ロシア極東地方の先住民のエスニシティと文化表象」瀬川昌久編『文化のディスプレイ――東北アジア諸社会における博物館、観光、そして民族文化の再編』風響社、四九―六八頁。
祖父江孝男　一九九二「日本民族学会研究倫理委員会（第二期）についての報告」『民族学研究』五七（一）、七〇―九一頁。
常本照樹　二〇〇七「アイヌ民族との協同によるアイヌ・先住民研究」『開発こうほう』五二八、二〇―二一頁。
日本民族学会研究倫理委員会　一九八九「アイヌ研究に関する日本民族学会研究倫理委員会の見解」『民族学研究』五四（一）、裏表紙。
本多俊和・葉月浩林　二〇〇六「アイヌ民族の表象に関する考察――博物館展示を事例に」『放送大学研究年報』二四、五七―六八頁。
松宮秀治　二〇〇九「展示と政治」川口幸也編『展示の政治学』水声社、一〇三―一四九頁。
山崎幸治　二〇一四「境界を展示する――『アイヌと境界』展における試み」『境界研究』特別号、一四一―一四九頁。
山崎幸治・加藤克・天野哲也編　二〇〇九『teetasinrit tekrukoci 先人の手あと　北大所蔵アイヌ資料――受けつぐ技』北海道大学総合博物館、北海道大学アイヌ・先住民研究センター。
山崎幸治・木山克彦・宇佐見祥子編　二〇一一『アイヌと境界――グローバルCOEプログラム「境界研究の拠点形成」第四期展示』北海道大学グローバルCOEプログラム「境界研究の拠点形成」。
吉見俊哉　一九九二『博覧会の政治学――まなざしの近代』中央公論社。
Evans, L. M. 2010. The Artifact Piece and Artifact Piece, Revisited. In J. B. Nancy (ed.). *Action and Agency: Advancing the Dialogue on Native Performance Art.* Denver: Denver Art Museum, pp.63-87.

コラム⑦

〈アイヌと境界〉展に関わって

――被写体・動画編集者として

川上将史

被写体として

今まで被写体としてカムイノミに参加したことがなかった。〈アイヌと境界〉展で映像を展示するため、被写体兼動画編集者として二〇一〇（平成二二）年度に関わらせていただいた。普段、人にカメラを向けても、カメラを向けられることがなく、初めての体験となった。今回参加する儀式は、白老で毎年行われているペッカムイノミ（pet kamuynomi 川の神への祈り）だ。私は日頃から可能な限り知人を頼り、縁のある地域のカムイノミに参加しているが、「起床→カムイノミ参加→帰宅」を撮るという、テレビの密着取材状の撮影対象としてカムイノミに参加することが初めてであり、どのような撮影になるのか撮影の数日前から楽しみにしていた。同行撮影者は製作総指揮を執った山崎幸治先生だ。

参加するカムイノミの前日（九月九日（木））から私の自宅に山﨑先生に宿泊していただき、翌日（九月一〇日（金））起床から撮影開始となった。撮影前日、夜更かしせず就寝した。撮影当日、目覚ましアラームで起床し、昨晩用意しておいたカムイノミ道具一式（着物・冠・捧酒箸・杯・天目台・脚絆）を携え、白老に向かった。山崎先生が先行し、私の歩行風景を撮ろうとするが、私がカメラを意識してしまい、レンズを見ないようにするが気になり、わざとらしく視線をはずし、ギクシャク歩いてしまった。大勢の目に触れる動画なので、何度か撮り直しを頼んだ。カムイノミが始まると祝詞を唱える方に集中し、そこまでカメラを意識することはなかったと思う。

他の出演者の映像を見ると、カメラを意識せず日々の暮らしを写しており、さすがと感じた。考えてみれば、私以外の出演者は全員白老の方で、第三者の視線に慣れている玄人ばかりだ。他の出演者のカムイノミまでの過ごし方を見ると、娘さんを駅に送り家の掃除を行う、経営店舗での業務後、博物館で決済印を押す、観光客相手にアイヌ文化を軽妙に説明する、など格好良い場面ばかりだ。私が写っている動画を見ると、移動のために歩いているか、食事をしている映像ばかりだ。いま思えば、朝起きたら紅茶を飲むなど、オシャレな一面も見せたかった。動画編集作業については次にくわしく述べる。

動画編集者として

今回、ペッカムイノミの編集動画を展示で発表するにいたるまで、さまざまなことがあった。主に苦労した点を何点か書き連ねる。すべてを伝えることは難しいが、端的に記述する。

今回の編集対象は、出演者のアイヌ四名の行動を、一画面四分割にして、日常／非日常を密着撮影した動画だ。アイヌ一名につき一名の撮影者が同行した。この動画を編集する際に用いたソフトは、C社製のUV11（以下11）だ。このソフトは、初心者でも扱え、わりと複雑な編集ができる。個人で使用していたUV8の後継として用いた。編集を進めていくと、一つの撮影動画内に出演者の自家用車ナンバーが表示され、「映像を公表できない」という判断が製作総指揮者からくだされた。やむをえず、その部分をボカすため、モザイク処理機能が付いている編集ソフトを探した。次に用いたのがUV12（以下12）とUVP X3（以下X3）のソフトだ。個人情報保護のため用いたこのソフトに問題があった。12は、機能的に充実していると思わせつつ、なんと編集した映像が高画質生成不可という悲惨なことになっている。できあがっても小技ばかり効き、肝心の画質は某有名会員制動画サイトの一般会員用画質と互角という具合である。これでは、展示会場の大画面液晶に投影できない。11と12の互換性も残念で、11で編集した動画は12で編集可能だが、その逆に12で編集した動画は11で開くときと開かないときがある。X3はさらに問題があった。こちらは従来ソフトより幅広く編集・処理可能という名目で、編集幅拡大を狙い投入したが、X3で開いた動画は11と12では開けなくなる。モザイク処理をかけたあと動画生成を実行すると、モザイク処理部分の画質が著しく低下する。そして、モザイク処理画面が経過すると通常の画面に戻ってしまう。同じC社製品で互換性がないのはなぜか疑問が生じる。結局、作業開始時に用いていた11をもとに、モザイクを自分で作成し、コマごとに貼付けたあと高画質動画を生成するという地道な作業を行い、なんとか映像を公表できる形になった。改めて映像を見ると、己の技量が未熟であったため改善点が山積しており、そういった意味で今となっては直視できない。

いずれにしても、日常／非日常の切替を確認できる内容の映像に仕上がってはいる。文化的側面の情報発信方法として新境地の開拓へと歩を進めつつあった動画ではないだろうか。製作総指揮者の発案は非常に類希であったと思う。

第8章 写真資料をめぐる対話
――母国と調査地シベリアにおける〈トナカイ遊牧民〉展

高倉浩樹

1 はじめに――アウトリーチとしての展示

筆者が展示に関心を持つようになったのは、近年の大学における社会貢献推進という文脈であった。教育研究はもちろんのこと、その成果を一般社会にむけて発信することが研究者に奨励されている。文化人類学の場合、新聞で大々的に報道されるような発見とか最新の知見という形で成果が現れることは珍しい。むしろ異文化理解や交流を促進する啓蒙的な役割が期待されていると思う。とくに人類学者は母国からはるかに離れた異郷でフィールドワークを行っていることが多い。長期間の調査活動のなかで写真や動画を撮影したり、現地で民具に当たるものを収集していたりする。このようなイメージやモノは展示に結びつきやすい。それゆえ筆者自身、二〇〇七年の東北大学のオープンキャンパス企画で最初に展示発表を大学から求められたときには、気軽にできると考えたのだった。

ロシア・シベリアのトナカイ牧畜民の生態人類学的な調査をしている筆者にとって、調査資料の核となるのは、自分の観察記録であり、現地の人々からの聞き取りといったテキスト・データである。映像人類学や物質文化研究を専門にしていなかった筆者にとっては、写真は調査の証拠であり、言葉で説明しにくい部分をわかりやすく示すイメージであった。民具についても体系的な収集を行ったわけではなく、偶然いただいた毛皮ブーツや、自分が防寒用に使っていた現地製の手袋などがあるという程度だった。おそらく、筆者のような立場は、多くの人類学者と共通していると思う。このような条件のなかで、たまたま始めた展示だったのである。

その後二〇〇八年にやはり大学の公開講演会の付属企画として展示を行うことになった。そのなかで、偶然にも写真家やコミュニティ・プロデューサー、空間デザイナーと仕事をする機会を得た。この出会いも大学広報業務が起源である。職場の要覧制作を任された際に、彼らと出会ったからだ。せっかく美術系の職業専門家と知己を得たのだから相談にのってもらおうと考えたのである。*1 そしてまさに展示をどう制作するかについての検討が合同で行われ始めたのだが、これが筆者にとって決定的であった。彼らとの写真展示をめぐる協働作業は、人類学の目的の一つである異文化理解の実践という意味で非常に刺激的であり、従来筆者が思いだにしなかった可能性を提示したからである。

人類学者にとって写真が、調査における重要な情報収集の手段であると同時に、調査地でのコミュニケーション媒体となることは、古くから指摘されてきた(Collier 1957)。このことはデジタル化やソーシャルメディアの発達する現代にあっては、むしろ重要性を増している(Marion 2010)。調査地における調査者と被調査者の間、母国における異文化理解の促進という点で、メディアとしての写真は人類学者の重要な資源なのである。その意味で、人類学者の社会貢献を考える際に、写真展示は最も行いやすいものであり、異文化理解の促進という点でも重要な意義を持っている。

そのような前提をふまえ、筆者自身の展示経験を紹介しつつ、写真をめぐる展示の可能性について考察するのが本稿の目的である。学術論文のなかで写真が用いられる場合は、状況証拠として使われるにせよ、アイコンとしてイメージを流布する役割を果たすにせよ、研究者の著作物として一元的に操作され、成果＝出版物は時間と場所を越えて永続する。これに対して展示は、時間と場所という限定性のなかでのみ実現可能であり、しかも技術的にも研究者以外との協働が必要だという点で違いがある。展示を実践するなかで、異業種専門家、来場者、被調査者との対話という形の生の交流が生成した。写真展示をめぐる対話を行った後、人類学の学問としての新たな可能性があるというのが筆者の確信だった。

本稿では、関連する研究史を振り返りながら、展示を行うなかで現れた写真をめぐるさまざまな主体との対話を「協働編集」と概念化したい。その上で、二〇〇八年に母国で行われた展示と二〇一二年に調査地で行われた展示を紹介し、人類学者にとって展示実践が切り開く可能性を探究する。とくに協働を人類学の研究上に位置付けること、民族誌資料の断片性の持つ可能性、展示が可能とする異文化交流のあり方について考察する。その結果は、近年のポストモダン人類学理論では批判的に扱われてきた論点を再考させることになった。展示は、従来とは異なる形で研究資料の意義を考察させる契機を含んでおり、その可能性を提起したい。

2 参加・関与・協働

展示という実践は人類学のなかでどう位置付けられるのだろうか。またその実践過程のなかでさまざまな分野の専門家・立場の人々との協働は、人類学の方法の上でどのような意味があるのだろうか。このことを考えながら本稿の問題意識を明確にしたい。

一つの考え方は、展示は博物館や社会貢献に関わる、いわば人類学の応用的領域として捉えるという立場である。この場合、そこで発生するさまざまな過程はあくまで展示という特別な場面に由来するものであり、展示をしない人類学者には関係ないということになる。いうまでもないが筆者の立場ではない。展示は特殊な業務ではなく通常の人類学的実践と共通する側面を持っており、さらにそれをより好ましいものに換えていく力があることが前提である。展示実践は、社会的意義以上に、人類学者の研究自体に貢献するものだというのが筆者の考えである。

この考えは、筆者の独創ではない。ポストモダン批判を経た映像人類学のなかでは、基礎研究と応用研究を区別せず、むしろ混交することによって新しい理論と方法を切り開いていくという主張が大きな流れとなっている（Field and Fox 2009; Lassiter 2005; Pink 2007; Rappaport 2008）。これは公共人類学に関する研究者の関心の高まりと軌を一にする傾向である。

写真や映像に関わるポストモダン批判はさまざまな議論が展開しているが、その中核の一つは、写真や映像の真実性に関わる認識であり、イメージを取り巻く社会的文脈を感知することの必要性である。すなわち報道系のような写真であってさえ、写真家の時々刻々の選択や、掲載される媒体、さらにそれを取り巻く歴史・政治・文化的文脈によって規定された「制作物」であるとして理解することである（今橋 二〇〇八）。また、展示それ自体についても同様の批判的見方がある。展示はたとえば複数の写真やモノで構成されるがゆえに、より大きな社会効果を発揮する文脈を創り出す。その意味で大小問わず展示は、表象の権利や権力性をめぐる問題がつきまとう（吉田 二〇一一：九七）。

こうした視座からすれば、一見、映像による表象や展示はもはや学術営為として実行できないのではないかと危惧を持つ読者がいるかもしれない。しかし、それはあまりに素朴な反応である。留意すべきは、これらの批判の対象は、従来の科学の存在や客観性に対する過度な信頼性に向けられたということである。むしろ映像の主観性やイデオロギー性を自覚し、これを操作的に利用することによって、異文化理解に関わる好ましい社会的効果を上げることができる表象や展示は可能だと考えた方がいい。そうした取り組みにおいては、客観的科学における調査者と被験者というような絶対的区分を設けるのではなく、関与・参加・協働という方法が用いられるようになっている。

この一つは応用映像人類学である。この分野を牽引するサラ・ピンクは表象の力の問題に触れながら、客観的な描写よりも、映像を用いて社会介入し「文化的仲介」に関わる問題解決に寄与することを目指すべきだと主張している（Pink 2007: 11-12）。ここで想定されているのは開発における当事者と政策決定者の間の相互認識を変えるための映像制作であり、被写体の立場の人と協働することが、創造的な学問を生み出すと見なされている。それは参加型映像制作と呼ばれるものであり、そこでは調査者と被調査者双方にとって自己発見の機会があり、アイデンティティの創造的構築が可能であると指摘されている。この取り組みによって従来見えにくかった被調査者社会の立場の複雑性も明らかにすることが可能となっている（分藤 二〇一一、Flores 2007）。さらに進んで、被調査者にカメラを持たせて撮影させるという方法も行われている。これはケニアの孤児院の子どもの内面を研究という側面から理解するために用いられた方法だが、同時に援助などの政策決定者に対する実践的意味も含まれている（Johnson 2011）。参加型映像制作は、調査者と被調査者の絶対的区分を解消するとともに、目的指向性（＝実践の現実的社会効果）の企図が明確であるという特徴がある。

こうした参加型の調査研究は、映像人類学だけでなく、より広い意味での人類学のなかでも位置付けることが可能である。人類学の社会的関与は、①共有と支援、②授業と公教育、③社会批評、④協働、⑤弁護・公的擁護、⑥社会運動と区別することができる。その上で、関与することによって、人類学者のフィールドワーク、他分野の専門家との関係、さらに公共の概念自体が変わるものなのである（Low and Merry 2010）。実際に、アフリカのマサイの先住民運動に活動家主義的な立場として関わる研究者は、特定の立場にある集団への弁護・公的擁護を行う必要性、また過度な他者性の視座よりもむしろ彼らと我々の区分の不必要性を主張し、活動家研究者としてフィールド・国連などのさまざまな場の民族誌を描写している（Hodgson 1999; 2011）。従来、人類学は一つの調査地コミュニティに長期的に入り込んで異文化を表象することを調査方法の基礎としてきた。しかし、闘争中の組織との政治的提携を是とし、また彼らとの対話を通しての諸過程を進めるような活動家主義の研究方法にあっては、ポストモダン批判のなかで提唱された多現場的民族誌こそが重要になると指摘されている（Hale 2006）。こうした形での研究成果の社会還元は、一見特定集団の利益の増大に寄与するように見える。しかしポストモダン的視座からは社会一般に対する科学の貢献というあり方にイデオロギー性や立場性が内包されていることが明らかになった。とすれば、社会的弱者の立場に自覚性をもって立つことは、差別・格差の解消に関わる積極的行動・政策の一種であり、この点から学問の立場としても擁護されるべきものなのである。

こうした研究史のなかでは、協働とは調査者と被調査者の間の新しい関係を示している。従来の情報提供者というレベルを超えた存在として、ラポールに変えて対話者という位置付けすらされている（Field and Fox 2009; Low and Merry 2010: S209）。この意味で協働とは情報提供者の肩越しから参与観察される「厚い記述」（C・ギアツ）なのではない。また協働は調査地における単なる倫理なのでもない。むしろ「民族誌的過程におけるあらゆる箇所において意図的そして明確に、つまり協働であることを隠すことなく、むしろ強調する民族誌の方法」である。そして協働されるのは、プロジェクト自体、フィールドワーク、分析と執筆といった文字通りの調査研究過程である。協働の民族誌とはそのようにして編まれたものなのである（Lassiter 2005: 16）。留意すべきは、協働する主体がそれぞれ異なる立場に立脚しているという事実である（伊藤二〇一一）。

ポストモダン批判は映像による異文化表象や展示を縮小させる形に作用しているわけではなく、むしろ、応用実践面での理論的基盤となっている。客観的ではなく主観的に、分析的ではなく行為遂行的な特質を活かした映像の利用が行われている。こうして見てくると冒頭で紹介した筆者の展示の取り組みは、博物館や展示専門家に関わる特殊な経験と考えるべきでないことがわかる。参加と協働という方法による写真の異文化表象の実践は、映像人類学や公共人類学の潮流のなかの一つとして位置付けることができるからである。

このなかにあって筆者が焦点を当てたいのは、展示における協働性である。展示という成果公開の形態は、従来の論文・書籍と大きく異なり、相対的には研究者が単独で統御できない要素が飛躍的に増加している。イメージとテキストの管理は可能だが、それをある空間においてどのように配置するか、複数の写真をどう配列するか、会場のレイアウト、コース、さらに会場の物理的な設営から、広報を含めた社会への発信方法など多岐にわたる課題が存在する。そのため筆者が実践した二つの展示のなかでは、写真をどのように展示するかをめぐって研究者・専門家・被調査者などのさまざまな主体による対話が発生した。それは文字通り展示のコンセプトから始まって準備と展示＝発表という民族誌過程であった。もう一つ留意したいのは、ここでの協働の主体は、従来の研究史で想定されている調査者と被調査者に加えて、調査者の母国におけるデザイナーなどの異分野の専門家も含まれていることである。そうした条件をふまえて、協働で行う展示は人類学の方法や理論にどのような意義があるのか、社会的効果はどのように波及するのか考察していきたい。

3 母国仙台市での展示

展示の紹介

最初に紹介するのは、二〇〇八年一二月一二～一四日にかけて、せんだいメディアテークで行った展示〈《見る、さわれる、知の旅》トナカイ！トナカイ!!トナカイ!!! 地球で一番寒い場所での人間の暮らし〉である（千葉ほか 二〇一〇）。

二〇〇八年一二月六日に筆者は勤務する大学で公開講演会を行ったが、この展示はその特別企画として実施された。それゆえに主催者は、筆者もその一員であった組織の広報情報委員会であり、展示企画のための予算もそこから拠出された。展示のコンセプトはシベリア人類学の成果に関わる「調査地と研究室の間の旅」であった。展示内容は、筆者が調査するシベリアのトナカイ牧畜民（エヴェン、ネネツ）の写真で、A4サイズ九二点と大型のA0サイズ一一枚、これに調査のなかで収集したり自分の防寒着として使ったりした毛皮民具など三七点である。

展示技法は、インスタレーション・アート[*2]の手法と参加型展示となるようにした。会場は、タイガとトナカイの群れ、および宿営地のイメージを再現できる立体展示物を配置した。さらに天井からは多くの短冊を吊し、そこに調査時に感じたことをつぶやく形で文章化した。写真は、たとえば「群れ」「騎乗」といったようにテーマごとに分けて配置し、民具はすべて触ることを可能とした。PCプロジェクタを三台用意し、自動スライドショー機能を用いて映写した。来場者には最後に、「シベリアへの手紙」として感想を書いてもらった（回収一六一通で、そのテキストは千葉ほか（二〇一〇）に所収）。この展示を実施するにあたって協働したのは、仙台市内に暮らす写真家、コミュニティ・プロデューサー、空間デザイナー、そして学内ボランティア（助教・研究員・学生）であった。

クリスマスの時期と重なったこともあり、三日間で来場者は一〇四五名に達した。筆者自身初めての本格的展示であり、多くの発見があった。なかでも写真を大型に出力した物理的迫力と、インスタレーションの力に圧倒されるとともに、来場者の関心にあるのは、研究成果はもちろんなのだが、そのような調査研究を行っている人類学者自身なのだということに気づかされた。

準備の過程

展示を企画運営するにあたっては、企画の主宰する筆者自身の考えを上記に述べたさまざまな関係者と共有する必要があった。そもそも彼らには筆者がどのような調査研究を行ってきたのか説明する必要があり、展示に用いる写真や民具などの説明を行ったのである。その上で、実際にいかなる展示が可能か、相互に意見を交換する準備会合を四回設けた。このことで、企画チームとして意識ができあがったし、共通認識の醸成にもつながった。重要なことは、この準備過程は主宰者としての筆者の考えを伝えるという一方的な場でなかったことである。以下ではそのなかで特徴的だった四つの議論について紹介したい。*3

第一に、展示空間の構成である。図8-1にあるように、展示空間は単に写真と民具によって構成されるのではなく、シベリアの森を再現させること、さらに筆者自身の研究室をも再現することとなった。これは

図 8-1　展示空間構成（齋藤秀一撮影、千葉真弓製図）

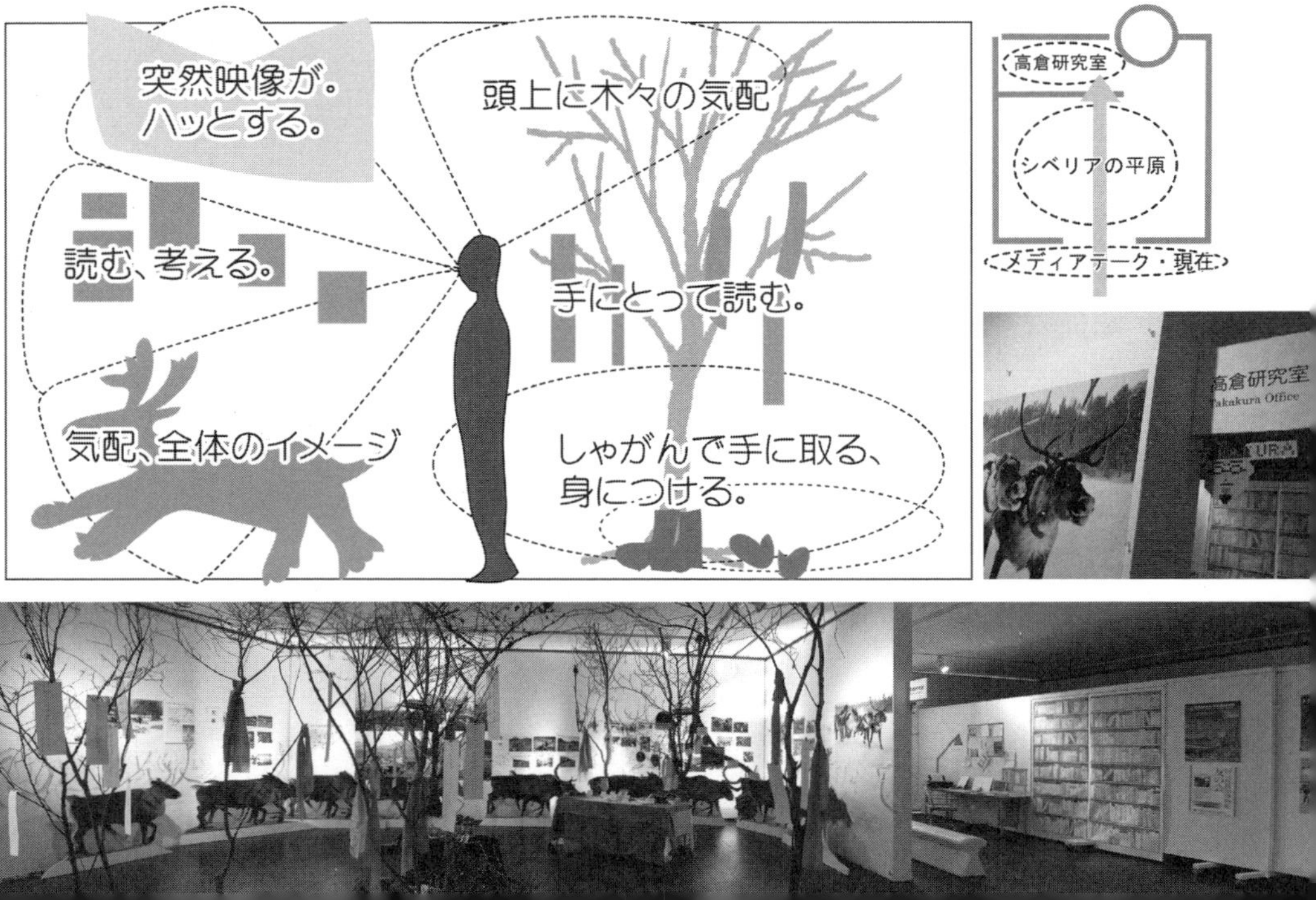

調査地と研究室との間の旅を来場者に追体験してもらうという空間構成コンセプトが提示されたからである。筆者はシベリアの森のなかで、約一・五年にわたる単独の参与観察調査を行ったが、これは人類学者としては当たり前の活動である。学会発表や論文のなかでは、調査方法としてわずかに言及されるに過ぎない。しかし準備会合のなかでは、シベリアの森で現地の人とともに暮らすというあり方自体が異文化であり、また大学の研究室自体もまた異文化なのだという指摘があった。それゆえに、人類学者として日常的に行う調査地と研究室の往復そのものを展示することに決まったのである。[*4]

二つ目は「群れ」を展示するというアイデアが出されたことであった。これは図8‐2を準備会合で見せるなかで出た意見である。多くの日本人にとってトナカイのイメージはサンタクロースの橇と結びついており、トナカイが群れでいるという現象自体が想像できない。それゆえに「群れ」こそ展示されるべきだとなっ

図8-2　トナカイの群れと角（1994年、筆者撮影）

たのである。現地社会に行けばごく当たり前の光景であり、牧畜研究をしていれば、トナカイが群れで飼育されていることは常識である。この指摘を受けた際に、筆者が感じたのは、異文化理解に貢献する人類学者ならば、そもそも牧畜研究でいうところの「群れ」概念そのものから伝える必要があるということだった。調査者の母国の地域社会＝市民社会の関心領域の方向性とその水準を把握する契機がそこにはあったのだ。

三番目は、設営に関わって協働者が行った「演出」技法である。タイガの森にいるトナカイ群を見せるという展示の着想は理解できたが、これをどう実現するのか筆者には不明だった。協働者たちが提示したのは、樹木や一畳大の発砲スチロール断熱材を利用したインスタレーションであった。協働者の仲間に仙台近郊の山間部に暮らす木工作家がおり、彼の庭から伐採したものを用いた。断熱材にはA０サイズで打ち出したトナカイ

図 8-3　群の展示（齋藤秀一撮影、千葉義人製図模型）

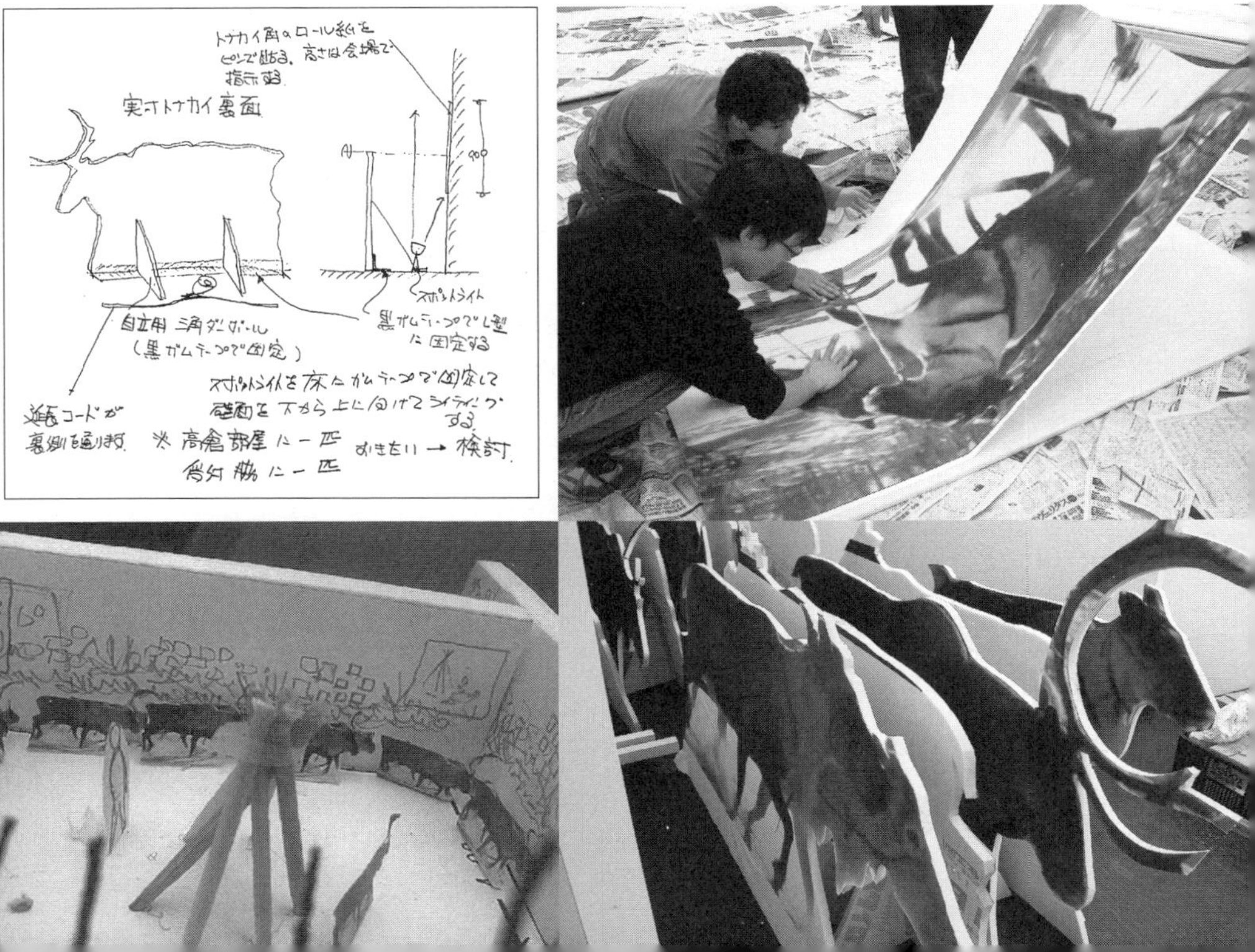

の写真を貼り付け、これを自立させた上で一〇基準備した。それが図８‐３である。このような展示設営を実現するデザイナー等の制作者の力に感服した。さらに現場設営に参加した先の木工作家は、展示写真に刺激を受けるなかで即効でオリジナルの橇制作を行った（図８‐４）。これは生データに知的喚起される職業的専門家の生態そのものであると同時に、民族誌資料の持つ知的喚起力が存在していることを強く思わせる出来事だった。

第四に、研究資料（＝写真）の再解釈の可能性である。準備会合のなかで、役畜文化の説明として、鼻輪や耳縄などをつけたトナカイの顔写真を紹介した。それを見た協働者は、目の部分を中心に拡大することを提案、そのなかでトナカイの目に映る筆者自身がいることを発見したのである。研究者は見る存在である。しかしこの写真が示しているのは、研究者は調査地において、母国において、さらに動物にすら見られているという事実

図 8-4　即興の橇制作（齋藤秀一撮影）

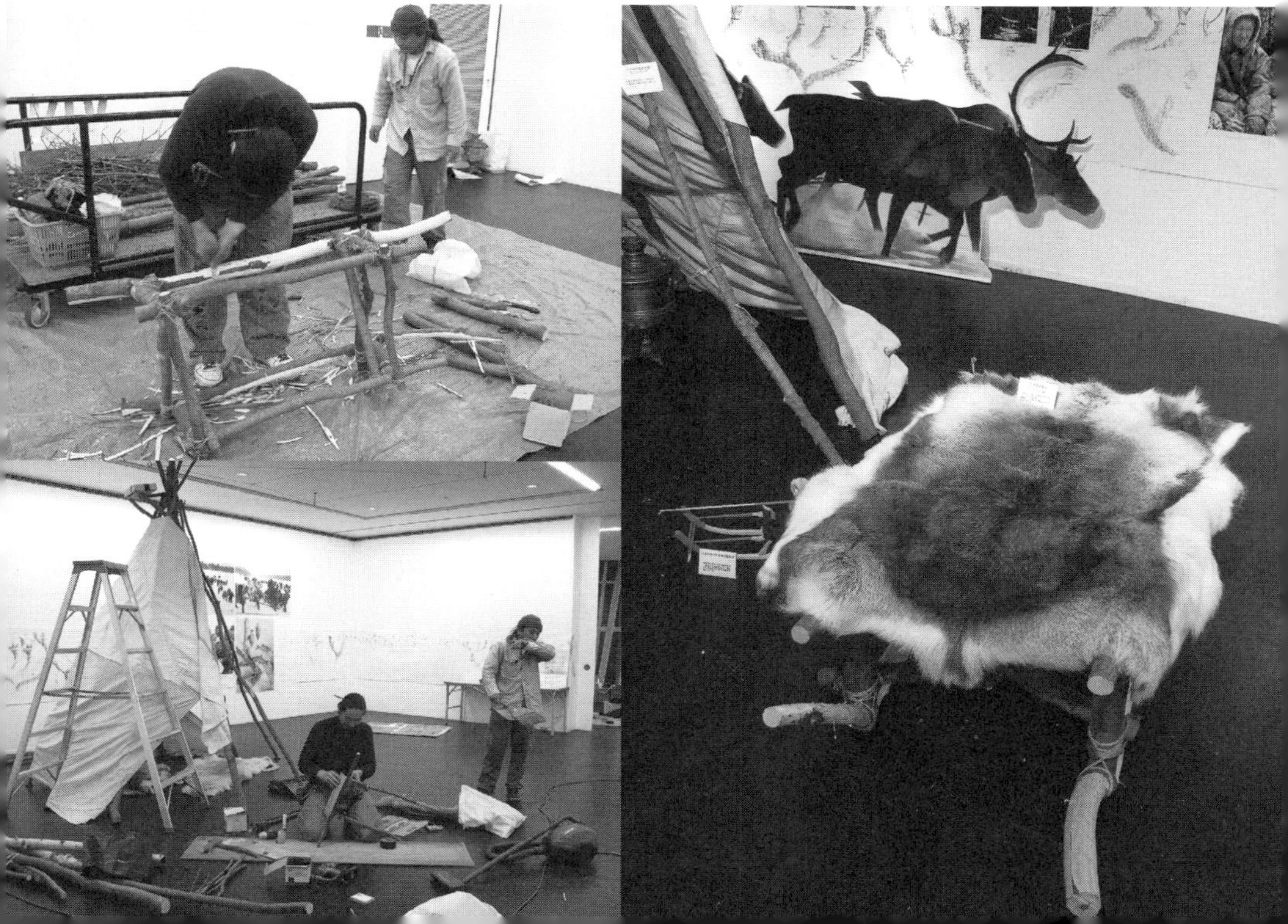

だった。[*5] この写真はそのままさらに拡大され、二×三m大のポスターとなり、会場入口に掲示されたのだった（図8-5）。

写真は、主観的選択が介入した上で成り立つ客観化された画像である。しかし画像として存在した瞬間に、これを見るあらゆる主体は、その意味を自由に解釈することができるのである。と同時に、このことは研究者の分析的視座を相対化する。人類学者の「見せたい」内容は、既存の研究史に即した文脈を前提にして構築されているわけだが、この経験はそうではない解釈と利用がいくらかでも実行可能であることを示しているからである。

準備過程で行ったのは、現地調査における生の調査データを展示用に加工＝分析することであり、それを協働で実施したということである。そこで生起したのは、研究者が見せたい（学術的に妥当な）内容と、観覧する側により即した視点から見たい内容のぶつかりあいだったのである。

協働編集の過程

通常の人類学者による調査研究は、（イ）問題関心から始まり、（ロ）それを明らかにするために現地調査を行い、（ハ）その研究資料を分析・解釈する、すなわち文化の翻訳をふまえた上で、（ニ）論文・著作という形で執筆・公表されるという四段階のプロセスを経ている。このような過程を念頭において、展示はどのように位置付けられるだろうか？

通常、展示はすでに分析・解釈が終わって明らかになった研究成果を、同じ分野の専門家にではなく、むしろ社会一般に発信するものとして位置付けられている。とすると、上記の過程のなかでは、文化の翻訳後の（ニ）執筆・公表の一種だということができる。同じ分野の専門家ではない人々に提示するために、わかりやすさと啓蒙的観点が導入され、論文という成果形式からは編集されたものが形となると見なすことができる。

しかし筆者の展示では、そうではなかった。むしろ現地調査を行い、その資料を他分野の専門家・異業種の職業人とともに（ハ）分析・解釈＝文化の翻訳を行ったといえるのである。その結果が（ニ）展示という形になったわけだ。ここで起きた事態こそ、協働の民族誌的過程である。調査プロジェクト自体とフィールドワークはすでに筆者自身が単独で行ったものであるが、分析と執筆の過程を異なる目的を持つ主体と協働で構築したことになるからだ。それは調査データの編集という意味で、協働編集（collaborative editing）の過程と呼ぶことができる。

筆者の場合、上記（イ）〜（ニ）の過程はすで

図 8-5　トナカイの目が拡大された巨大ポスター（齋藤秀一および筆者撮影、千葉真弓製図）

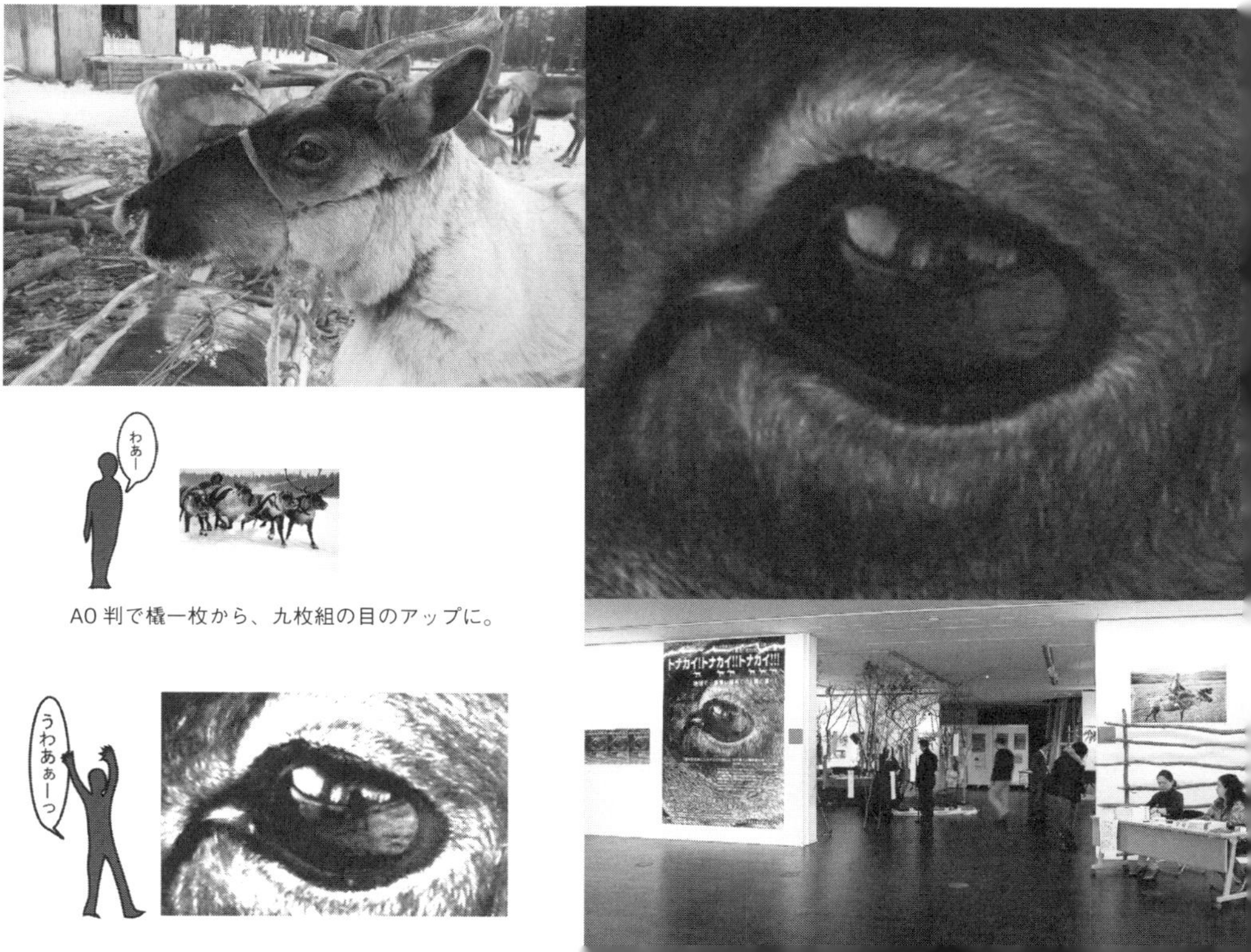

に単独で行ってきた（高倉 二〇〇〇）。つまり協働編集過程による展示は、研究者が通常の民族誌的過程を経た上で、文化の翻訳と論文執筆＝発表を協働でもう一度やり直すことなのである。そこで重要なことは、人類学分野の研究史に基づく妥当性とは異なる形で、研究資料の位置付けが探求されることであり、別の水準に即した「文化の翻訳」が行われるということなのだ。

この過程のなかで再発見可能な研究資料の価値は上記に述べたとおりである。それは調査地と研究室の往復のなかでは見いだすことができない可能性を協働者たちと創造的に作り上げたものであるといえる。とはいえ、この方法には留意すべきことがある。それは従来の専門分野の研究史において蓄積されてきた調査倫理の問題、異文化表象の力に関する内省的視座と逆行する場合が含まれうるということである。実際に、先に紹介した協働の人類学を主張者たちは、被調査者・被調査地コミュニティという文脈のなかでの「協働」を正当化していた。とはいえ、だから母国の市民との協働が悪いということはならない。研究史の知見と真逆の場合、母国の異分野専門家への説得も必要になってくるだろう。実際に、彼らとチームを作っている以上、説得・交渉は可能である。その点をふまえた上で、むしろ倫理ではなく、方法としての「協働」が人類学の研究資料の価値を拡張させることを確認しておきたい。

4 調査地シベリアでの展示

展示の紹介

次に紹介するのは、二〇一二年三月二二〜二四日に、ロシア連邦サハ共和国エヴェノ・ブィタンタイ郡サクリール村文化センターで行った写真展示〈シベリアの民族学――日本人研究者の写真のなかの遊牧民の日常生活〉である。これは二〇〇八年仙台展示の継承版でもあった。このときに集めた感想＝「シベリアへの手紙」を現地へ紹介することも意図していたからである。実施するための資金は、民間助成団体による外部資金を確保した。[*6] 当初、二〇一一年三月に予定していたが、東日本大震災のため、一年延期し二〇一二年の開催となった。

展示コンセプトは、調査地において研究資料を共有することであり、仙台での展示つまり日本の市民がシベリアのトナカイ牧畜民をどう理解しているのかを報告するというものであった。展示された写真は仙台での展示とほぼ同じである。ただし、選択の際に、調査地サクリール村で撮影したものを中心とした。また筆者以外にこの村で調査・取材した日本人の人類学者とジャーナリストに呼びかけて写真と動画を提供してもらった。サクリール村のトナカイ牧夫たちと村人を中心にA4サイズを九七点、A0サイズを一〇点用意した。仙台市民による感想の手紙はロシア語に翻訳し（その一部は高倉（二〇一〇）に所収）、また仙台市の紹介動画（一五分）も持参した（齋藤秀一氏制作）。

展示にあたっては、自立式パネルや窓からの採光を利用した写真展示を基軸とし、会場内に一五基程度のイスを設置し動画を座って見られるようにした。また来場者に展示への感想を、日本への手紙という形で書いてもらい、それを別の来場者が見られるように掲示した（図8-6）。なお、ここで利用した写真資料は展示終了後にすべて会場となった文化センターに提供することとなった。また日本で制作したA4サイズで三〇頁ほどの図版カタログ（高倉 二〇一〇）を三〇〇部ほど持参し、来場者に配布した。村役場の全面的な支援を得たこともあり、人口一五〇〇人の村で三〇〇人近くが来場した。

この展示企画と準備にあたっては、東北大学東北アジア研究センター共同研究「展示実践を通した北方人類学における社会還元の可能性の探求」(二〇一〇～一二) のメンバー(の一部) に関わってもらった。その上で、ロシアでの展示実施にあたっては、日本から空間デザイナーに同行してもらった。さらに現地研究機関の同僚研究者と、かつて調査地のラポールであり、本書でコラムを書いてもらったアモーソフ氏とは事前に連絡をとっておき、現地入りしてからは、村の役場や文化センター職員とも打ち合わせを行って実施した。展示を行って改めて、人類学者は異なる時間と空間間における翻訳者・媒介者であることを痛感した。一九九四年から一九九六年当時に撮影された写真が二〇一二年に展示されることで被調査地における集団・個人的記憶を喚起した。その展示を行ったのが日本人研究者であることは、調査地の人々に対して、日本社会への関心を強く喚起することとなった。*7

現地展示をするなかでの協働

さまざまな関係者と協働作業を行うなかで、展示内容が決まっていったのは、二〇〇八年仙台の事例と同じである。その一つは展示題目そのものである。カタログ制作を始めた際には、「日本人の見たトナカイ遊牧民――シベリア民俗写真を現地に戻して展示する試み」という題目であった。これを、ヤクーツクの現地同僚と相談したところ、現地に戻すという意味が不明という意見が出て、最終的に「シベリアの民族学――日本人研究者の写真のなかの遊牧民の日常生活」となった。筆者自身は当初、近年の民族学博物館で行われる標本資料の現地返還 (repatriation) を意識したがゆえに、「戻す」という意図があった。しかし現地同僚と議論するなかで、今回の取り組みはむしろ現地との「共有」の方が適切だという意見に落ち着いた。

題目のなかにある「日本人研究者の写真」という言葉は、現地同僚からの助言である。そこで筆者は自分自身の写真だけでなく、サクリール村を訪問した研究者・ジャーナリストに関係する写真提供を呼びかけることとなった。その結果、展示写真は、筆者の写真をメイン（八九点）にするものの、それ以外の人から九点が提供された。とくにそこでは個人に関わる写真が多かったため、筆者自身もトナカイ牧畜の写真だけでなく、村人の肖像写真を選択し、展示写真に加えた。さらに一九九〇年代に日本のテレビで放映された探検家の関野吉晴氏の「グレートジャーニー」の動画映像が加わった。当時、関野氏はサクリール村を経てすぐ近くのクストゥール村を訪問し、狩猟光景の取材をしていたのである。このことで筆者自身の研究成果公開ということから日本人の研究成果公開へと変わった。

会場設営については、同行したデザイナーの力なしには実現不可能だった。事前に電子メールで村のアモーソフ氏から会場写真が送付され、大きさや壁の性

図8-6　シベリアの調査村での展示会場（筆者撮影）

質まで情報入手していた。しかしそれ以外の、照明や天井・電源・付帯設備・器具についての情報はなかった。それゆえに、どのように会場設営をするか、現地で関係者と相談しながら、展示配置図（コラム9の図参考）や必要器具を製作した（図8-7）。まさにブリコラージュであった。また現地の役場からの提案で、開場式が設けられることとなり、エヴェンの民族舞踊、シャマンの歌に続いて、村長、筆者などの挨拶で構成された。広報を役場が担ってくれたこともあり、参加者は小学生から老人まで三日間ひっきりなしという状況だった（図8-8）。

研究資料から記憶・記録へ

今回の展示で重要だったのは、手紙の展示である。仙台での展示の感想一六一通をロシア語に翻訳し展示したからである。これを来場者は驚くほど熱心に読んでいた。この展示があったがゆえに来場者に書いてもらう感想を「日本への手紙」というかたちで募集した。

図 8-7　展示制作の過程（筆者撮影）

この展示をふまえて日本の市民へのメッセージを欲しいと依頼したのである。回収できた手紙は一八五通となった（図8‐9）。これは現地展示によって作り出された新しい社会事象である。

まず紹介したいのは、展示に参加することによって個人の記憶が想起されたことに言及したものである。

（資料一）展覧会を見た後、まるで自分が一五年前にタイムスリップしたかのように感じました。亡父の写真や現在、トナカイの群れで働いている甥っ子の写真を見つけました。

（年齢不詳、女、120323‐049a）

（資料二）何千頭のトナカイの写真を見ながら、子どもの頃を思い出しました。僕の人生そのものがトナカイとともに過ごした人生でした。僕にとってそれはとても大切なものです。我々の山や自然、トナカイがどんなにきれいかを写真で見ることができます。僕たち、エヴェン人にとってトナカイはすべてです。トナ

図8-8　開会式の模様（千葉義人および筆者撮影）

カイがいない人生などはありえないです。写真を通して、写真家がうまく僕たちの生活のすべてを写しています。苦労、寒さ、美しさ、故郷の人々の優しさなどを。良いことだけを祈ります。また来てください。今度、トナカイ牧夫たちの集会（大会）を見に来てください、とてもきれいですよ！

（男性、１２０３２３-０４７ａ）

この資料を読む限り、調査写真は、現地の地域社会の集合的および個人的記憶に直結していることがわかる。論文という媒体における分析結果という形ではなく、調査の「生資料」を公開することは、人類学の研究史の文脈に囲わない形で資料を提示することである。それは、いいかえれば、断片としての写真＝資料がむきだしになっていることを意味する。それゆえにこそ、資料の閲覧者はその映像を自由に解釈＝分

図 8-9　日本からの手紙（上段）と日本への手紙（下段）（千葉義人および筆者撮影）

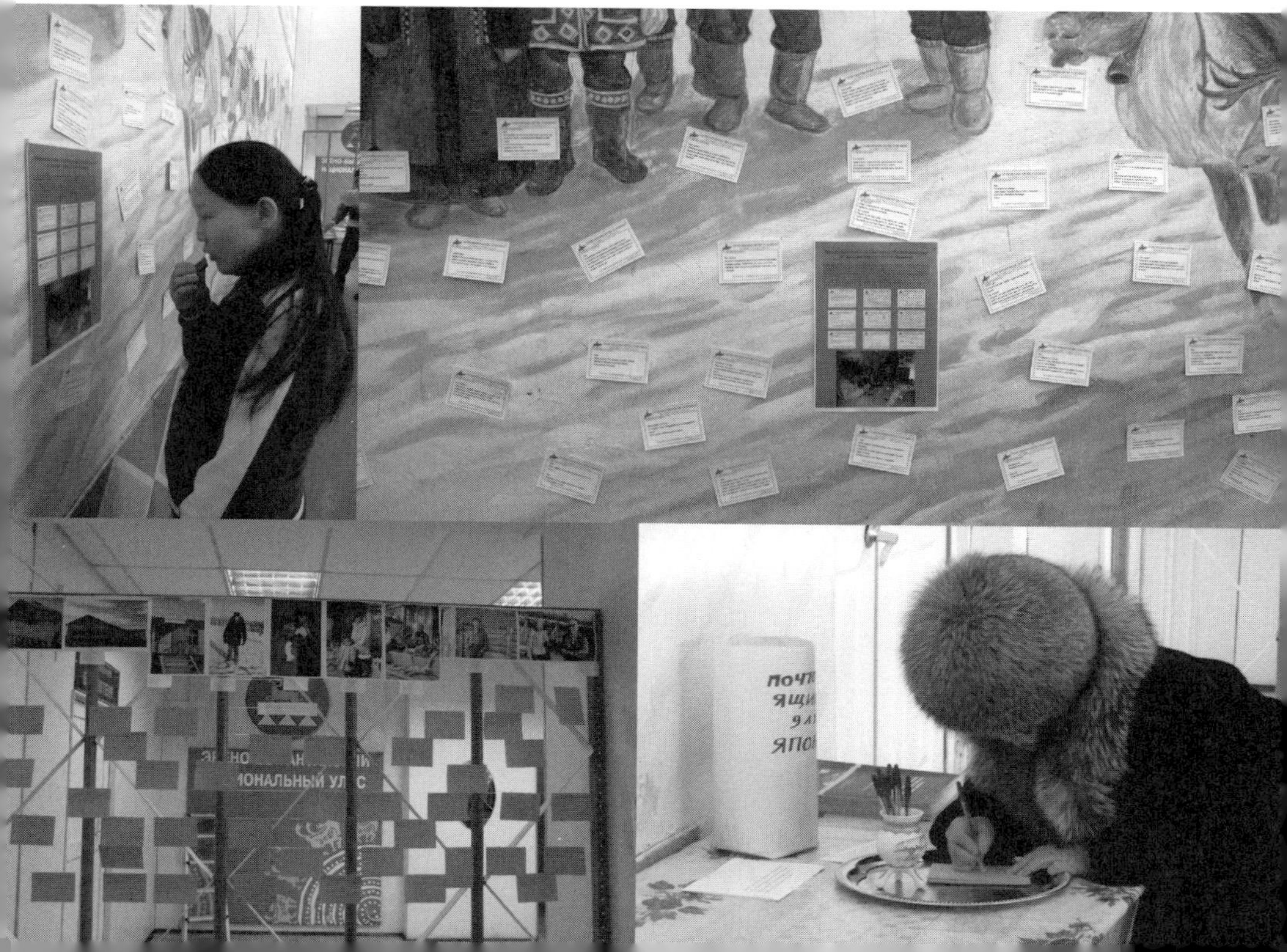

析したのである。このような場面において民俗写真は調査資料から地域社会の記憶・記録へ変換されるのだ。

さらに着目したいのは、外国人による調査の視点であるがゆえに、自文化を再帰的に見つめる契機が現れており、しかもそれは調査者と現地の人々の間で共感性を醸成していることである。

（資料三）とても面白くて勉強になる展覧会です。（中略）写真を見て、自分がここに住んでいるにもかかわらず、アルカン（エヴェンの投げ縄）の作り方を初めて拝見しました。私たちの故郷に興味を持って下さってありがとうございます。（一九七一年生まれ、女性、120323・018）

（資料四）ここに住んでいるにもかかわらず、自分の故郷を「新しい」目で見た気がしました！　そして、お陰様で、平和や優しさ、そして幸せの世界を発見した気持ちになりました！（女性、120323・018）

（資料五）（前略）ロシアでもこのような展覧会がたくさん行われるようになったら、トナカイが我々の誇りと財産として保持されるようになると思います。日本の皆さまにご挨拶を申し上げます。津波の後、大変だと思いますが、日本人は我々と同様、勇敢な民族だから、頑張ってほしいです。（年齢性別不詳、120323・057a）

最後に日本社会への関心や日本との文化交流を呼びかけるものを紹介しよう。なお資料七は日本からのホームステイを呼びかけるものである。

（資料六）バスや車、人がたくさんいますね！　高倉さんの町についてのビデオを見て、自分がかかえている問題を忘れてしまいます！　建物がみんな大きいね！　クール！

（年齢性別不詳、字からは子どもと思われる、１２０３２２‐０４７）

（資料七）子どもづれでも大丈夫です！　四人家族を受け入れることができます。

（年齢性別不詳、文体からは成人女性と思われる、１２０３２２‐０９９ａ）

筆者が行ったのは、日本社会が被調査地をどのように見ているのか、展示を見た日本人が感じたシベリア先住民の暮らしについての生の声を一点一点の手紙という形で紹介（ステレオタイプな意見も含めて）することであり、調査者の母国・地域社会を現地に伝えることであった。このような情報は、たとえば「日本人のシベリア先住民に関するイメージに関する研究」というようなプロジェクトで論文にすることも可能であろう。しかし日本社会がどのように現地を見ているのか分析してまとめるよりも、むしろ具体的な場面に即しての断片化された声＝個々の手紙の紹介の方がリアルに伝わるし、適切である。なぜならその方が当事者にとっては反応＝反論＝共感しやすいからである。

その結果、まさに調査地からは調査者の母国の市民に対して文化交流の呼びかけが為された。この事実は、現地での展示において最も重要な社会的効果だったと筆者は考える。展示は新しい現実を作り出そうとする力を持つのだ。

調査地の社会と調査者の母国の地域社会をつなぐことを実践するにあたって用いられた写真や手紙は、一点一点はそれ自体断片的な情報である。しかしそれこそが、異文化理解と交流を実現するにあたって重要だったといえる。研究者が論文を書く場合、調査者の問題関心と研究史を基軸としたコンテキストが用意され、そこに研究資料の選別・分析・解釈が埋め込まれていく。展示の場合もこの点では一点一点の情報を結合させる仕掛けは持っている。来場者が体験するのはそのコンテキストで形作られたストーリーであることはいうまでもない。しかし、展示の場合、一点一点の資料は断片情報として物理的に存在し、来場者は展示企画者の意図とは別な文脈でその断片的情報を理解することも可能である。シベリアの展示の場合、研究資料＝写真の共有という展示全体のコンセプトに加えて、展示のなかで提示された断片的民族誌情報こそが、母国と調査地をつなぐ媒体になった。人類学者はその意味で、研究史をふまえながらも、断片を断片として適切な形で提供する役割があるのだ。この主張は決して新しいものではない。「民族誌的断片」を求めるマスメディアや学会周辺との関係が、戦前の日本人類学成立において重要な役割を果たしてきたことが指摘されている（飯田 二〇一二）。筆者の提案は、その断片をさまざまなステークホルダーとともに協働で利用＝共有していく可能性を述べるものなのである。

5 おわりに――協働編集の効果

筆者の二つの展示は、民族誌過程における調査から論文執筆を一度行った上で、もう一度調査資料を複数のさまざまな専門家と協働で解釈・分析し、その中身の公表のあり方を検討するものであった。通常、論文執筆へと向かう民族誌過程は、研究室での単独作業であり、あくまでも人類学の研究史と理論的枠組みに即して展開する。ところが展示の社会的文脈は、アカデミズムとは異なった位相にある。それゆえに展示という「執筆」の過程を支える方法は独自に構想されなければならないことになる。

写真をめぐってさまざまな立場の人々と対話することによってわかったのは、そうした学問的文脈と異なる人々とともに異文化理解の実践をどのように行うか協働で検討し実現させるということの重要性である。それは、研究資料の持つ社会的喚起力を最大に発揮させる方法なのである。筆者が理解する限り、協働によって展示準備した経験は、単独で行った現地調査の資料収集かつ学問的文脈でまとめた論文というすでに完了した過程が、異分野の専門家によって「腑分け」され、再吟味されるというものだった。それは、展示という新たな「執筆」の過程で、複数の立場から筆者自身のフィールドワークおよび論考からコンテンツを抜き出し、それをさまざまな形で組み合わせて新たなる意味を見いだし、ストーリーを作るという編集であったのだ。

この協働編集過程さらに展示の結果、本質主義と断片性こそが、人々の異文化理解の契機を作り出す可能性を持つこと、そしてその可能性をより肯定的に捉える必要性があることを自覚した。そもそも社会において人類学的知見が伝達される際に、社会が受け入れ可能な位相を見つけ出す必要があるのだ。それは自分の人類学の調査資料がある現実社会においていかなる社会的価値・潜在性を持っているのかを知る機会を探求することなのでもある。これは母国・調査地いずれもの展示からもいえることである。逆にいえば、論文執筆だけにとどまる以上、我々は研究史の枠組みに入らない資料は見捨ててきたのかもしれない。

ポストモダン人類学の視座のなかではこのような見解は常識外れと見えるかもしれない。しかし問題は、展示を通した人類学的実践＝異文化理解は、非研究史の文脈＝非学術的アリーナにおいて営まれることに留意する必要があることである。人類学者が社会のなかの存在である以上、非学術的アリーナでの好ましい立ち位置もまた問われなければならないのだ。

筆者自身、学術世界での適切で妥当な分析＝解釈方法に基づき、そこで獲得された知見と理論の意義をないがしろにするつもりはない。しかし、それはふまえた上で、学術世界以外の実社会にむけて、現実的・効果的に伝達するための展示において、むしろ本質主義や断片性は、調査地の「彼ら」だけではなく（小田一九九六）、人類学者にとっても戦略的に重要な要素なのであることを主張したいのである。そして異文化理解・表象の文脈において、研究資料の本質主義と断片性を正当化できるかどうかは、協働で作る文脈に関わってくる――このことを強調したい。その文脈は個々の社会に応じてさまざまな形で形成されるために、唯一のモデルがあるわけではない。当然ながら、調査者の母国と調査地の場において民族誌的断片が持つ意味は異なっている。しかし研究以外の文脈で、調査地・母国いずれの場においても人類学以外の専門家と協働することは、肯定的な創発的異文化交流の場を生み出しうるのだ。人類学者は博物館における表象の危機について警鐘を鳴らすよりも、むしろ民族誌資料の持つ価値を個々の社会とともに発見する機会を提供することの方が重要だと思うのである。

本質主義・断片性が悪いのではない。それは妥当な形で使われるべきやり方があり、それを可能にするのは一つの重要な方法は協働編集である。協働編集という実践によって、異文化理解に関わる独自の応用性・公共性を内包する人類学のアリーナを拡張する可能性は増加する。それがこの論考の結論である。それゆえに人類学者は、博物館勤務かどうかにかかわらず展示を実践した方がいいというのが筆者の考えとなる。

最後に、人類学者による展示批評を今後より活性化させる必要であることをあえて指摘しておきたい。研究論文や書籍は査読あるいは書評という形で評価にさらされている。この点で、展示もまた批評の対象にならねばならないからである。人類学者による展示という成果公表を訴える本稿としては、そのためにこそ同時に展示批評の活発化の必要性をも提言することで、本文を閉じたい。

注

＊1　異業種の専門家との協働を考えたのは、本書にも論文が掲載されている落合雪野氏のトラベリング・ミュージアムの影響が大きい（落合ほか 二〇〇九）。二〇〇七年七月に名古屋市立大学で行われた研究会で彼女のプロジェクトの概要について聞く機会を得た。

＊2　インスタレーション・アートとは、たとえば砂や工業製品などそれ自体としては伝統的な芸術作品と見なされていない素材を用いて空間を設営する展示技法。筆者の技法がそう呼びうるものであることは、川瀬慈氏からのコメントで知った（二〇一三年三月二一日、京都人類学研究会）。

＊3　なお、学外の協働者は研究者ではなく、それぞれ仕事を持っている。そのため四回の準備会合に出席してもらう際には、専門的知識を提供する講師として謝金支出するという形をとった。また実際の展示を行うにあたっては、物品提供と設営業務という形で仕事として契約する形をとった。

＊4　こうした観点から、ここでいう人類学者はほかならぬ高倉浩樹であり、それゆえに、展示題目を「ヒロキとトナカイ」にしようという意見も出たほどだった。しかし筆者自身そのような形で自分の名前が出ることには羞恥心があり、没とした。今となってはそのような冒険をしてもよかったのではないかと思うことがある。

＊5　研究者が見られる対象であること、その事実そのものが展示の対象になることは吉田憲司（二〇一三：四七）もまた指摘している。

＊6　カシオ科学振興財団第二七回（平成二一年度）研究助成「シベリア映像民族誌をめぐるトラベリング・ミュージアムの実践と研究支援網の構築」（代表：高倉浩樹）。

＊7　メイキングを含む展示状況については、日露英語版の動画映像をつくり、これをYoutubeで公開している。

(https://www.youtube.com/watch?v=IcJIKnQ-8OI)

参考文献

飯田卓　二〇一一「日本人類学と視覚的マスメディア——大衆アカデミズムにみる民族誌断片」山路勝彦編『日本の人類学』関西学院大学出版会、六一一—七〇頁。

伊藤敦規　二〇一一『米国南西部先住民の知的財産問題をめぐる文化人類学的研究——アート商品と博物館標本資料に関する知識・情報の国際的協働管理にむけて』(東京都立大学大学院社会科学研究科提出、博士学位論文)。

今橋映子　二〇〇八『フォト・リテラシー——報道写真を読む倫理』中公新書。

小田亮　一九九六「ポストモダン人類学の代価」『国立民族学博物館研究報告』二一—四、八〇七—八七五頁。

落合雪野・佐藤優香・上まりこ・久保田テツ　二〇〇九『トラベリング・ミュージアムの軌跡』トラベリング・ミュージアム。

高倉浩樹　二〇〇〇『社会主義の民族誌——シベリア・トナカイ飼育の風景』東京都立大学出版会。

高倉浩樹編　二〇一〇『展示図録・日本人のみたトナカイ遊牧民——シベリア民族誌写真を現地に戻して展示する試み』(二〇一〇)［日露文］(オニスチェンコ・ヴィヤチェスラヴ、ヴァンダ・イグナティエヴァ訳)、東北大学東北アジア研究センター。

千葉真弓・徳田由佳子・高倉浩樹編　二〇一〇『トナカイ!トナカイ!!トナカイ!!!——研究成果を市民に還元する自主展示の試み』東北大学東北アジア研究センター。

分藤大翼　二〇一二「先住民組織における参加型映像制作の実践——共生の技法としての映像制作」『アジア・太平洋研究』六、二二一—三八頁。

吉田憲司　二〇一一『博物館概論(改訂新版)』放送大学振興協会。

吉田憲司　二〇一三『文化の「肖像」——ネットワーク型ミュージオロジーの試み』岩波書店。

Collier, J. 1957. Photography in Anthropology. *American Anthropologist* 59: 843-859.

Field, L. W. and R. G. Fox 2009. Introduction. In L. W. Field and R. G. Fox (eds.), *Anthropology Put to Work*. Oxford and New York: BERG, pp.1-19.

Flores, C. 2007 Sharing Anthropology. In S. Pink (ed.), *Visual Interventions*. New York: Berghahn Books, pp.209-224.

Hale, V. C. 2006. Activist Research v. Cultural Critique. *Cultural Anthropology* 21(1): 96-120.

Hodgson, D. 1999. Critical Interventions. *Identities* 6(2-3): 201-224.

Hodgson, D. 2011. *Being Maasai, Becoming Indigenous*. Indianapolis: Indiana University Press.

Johnson, G. A. 2011 A Child's Right to Participation: Photovoice as Methodology for Documenting the Experiences of Children Living in Kenyan Orphanages. *Visual Anthropology Review* 27(2): 141-161.

Lassiter, E. 2005. *The Chicago Guide to Collaborative Ethnography*. Chicago: The University of Chicago Press.

Low, S. and S. Merry 2010. Engaged Anthropology. *Current Anthropology* 51(S2): S203-S226.

Marion, J. 2010. Photography as Ethnographic Passport. *Visual Anthropology Review* 26(1): 25-31.

Pink, S. 2007. Applied Visual Anthropology. In S. Pink (ed.), *Visual Interventions*. New York: Berghahn, pp.3-28.

Rappaport, J. 2008. Beyond Participant Observation. *Collaborative Anthropology* 1: 1-31.

コラム⑧

写真展に寄せて
——日本人研究者の写真を通して見た極北の遊牧民の生活

アモーソフ　イノケンチ

人類学者の写真

二〇一二年三月二二日から二三日、私たちの小さな村で記念すべきイベントが行われた。日本の人類学者・高倉浩樹さんの写真展が開催されたのだ。彼は九〇年代の半ばに、シベリアの先住民の下で本格的なフィールド調査に取り組んだ。当時、東京都立大学の大学院生だった浩樹さんは、研究の目的でトナカイ飼いたちとともに広大なツンドラの大地と山々で遊牧生活を送った。

サクリールの遊牧キャンプで働いていたトナカイ飼いたちは、日本からやってきた笑顔の絶えない、そしてとても礼儀正しい好青年の学者のことをよく覚えている。若いトナカイ飼いであれ、お年寄りであれ、女性であれ、浩樹さんは常に誰とでも、すぐに打ち解けることができた。トナカイ飼育業の本質を深く掘り下げようとしていた彼は、自ら薪ストーブ用の薪割りをし、トナカイ橇の操縦やトナカイの乗り方も習っていた。トナカイ飼いたちと同じテントで暮らし、寝食をともにしながら、数千年前に彼らの祖先がそうであったように、無限に広がるシベリアの大地を遊牧するトナカイ飼いたちが直面するさまざまな困難や苦労に、彼も果敢に挑戦したわけだ。

シベリアの村と仙台

展示会は、サクリール村の民族文化センターで開かれた。浩樹さんと一緒に日本から渡航してきたデザイナーの千葉義人さんは、手際よく民族文化センター内のホールを本格的な展示会場へと変えた。すべての写真は「天幕」「放牧」「搾乳」といった具合にテーマ別に分類して展示された。さらに、展示会場に設けられた簡易ビデオルームでは来客者が仙台市のことを学ぶことができ、また二〇〇三年に地元シベリアビッグホーンの猟師たちを訪れた日本の探検家・関野吉晴さんのドキュメンタリー映画も観賞することができた。二〇〇八年に浩樹さんが暮らす仙台市で開催された今回と同様の写真展も大盛況のうちに幕を閉じたことを、仙台市の人たちがシベリアの我々に宛てた数多くの手紙から知った。ロシア語に翻訳されたその手紙は、サハ共和国エヴェン・ブィタンタイスキー民族郡のサクリール村で開かれた展示会で公開された。

村長イワン・エゴーロヴィッチ・ゴローホフさんは、開会式の挨拶のなかで、日本の仙台市との文化交流の懸け橋となる今回の写真展が我々の地域にとってきわめて重要なことであり、記念すべきイベントであることを強調した。村の老女たちは、写真展の成功を祈る「アルグス」という伝統的な祝福儀礼と「火への供養」という神秘的儀式を行った。数多くの人々が写真展に足を運び、写真をじっくりと眺めながら他の来訪者と感想を語り合ったり、ビデオを見たりした。感想用の投稿箱も用意されていたので、多くの来客者たちは感想文を残した。そのなかには日本の人々への祝福の言葉を宛てた人もいた。

トナカイ牧夫の未来

写真展は、二一世紀の現在も変わることのないトナカイ飼いの日常生活を写し出している。すべての写真に登場する人物は、トナカイ用の橇を作ったり、皮をなめしたり、身の周りの世界を住みやすくしたりするために、みな絶えず労働に従事している。彼らの顔は平静そのもので、みな自分の日常のこと、家事や仕事にまっすぐに心を注いでいる。一九九〇年代の半ば、社会主義の生活様式が崩壊した後、ロシアの多くの人々は多大な困難と苦労に直面した。しかし、それにもかかわらず、極北に住み伝統的な暮らし方で生計を立てる人たちは、政治の変動をあまり気にしなかった。トナカイ飼いにとって、自分たちの環境においては、お金はなくとも快適に暮らせるし、社会的な地位は彼らにとっては無意味なものなのだ。この写真を見ると、無限に広がるツンドラの大地、威風堂々たる山々、うららかな空、その極北の美しさにただただ感服するばかりである。しかも、浩樹さんは自分のカメラのレンズを通して、この荘厳な自然の美しさを背景に、この地に暮らす人々との調和も巧みに写し出すことができたのである。

加速する都市化の波は、私たちの地域の村人にも影響を及ぼしている。多くのエヴェン人は、先祖たちから受け継いだ伝統的な生業から離れ、町や都市の住民となった。彼らの生い立ちの世界を象徴する山々に思いを馳せながら、「母なる大地」を破壊することなく、周囲の自然と平和的に共存していた先人たちと同じように心のなかでは遊牧民であり続けていると書き残したのは、このような人たちだったに違いない。

この写真展はその本来の目的を達成したと私は思う。日本の大都市の一つである仙台市と、シベリアの小さな村。どちらも人間が作り上げた居住地であるこの二つの間に、目には見えなくとも確実に存在する交流の架け橋を築くことに成功したのである。

（セミョーノフ　コンスタンチン訳）

コラム⑨

イメージをそのまま「かたち」にする
――伝えたいこと、伝えられること、伝わったこと

千葉義人

現地の様子を伝える高倉先生の言葉と次々と映し出される写真が私の心をこれでもかと引き寄せた。空間は白く無限に広がり、どこまでも高く青い空……。トナカイが犇めく音と粗い息遣い……、飛び交う現地の言葉……。橇が突き進む雪源の音と吹き寄せる風……、神聖な湧き水と木々に揺れる色とりどりの布……。

展示空間のイメージが頭のなかに浮かんできた。実現したいと思った。民具をどう展示するか、写真をどこにどう貼るか、来場者の動線はどうするか、何をどう見せるか図面を書き、スケッチを描いて会場模型を作り説明を重ねた。地面に会場の実際の大きさをロープで示し樹木を立てたときに皆が一同に言った。「あ～！　会場はこうなるんだ」。やっと理解してもらえたと思った。そして皆の熱意と努力と協力で会場は設営された。できあがった会場で先生が言った。「説明された空間は、こうなるんだぁ。やっと解ったよ」。伝えることはかくも難しいものだと思い知る。

三日間の仙台の展示会場ではシベリアでの自己体験を話す人、民具を手に取る人、身に着けてみる人、スタッフを質問責めにする人、写真に見入る人、展示内容を同行者に説明する人、短冊をめぐる人……。さまざまだった。その「さまざまな様子」は伝えたかったことが伝わったことの証だと思う。展示と接することは理解する、感じる、考えることの「きっかけ」なのだ。私の仕事は研究者とともに「何を伝えるか」を共有し「伝える」を実現することである。

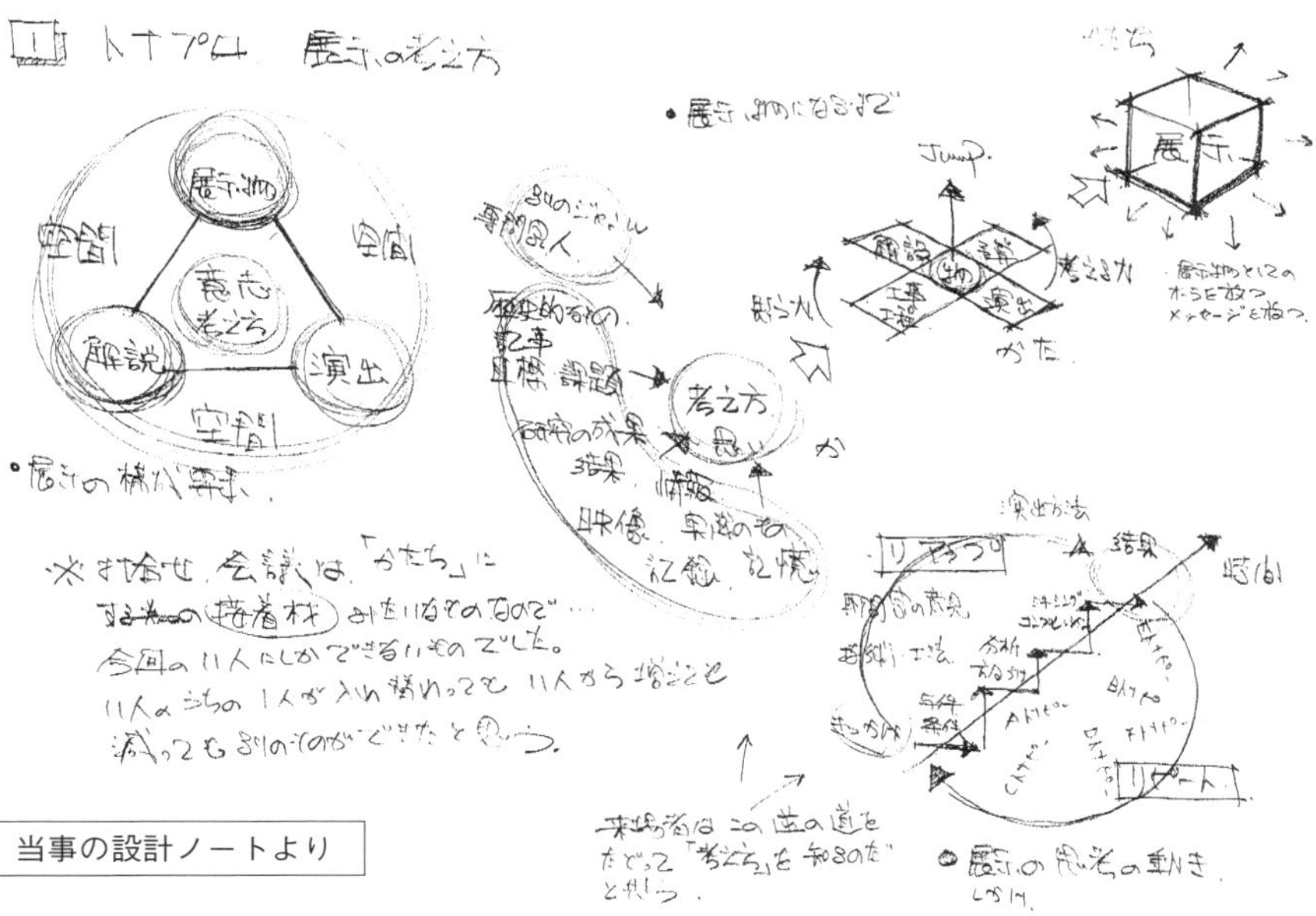

当事の設計ノートより

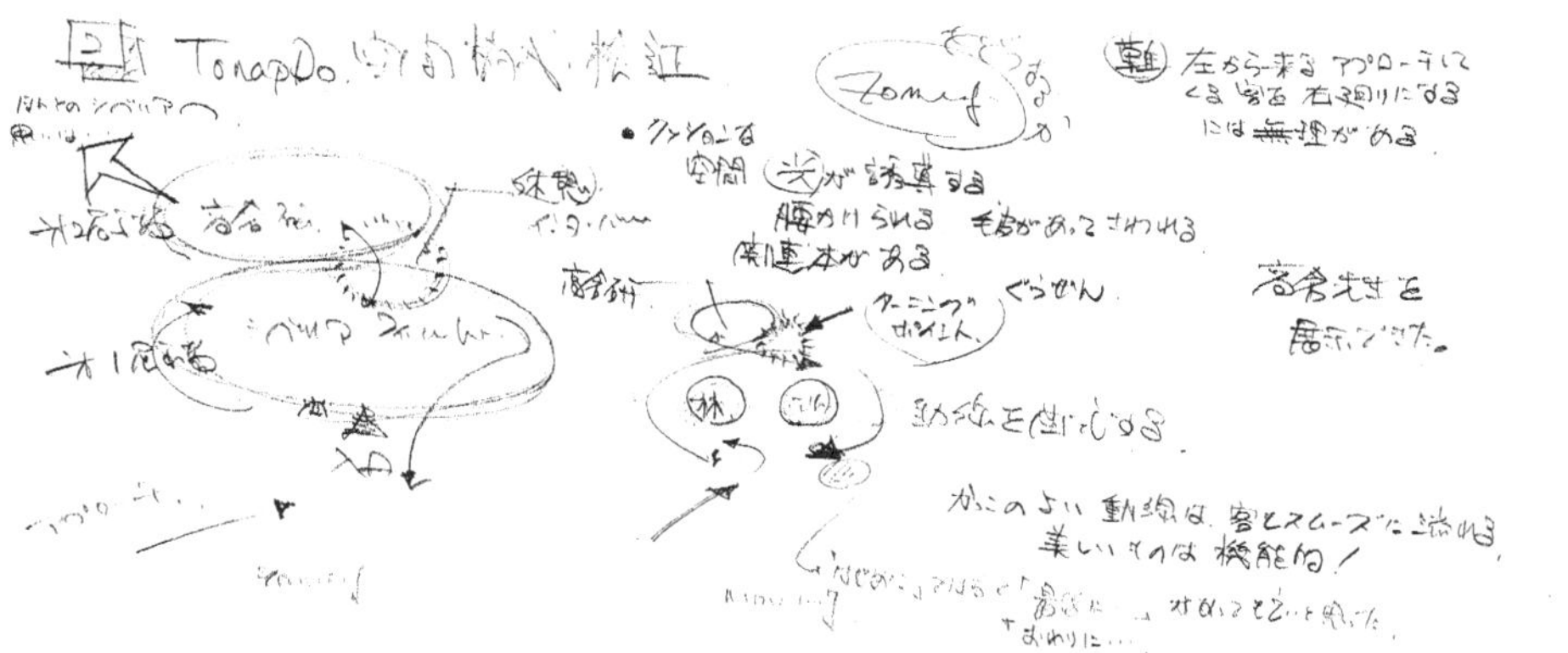

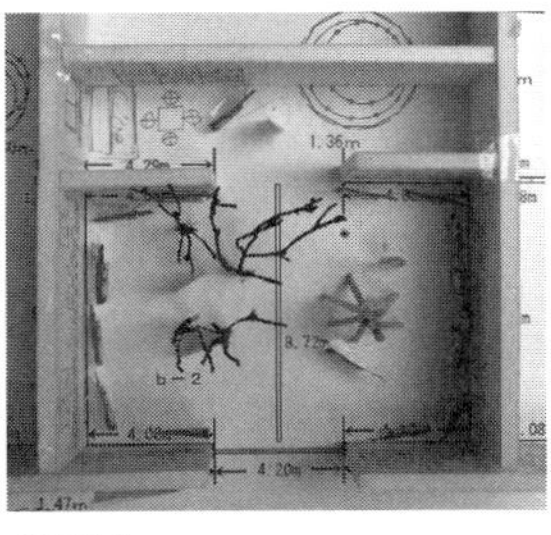

模型全体

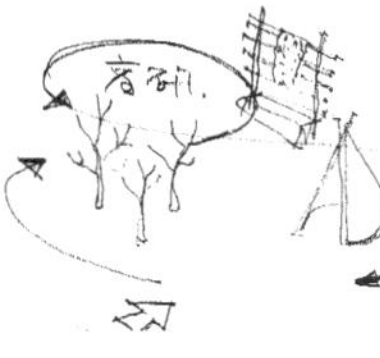

模型入口部分

コラム⑩

展示作業は行き当たりばっ旅
——現地で探し、考え、組み立て、設営する

千葉義人

シベリアには何も入手できない最悪の状態を想定して旅立った。何もなかったら洗濯物を吊るすように写真を会場いっぱいぶらさげる覚悟だった。

ワイヤーとテグスと選りすぐった固定金具など最低限の工具・道具を準備したが、それでも二人の荷物は膨大なものとなった。現地に着くとトナカイ祭は延期になっていて、展示会単独ですぐに開催することになった。必死で展示に使える物品を探し回った。いよいよ会場の設営である。歩数で会場を計測してプランニングをした。経験したことがないくらいに注力集中して手描きの展示計画を作り、現地の協力者とともに会場の設営に奔走した。映像コーナーも設営し、回遊性のある見やすい展示会場ができた。

写真の役割

民族衣装を着て伝統儀式と歌で始まった展示会のオープンは感動であった。展示会は大盛況で、その関心度の高さに驚いた。研究資料としての写真は時空を超えてトナカイ遊牧民と日本人の相互理解の架け橋になったのである。

写真は四つの役割を持っていた。一つは研究資料。二つめは現地の人の生活の記憶・記録。三つめは遊牧民文化を異なる地域（日本）の人に紹介する媒体。最後の役割は、お年寄りが若者に写真について熱く語り始めたことでわかったことだが、変化しつつある自分たちの文化や生活環境を再認識するための世代間をつなぐきっかけとなったことである。学ぶことの多い感動の旅となった。

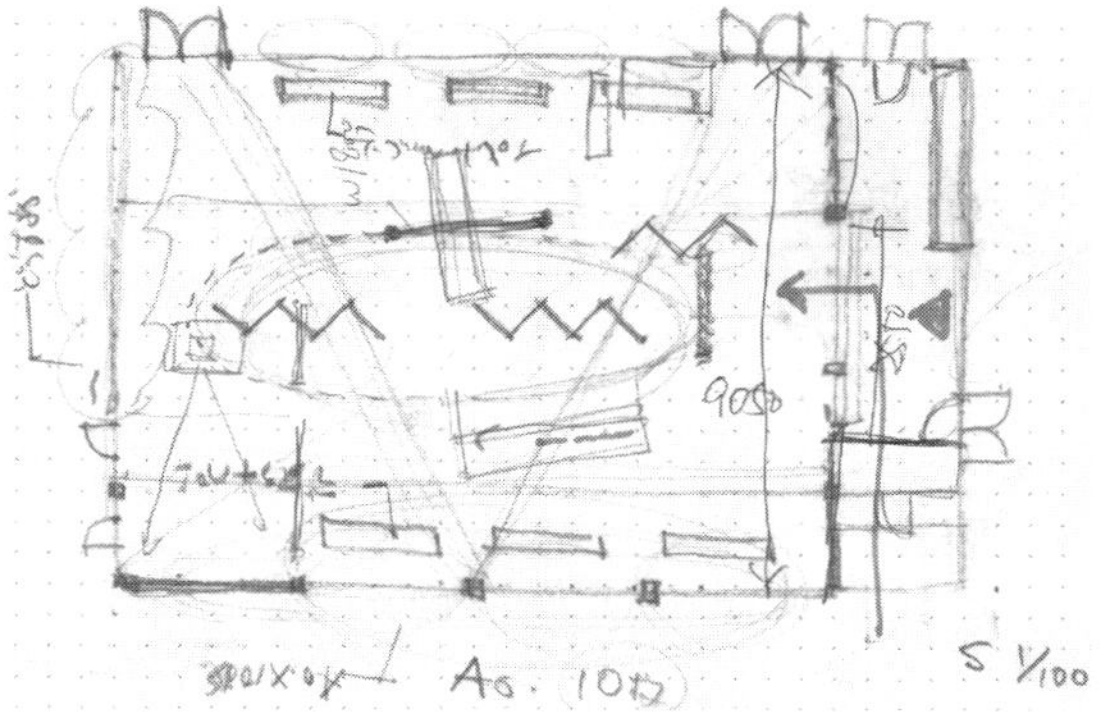

現地ノートより

最初のプラン

最終決定プラン

展示具制作の様子

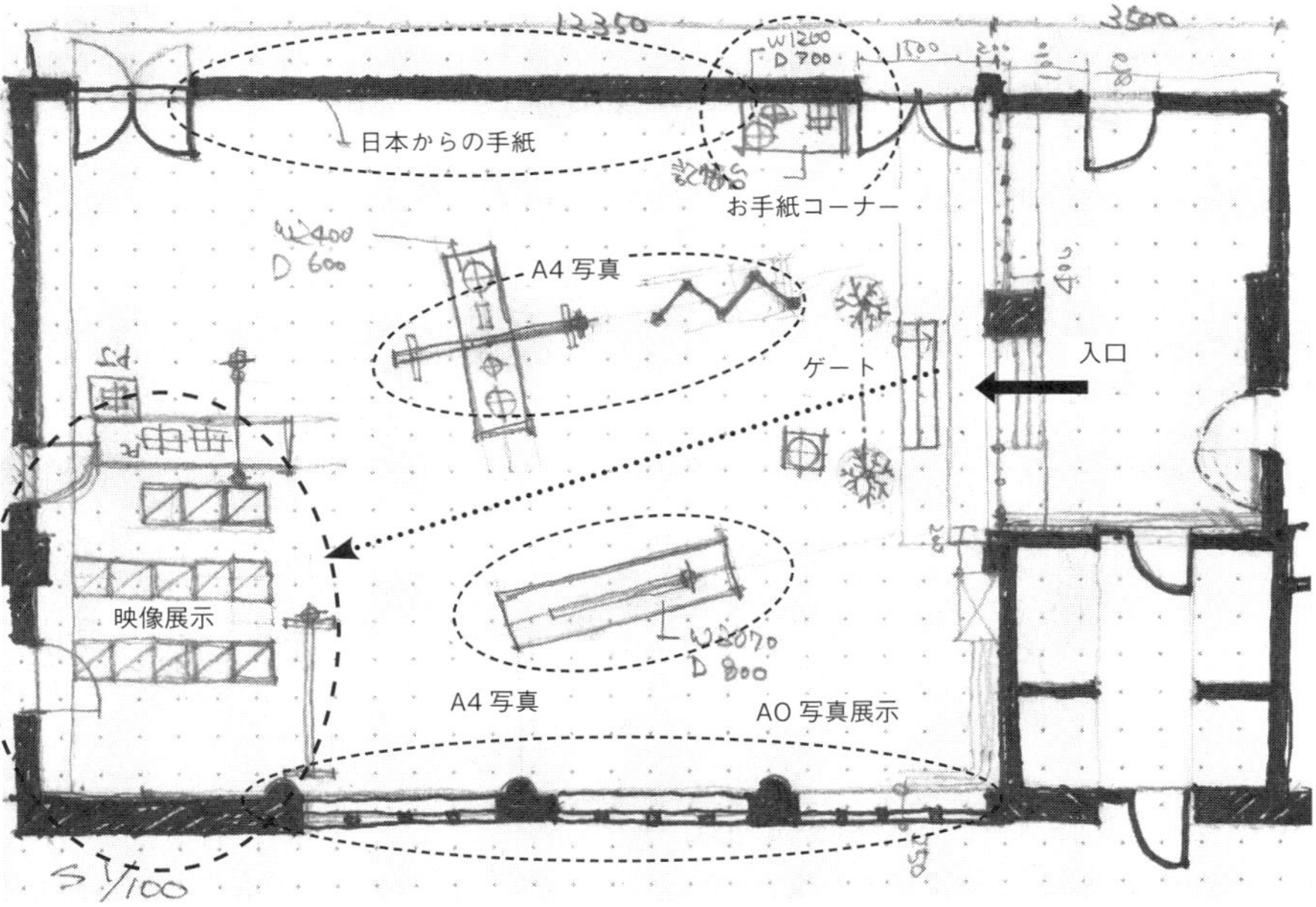

展示会場全景

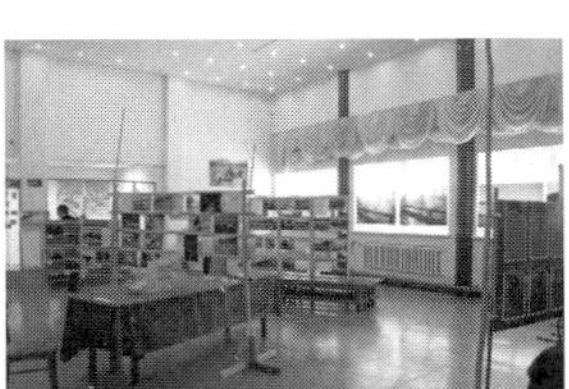

展示什器

オープンの様子

あとがき——刊行の経緯をめぐる偶然の連鎖

研究というものは、最終的には一人で究めていく個の作業である。だが、その契機や過程においてはさまざま人との出会いや偶然性に左右される。本書を制作し、編集するなかで、あらためてこのことを実感した。大切なのは、その偶然性から自分が思ってもいなかった研究が生まれうることである。展示をすることは、研究領域の広がりという点で、また調査地の人々との関係という点で、さらに少々大げさな言い方だが、市民としての自分の生き方という点で、影響があったと思う。

最初の写真展

そもそも展示を行うということ、さらにそれをめぐって研究をするということになるとは、私自身かつて想像だにしなかった。写真については、大学院生のころに撮影したフィールド民族誌写真が、雑誌『季刊民族学』（八〇号、一九九七年）に掲載された際、編集者から褒められたことがあって、多少の自信があった。とはいえ、映像人類学や博物館学のような領域は、自分とはあまり関係ないと考えていた。

すでに本文でも触れたことだが、私が展示を始めたのは、自分から積極的にというより、他人に頼まれたからだった。大学のオープンキャンパス関連事業のなかで、何か出し物をだせと大学側からいわれたのである。このような場合、大方の人類学者なら、フィールドでの写真や動画などの映像や、保管している民具などの物質文化資料が使えるかなと考えると思う。私もそんな一人だった。二〇〇七年七月二八～二九日、東北大の研究所群組織が、子どもや一般向けに行うオープンキャンパス「片平まつり」を開催した。その一環として、シベリアの写真展を行ったのが最初の展示である。このときに幸運だったのは、地元仙台を拠点として活動する写真家や地域プランナー兼漫画家のような専門家たちが、私を手伝ってくれたことだった。

この専門家たちとは、所属組織の要覧を制作する仕事を通じて出会った。その後、写真家の齋藤秀一さんには人類学調査のための写真・動画講座を大学院生向けに担当してもらったりした（斎藤秀一・高倉浩樹編『デジタル写真と人類学――東北アジア研究センター写真ワークショップの記録二〇〇八～二〇〇九』東北大学東北アジア研究センター、二〇〇九年）。そんなこともあって、この最初の写真展のときには、展示用の写真をどう選び、プリントし、並べるかなど、多くの点で支援を受けた。この作業が、大変楽しかったことを覚えている。とはいえ、この時点では、展示はあくまで学問上の余技でしかなかった。

研究としての展示実践への視点

展示を実践することが学問の刷新につながるという直感的確信を得たのは、二〇〇七年七月二三日のある研究会の場であった。赤嶺淳さん（当時、名古屋市立大学、現一橋大学）が主宰する地域研究に関わる研究会で、この日発表を担当したのが落合雪野さん（鹿児島大学）だった。民族植物学者である彼女は、東南アジアで人々が利用する植物について、植物学的な分析を行うとともに、人と植物の関係について研究し、その関係を表すモノの資料を収集している。当日は、研究成果の社会への公開の手法として、フィールドワークで収集した資料を展示する展示実践について話してくれた。落合さんは、その手法を「トラベリング・ミュージアム」

と呼んでいた。研究者とスタッフが資料をもって移動し、訪問した先で、その土地ならではの展示空間を設営する。大きな博物館だけでなく、町の喫茶店などの小さなスペースも積極的に活用する。そして、研究者と異業種の専門家や開催地市民が協働する。人々を巻き込みながら、フィールド資料の持つ意味をそれぞれの立場から理解し、相互に交換する場を形成させる。つまり、地域の資源に新しい意味を付与し、未来を切り開いていこうとする取り組みであった。その内容は本書第二章に記載されているのでこれ以上は触れないが、展示そのものの魅力、学問の方法上における新しさ、理論的な刷新力は際立っていた。従来、人類学者は研究者と調査地との関係という枠組みで、ものを考えがちである。しかし研究者が自国の異業種の専門家と協働しようとする点、つまり研究者が自分の社会も巻き込みながら研究を開いていこうとする点が大変印象的だった。

まさにここが転機であった。私にも写真家や地域プランナー兼漫画家、空間デザイナーなどの友人や知人がいて、彼らの支援の下で展示を準備しつつあった。そこで、私なりの「トラベリング・ミュージアム」をやってみたいと強く感じたのだった。

じつはこの研究会の一週間後に、最初の写真展が開催されていた。だが、当然ながら、時間的に構想を変えることなどできなかった。しかし、その後、二〇〇八年一二月に東北大学の公開講演会を担当することが決まった（高倉浩樹・曽我亨『シベリアとアフリカの遊牧民』東北大学出版会、二〇一一年）。このときに講演会と合わせて展示を行おう、それを「トラベリング・ミュージアム」のような企画として実施しようと考えたのだ。本書第八章で紹介した、仙台とシベリアでの写真展はそのような経緯に基づいている。専門家からの「支援」を「協働」に変えて、現地と研究者の母国の市民社会を結ぶ展示を計画する。そして何よりもそれを学問的営みとして実践するという着想が、私のなかで明確となったのだった。

展示する研究者の共同研究

展示を自分で行うようになってから、博物館やギャラリーなどの展示を見る目が変わった。鉛筆を持ち展示作品の情報や感想をメモしながら、設営にどのような工夫があるのか、企画意図は全体としてどのような形で具体化されているのか、などを考えるようになったのである。当然のことながら、他の研究者による展示実践にも関心を向けるようになっていった。二〇一〇年に開催された日本文化人類学会の研究大会では、山崎幸治さん（北海道大学）の「アイヌ民族との協同による博物館展示」、伊藤敦規さん（国立民族学博物館）の「博物館資料情報の協働管理に向けて」の二つの報告があった。研究者としてお二人のことは知っていたが、展示をめぐる研究をしていたことはつゆ知らず、驚きと共感をもってこの報告を聞いたことを覚えている。そして、この遭遇で「展示」と「協働」というキーワードで共同研究が可能だと考えるようになった。それが、東北大学東北アジア研究センター共同研究「展示を通した北方人類学における社会還元の可能性の探求」（代表：高倉浩樹、二〇一〇〜二〇一一年度）、「協働による展示実践を通した人類学方法論の探求」（代表：高倉浩樹、二〇一二年度）の実行へとつながったのである。この二つの共同研究では、メンバーに前出の山崎さんと伊藤さんのほか、山口未花子さん（当時、東北大学）、久保田亮さん（当時、東北大学）、水谷裕佳さん（当時、東洋大学）、そして落合雪野さんに加わってもらった。

三年間の間に六回の研究会を開き、メンバーやゲストが発表や討論を行った。その時点で実施あるいは計画している展示についての報告があったり、展示実践後に何を学んだのか、方法論や理論について議論したりすることもあった。印象に残っているのは、二〇一二年一二月にお招きした竹川大介さん（北九州市立大学）の発表であった。彼は、自身が主宰している地域の商店街に設置されたイベント拠点「大學堂」（http://www.daigakudo.net）の活動を紹介してくれた。それは、単なる展示を越えて、研究と社会をつなごうとする活動、つまりコミュニタス的な意味での新しい場、無礼講的な関係によって既存の秩序を一度崩した後に再生させるような祝祭的な場をつくろうという試みであり、圧倒的な迫力があった。

本書の刊行へ

この共同研究の成果の一部を、日本文化人類学会第四六回研究大会（二〇一二年六月二三日）の分科会で発表した。本書は、この分科会「展示による社会的関与は人類学に何をもたらすか――日本・ロシア・北米の先住民調査研究の視座から」をもとに、刊行することとなった。執筆者として、分科会発表者の五名、山崎さん、伊藤さん、山口さん、水谷さん、高倉と、コメンテーターの落合さん、共同研究のメンバーの久保田さんが、それぞれの展示実践をもとに各章を担当することとなった。

また、書籍としての方向性を議論するなかで、展示にさまざまな形で関与した人たちに、それぞれの立場からコラムを書いてもらうこととなった。また、出版を引き受けてくださった昭和堂の松井久見子さんからは、本書で扱う展示に共通するキーワードとして「対話」を抽出し、各章のタイトルにこの言葉をつけてはどうかという提案をいただいた。

こうして振り返ってみると、さまざまな偶然の連鎖が本書の刊行へと私たちを導いてきたのだと思う。編者としては、それぞれ別の場所、別な時期に開催された複数の展示が、このようなかたちで一冊の書籍にまとめられ、展示のバックヤードに読者をいざなえることの幸運をうれしく思う。

個人的な感想をいえば、共同研究において、展示を含む博物館人類学や応用映像人類学のことを学ぶ機会を得られて本当によかった。とくに、展示をすることによって人類学調査のなかで収集される民族誌資料の持つ意義について考察したり、研究成果を使ってささやかではあるが社会を変えていこうと試みたりしたことは、新しい経験だった。展示を協働することで、国内外の友人達との友情がさらに深められたことも付記しておきたい。

最後になるが、本書刊行に協力してくださった、共同研究のメンバー、展示の協働者、そして展示会場に足を運んでくださった方々に感謝申し上げる。

本書は、東北大学東北アジア研究センターの助成の下に「東北アジア研究専書」の一冊として刊行されたものである。

高倉浩樹

梅雨なれど、心地よい風吹く仙台市川内にて

ら行

わ行

英語・略語

ま行

や行

た行

な行

は行

さ行

索　引

あ行

か行

先住民研究センター、2009年)。おすすめの博物館は、米国ワシントンDCにある国立アメリカ・インディアン博物館。展示をめぐる、さまざまな人々の交渉と、そこでの努力が伝わってきます。

ランピセラ　ドロテア　アグネス（Rampisela, Dorotea Agnes）
インドネシア、ハサヌディン大学農学部准教授、仕事領域は水文学。主な論文としてSimple and Quick Indicator of Poverty（共著）（Takuo Utagawa ed. *Social Research and Evaluation of Poverty Reduction Project*、ハーベスト社、2013年)。おすすめの博物館は琵琶湖疏水記念館（京都市左京区)。水と人間と最先端技術のつながりが理解できます。滋賀県の三井寺、京都市の哲学の道と南禅寺をつなぐ水の輪を紹介するストーリーも美しい。

千葉義人（ちば・よしと）

千葉義人デザイン事務所代表、仕事領域は商業・文化空間デザイン。職歴として『久慈琥珀博物館、同敷地内レストラン「くんのこ」』『平泉町、レストラン「源（げん）」』『みやぎ生協店舗』の設計および設計監理。印象に残る博物館は仙台市の「地底の森ミュージアム」。展示物と展示手法が展示空間に見事に相関するよう考えられた展示ストーリーとその展開がすばらしい。

西澤真樹子（にしざわ・まきこ）

大阪市立自然史博物館外来研究員、認定NPO法人大阪自然史センター教育普及事業担当。仕事領域は博物館学・博物館教育。共著に『標本の作り方――自然を記録に残そう』（東海大学出版会、2007年）、監修とイラストの仕事に『ホネホネたんけんたい』のシリーズ（アリス館）。おすすめの博物館は前沢牛で有名な岩手県奥州市の「牛の博物館」。ウシと人との関わりをテーマに進化から畜産の歴史、民俗まできめ細やかに展示。ロケーション、職員の対応、レストラン、出版物まで非のうちどころがない素晴らしい博物館！

水谷裕佳（みずたに・ゆか）

上智大学グローバル教育センター助教、仕事領域は文化人類学、北米先住民研究。著書に『先住民パスクア・ヤキの米国編入――越境と認定』（北海道大学出版会、2012年）、共著書に『北米の小さな博物館3 「知」の世界遺産』（彩流社、2014年）。美術館や博物館に行って楽しみなのは、展示に加えてミュージアムショップや併設のカフェ。米国ワシントンDCにある国立アメリカ・インディアン博物館では、カフェでアメリカ大陸の先住民の伝統料理を食することができる。しかも先住民のシェフが目の前で調理してくれるので、思い出に残ること間違いなし。

山口未花子（やまぐち・みかこ）

岐阜大学地域科学部助教、仕事領域は文化人類学・生態人類学・北米先住民研究。著書に『ヘラジカの贈り物――北方狩猟民カスカと動物の自然誌』（春風社、2014年）、共編著に『人と動物の人類学』（春風社、2012年）。おすすめの博物館は澁澤龍彦の著作にも登場するプラハのストラホフ修道院内のカレル男爵の怪しい博物コレクション。どう見ても鳥とトカゲをつなぎ合わせたとしか思えない剥製を「これは絶滅したドードーという鳥よ」という解説ボランティアのおばさんの誇らしげな表情が印象に残っています。

山崎幸治（やまさき・こうじ）

北海道大学アイヌ・先住民研究センター准教授、仕事領域は文化人類学・博物館学・アイヌ物質文化研究。共編著に『世界のなかのアイヌ・アート』（北海道大学アイヌ・先住民研究センター、2012年）、『teetasinrit tekrukoci 先人の手あと 北大所蔵アイヌ資料――受けつぐ技』（北海道大学総合博物館・北海道大学アイヌ・

川上将史（かわかみ・まさし）

（公財）アイヌ文化振興・研究推進機構主事、仕事領域はアイヌ文化の振興・普及啓発にかかる事務等の業務。著作に「アイヌ語を覚えて、語るということ」（『日本オーラル・ヒストリー研究』6、2012年）、「アイヌの自然観念と今日的文化継承の一考察」（『モーリー』21、北海道新聞社、2009年）。おすすめの博物館は平取町立二風谷アイヌ文化博物館と萱野茂二風谷アイヌ資料館。日高沙流アイヌの魅力に触れることができます。周辺のアイヌ関連施設もぜひどうぞ。

木山克彦（きやま・かつひこ）

東海大学課程資格教育センター講師、仕事領域は北東アジア考古学。共著に『契丹〔遼〕と10～12世紀の東部ユーラシア』（勉誠出版、2013年）、共編著に『図説ユーラシアと日本の国境』（北海道大学出版会、2014年）。実際に働いた北海道大学総合博物館は思い入れが強い。教職員学生の自らの手で作る活動や熱意がわかる。自由にチャレンジする機会を与えてくれ、博物館を考える契機となった。

久保田亮（くぼた・りょう）

大分大学経済学部准教授、仕事領域は文化人類学、ユッピック／チュピック民族誌。論文に「伝統ダンス期進展期における先住民と文化の関係——ユッピック・ダンスがつなぐ社会関係について」（『つながりの文化人類学』東北大学出版会、2012年）、「歌の帰郷——民族誌的資料の『返還』と『活用』に向けた取組みについて」（『北海道立北方民族博物館研究紀要』20、2011年）。国外ですが、フェアバンクスにあるアラスカ大学博物館。アラスカに関わる歴史資料から現代アートまで幅広く展示されています。夏には先住民芸能の実演も行われます。

須藤健一（すどう・けんいち）

国立民族学博物館長、仕事領域は社会人類学、オセアニア研究。著書に『オセアニアの人類学——海外移住・民主化・伝統の政治』（風響社、2008年）、編著に『グローカリゼーションとオセアニアの人類学』（風響社、2012年）。おすすめの博物館は佐倉市の国立歴史民俗博物館。最新の研究成果に基づいて緻密で多様なレプリカと実物によって古代から現代まで日本の人々の生活や街並みなどを生き生きと表現している展示に魅せられる。

セミョーノフ　コンスタンチン（Semenov, Constantine）

㈱ジェイシーパートナーズ代表、仕事領域は（露・英・日）翻訳、通訳、編集。ドキュメンタリー『史上最大の女帝エカテリーナ——愛のエルミタージュ物語』（日本テレビ、2006年）および小野理子・山口智子著『恋文　女王エカテリーナ二世——発見された千百六十二通の手紙』（アーティストハウス、2006年）で翻訳と編集を担当。日本のものづくり魂の結晶ともいえる町工場が好きです。とくに南部杜氏の伝統が生き続ける岩手の小さな酒蔵めぐりにはまっています。

■執筆者紹介（五十音順）

アモーソフ　イノケンチ（Ammosov, Innokentii）

ロシア連邦サハ共和国エヴェノ・ブィタンタイ郡役場、仕事領域は畜産経営・文化行政。著書に『極北条件下におけるヤクート牛の経済及び生物学的特徴』［露語］（サンクトペテルブルグ、全ロシア遺伝家畜繁殖研究所、1993年）。サクリール村の郷土博物館で皆さんとお会いできることを楽しみにしています。

伊藤敦規（いとう・あつのり）

国立民族学博物館研究戦略センター助教、仕事領域は社会人類学、米国南西部先住民研究、博物館人類学。論文に「民族誌資料の制作者名遡及調査――『ホピ製』木彫人形資料を事例として」（『国立民族学博物館研究報告』37-4、2013年）、「博物館標本資料の情報と知識の協働管理に向けて――米国南西部先住民ズニによる国立民族学博物館所蔵標本資料へのアプローチ」（『国立民族学博物館研究報告』35-3、2011年）。東京都美術館や国立新美術館にて、日本画や書道や洋画の作品搬出入・陳列業者として十数年間働いていた経験があります。

上まりこ（うえ・まりこ）

ウエマリコオフィス代表、仕事領域は空間デザイン、グラフィックデザイン。主な仕事に、国立民族学博物館特別展「マダガスカル 霧の森のくらし」展示デザイン（2013年）、他に店舗設計、住宅リフォームなど。おすすめの博物館は国立民族学博物館。古今東西の人の手のあとを感じられる資料がとにかく膨大にあり、ものと対話し始めるといくら時間があっても足りません。

落合雪野（おちあい・ゆきの）

鹿児島大学総合研究博物館准教授、仕事領域は民族植物学、東南アジア研究。編著書に『ものとくらしの植物誌――東南アジア大陸部から』（臨川書店、共編著者・白川千尋、2014年）、『国境と少数民族』（めこん、2014年）がある。おすすめの博物館はTraditional Arts and Ethnology Centre（ラオス、ルアンパバーン）。ラオスの民族集団とその文化についての展示、手工芸品販売を通じて村の人々を支援するショップ、そしてカフェ。小さいながらも落ち着く空間です。

カマリング　レオナルド（Kamerling, Leonard）

アラスカ大学博物館・映像キュレーター／アラスカ大学フェアバンクス校教授、仕事領域は映像民族誌。映像作品にアラスカ先住民村落を舞台とした『Uksuum Cauyai（冬の太鼓）』（1988年）、北海道の小学校に焦点をあてた『Heart of the Country（心をはぐくむ）』（1997年）がある。おすすめはニューヨークにあるThe Museum of Moving Image。映像の歴史の始まりから現在までを体験することができます。

■編者紹介

高倉浩樹（たかくら・ひろき）

東北大学東北アジア研究センター教授、仕事領域は社会人類学、ロシア・シベリア研究。著書に『極北の牧畜民サハ——進化とミクロ適応をめぐるシベリア民族誌』（昭和堂、2012年）、共編著に『無形民俗文化財が被災するということ——東日本大震災と宮城県沿岸部地域社会の民俗誌』（新泉社、2014年）。おすすめの美術館は、東京渋谷区にあるGallery TOM。視覚障害者が彫刻に触って鑑賞できる場所として1984年に創設。私は触察という言葉をここで知りました。

東北アジア研究専書

展示する人類学——日本と異文化をつなぐ対話

2015年1月30日　初版第1刷発行

編　者　高倉浩樹

発行者　齊藤万壽子

〒606-8224　京都市左京区北白川京大農学部前
発行所　株式会社昭和堂
振込口座　01060-5-9347
TEL(075)706-8818／FAX(075)706-8878
ホームページ　http://showado-kyoto.jp

印刷　モリモト印刷

ISBN 978-4-8122-1419-0

＊落丁本・乱丁本はお取り替え致します。
Printed in Japan

東北アジア研究専書

高倉浩樹 著
極北の牧畜民サハ
進化とミクロ適応をめぐるシベリア民族誌
本体五五〇〇円＋税

瀬川昌久 編
近現代中国における民族認識の人類学
本体四五〇〇円＋税

川口幸大
瀬川昌久 編
現代中国の宗教
信仰と社会をめぐる民族誌
本体五〇〇〇円＋税